紹興大典 史部

嘉慶山陰縣志（外一種）2

中華書局

山陰縣志卷十三

人民志第二之五

古者既冠必見於鄉大夫鄉先生以耆成人之禮美哉禮俗乎是所謂大夫先生者生則矩矱其鄉没而俎豆於社其德彌劭其望彌重雖韋布繩樞而非卑非賤徒籯金搢爵而何尊何榮先賢後賢古會稽之記述可證也舊志人物以列傳居前分題理學儒林文苑於後部居雖别名實頗淆案明史升道學於儒林已立千古不易之準又漢儒最重家學次重師承故特立儒林一傳專紀傳經後儒學或名家而不名師授惟理學一派朱陸而後如明之姚江白沙數十子者尚具淵源史臣藉得編摩學案亦臚宗派至於文苑之有作者猶儒林之有經師即文章之流别見風會之變遷皆非苟焉已也州邑之志近在一隅既

分類立傳則名實派別必至確至當而後可若一間講學便許儒林偶覯篇章輒標文苑將古人全體之真必反為一二字所掩且志具史體而不得侵越史權亦未可徑行論斷也檢餘姚鄞二志初不瑣瑣區分轉得馬班遺意今鄉賢志即用其法止案年編載而已所以不渾稱列傳者鄭樵謂一書五體而志乃五體之一既總名曰志則表傳俱括其中不得別立標題以致枝駢歧出亦以核名實謹體裁云爾

丁復　鄭吉　陳囂　鍾離意

鄭宏　謝夷吾　賀純　盛憲 子匡

趙煜　韓說 以上漢　丁覽 子固　朱育

謝承 子崇 勗　鍾離牧 子禕 徇　闞澤　賀齊 子達 景 達子質

賀邵　邵疇　祁庚　皮延 以上三國吳

案賀道力傳當坿其兄道養説見後術藝傳卷中

賀循子隰
孔愉子誾汪安國
孔祇
孔羣子沉沉子歆
丁潭子話
張茂
孔坦
孔奕
謝沉
謝奉弟聘
孔嚴子道民靜民福民
王徽之子楨之
王獻之子靖之孫悅之
謝敷以上晉
孔琳之子邈
孔靖子山士靈符
孔覬弟道存
朱百年姚吟附
王韶之
嚴世期
郭世通
何子平
賀道力
孔祐子道徽道徽兄子總
孔珪
孔逷
孔琇之子臻
賀瑒子革季弟子琛琛子翊
孔休源子雲章宗範
孔子袪
孔僉子淑元兄子元素
孔子雲
賀德基
孔逭
王琳子敬衍
張彪
謝岐弟嶠
孔奐子紹忠
韓子高
王元規子大業以上南北朝
孔紹安子禎孫季詡

憨銘案二徐為山陰人明見陸游南唐書以其父為揚州司馬卒官遂家廣陵今欽定全唐文于二徐下皆系以越州山陰人宋史于鉉傳系以揚州其疏繆多若此又案鉉雖入宋受官而鍇實卒于南唐贈謚曰文鉉之宦仕本蹟亦顯着于李氏之世是當系之南唐為限斷云法

賀德仁從子紀敳　孔若思子至　嚴維

孔述睿子敏行　吳融　王叔文　羅讓以上唐　吳程後唐　徐鉉鍇南唐

錢易兄昆　趙宗萬　杜衍　陸軫

齊廓弟唐　虞元昱子敘　錢彥遠弟明逸　姚勔

錢勰　陸佃子宰　錢藻　唐翊子閎

陳過庭　傅崧卿　梁仲敏　傅墨卿

陸煥之　蔡定　朱宸　許景迂

馮仲柔　王佐弟公衮　陸游　陸淞

葛天民　蘇泂　王潤之　俞亨宗

莫叔光　高廣元　唐閎　莫子純

諸葛興　陸[illegible]　徐天祜　王易簡

趙孟崧　王英孫　陸傳恩子桂　唐珏以上宋

趙孟治子由鍾孫宜浩　韓性　韓惟仁

楊維楨　陸思孝　陳福　徐允讓

王裕　劉濱　張憲　王麟

韋珪　李一中　王孚　施鈞

呂中　王紹原　泰元以上元

漢

丁復始以越將史記作趙將從薛起至霸上爲樓煩將入漢從高帝定三秦屬周呂侯破龍且於彭城爲大司馬破項籍軍於葉拜將軍忠臣侯七千八百戶高帝定元功十八人復位十七十八年薨謚曰敬漢書凡舊有名目如儒林文苑等皆仍注明其原入列傳及府志渾入鄉賢者則止標所據之書後同

鄭吉以卒伍從軍西域爲郎爲人彊執習外國事宣帝時以侍

郎田渠黎積穀因發諸國兵攻破車師遷衛司馬使護鄯善以西南道神爵中日逐王欲降吉發渠黎龜茲諸國五萬人迎之至河曲頗有亡者吉追斬之遂將詣京師吉既破車師降日逐威震西域遂幷護車師以西北道故號都護都護之置自吉始上嘉其功封爲安遠侯吉於是中西域而立幕府治烏壘城鎮撫諸國漢之號令班西域矣始自張騫而成於鄭吉吉薨謚曰繆侯漢書　案漢書吉會稽人今據萬歷府志補

陳囂與紀伯爲鄰伯竊囂藩地以自益囂不較盡徙地與之伯慚悔歸所侵地囂辭不受遂爲大路鴻嘉中太守周君刻石旌之號曰義里今俗稱讓簷街云祀鄉賢府志本會稽典錄舊志府志均入義行案讓簷街今隸會稽

鍾離意字子阿少爲郡督郵時部縣亭長有受人酒禮者府下

記案考之意封還記言於太守侯霸曰春秋先內後外今宜先淸府內且闊略遠縣細微之愆太守甚賢之遂任以縣事舉孝廉辟大司徒侯霸府掾嘗部送徒詣河內冬寒徒病不能行路過宏農意輒移屬縣使作徒衣不得已與之而上書言狀意亦具以聞光武得奏以示霸曰君所使掾何乃仁於用心誠良吏也除瑕邱令吏有但建者盜竊縣內既服罪不忍加刑建父聞之爲建設酒謂曰無道之君以刃行誅有道之君以義行誅子罪命也遂令建仰藥而死遷堂邑令初到縣市無屋意出奉錢帥人作屋人爭起趨作決日而成功祝曰興工役者令百姓無事如有禍祟令自當之人皆大悅縣人防廣爲父報讎繫獄其母病死廣哭泣不食意憐傷之乃聽廣歸使得殯斂丞掾皆爭意曰罪自我歸義不累下遂遣之廣斂母訖果還入獄意密以

狀聞廣竟得以減死論顯宗卽位徵爲尚書時交阯太守張恢坐贓伏法以貲物簿入大司農詔頒賜羣臣意得珠璣悉委地不拜賜帝問其故對曰此贓穢之寶誠不敢拜帝嗟嘆乃更以庫錢三十萬賜意轉尚書僕射車駕數幸廣成苑意當車陳諫天子卽時還宮永平三年夏旱火起北宮意詣闕免冠上疏諫帝策詔報遂應時澍雨焉帝性褊察好以耳目隱發爲明朝廷莫不悚慄爭爲嚴切以避誅責意獨敢諫諍數封還詔書臣下過失輒救解之會連有變異意復上疏請愼人命緩刑罰帝雖知其至誠亦以此故不得久留出爲魯相後德陽殿成百官大會帝謂公卿曰鍾離尚書若在此殿必不立意視事五年以愛利爲化人多殷富卒官遺言上書陳昇平之世難以急化宜少寬假帝感傷其意下詔嗟嘆賜錢二十萬祀鄉賢後漢書東觀記府志

鄭宏字巨君少爲靈文鄉嗇夫愛民如子太守第五倫見而深奇之召署督郵舉孝廉宏師同郡河東太守焦貺楚王英謀反發覺引貺貺被收道亡妻子繫詔獄宏獨髡頭負鐵鑕詣闕上章爲貺訟罪顯宗悟赦其家屬宏護貺喪及妻子還鄉里由是顯名拜爲騶令政有仁惠遷淮陰太守消息繇賦政不煩苛行春大旱隨車致雨白鹿方道挾轂而行主簿黃國拜賀曰聞三公車轓畫作鹿明府必爲宰相果遷尚書令宏前後所陳有補益王政者皆著之南宮以爲故事出爲平原相徵拜侍中建初八年代鄭衆爲大司農元和元年代鄧彪爲太尉時舉將第五倫爲司空班次在下每正朔朝見宏曲躬自卑帝問知其故遂聽置雲母屏風分隔其閒由此以爲故事奏尚書張林阿附竇憲而素行贓穢又上洛陽令楊光憲之賓客在官貪殘並不宜

處位書奏憲奏宏大臣漏泄密事帝詰讓宏收上印綬宏自詣廷尉詔勅出之乞骸骨未許病篤上書陳謝并言憲短帝省章遣醫占宏病臨没悉還賜物勅妻子褐巾布衣素棺殯殮以還鄉里祀鄉賢後漢書 謝承書 府志

謝夷吾字堯卿少爲郡吏學風角占候太守第五倫擢爲督郵時烏程長有贓釁倫使收案夷吾到縣但望閤伏哭而還白倫曰竊以占候知長當死游魂假息非刑所加故不收之月餘果暴卒舉孝廉爲壽張令稍遷荆州刺史鉅鹿太守所在有善績詳見謝承書及倫作司徒令班固爲文薦之後以行春乘柴車從兩吏冀州刺史上其儀序失中有損國典左轉下邳令豫尅死日如期果卒敕其子曰漢末當亂必有發掘露骸之禍使懸棺下葬墓不起墳後漢書 舊志方技

賀純字仲眞少爲諸生博極羣藝十辟公府三舉賢良方正五徵博士四公車徵皆不就後徵拜議郎數陳災異上便宜數百事多見省納遷江夏太守謝承後漢書

盛憲字孝章器量雅偉舉孝廉補尚書郎稍遷郡太守以疾去官孫策平定吳會誅其英豪憲素有高名策深忌之少府孔融憂其不免乃與曹公書操徵爲騎都尉制命未至果爲孫權所害子匡奔魏位至征東司馬會稽典錄

趙煜字長君案舊志作君長誤少嘗爲縣吏奉檄迎督郵煜耻之遂棄車馬去到犍爲詣杜撫受韓詩究其術積二十年絶問不還家爲發喪制服煜卒業乃歸州召補從事不就後舉有道卒於家著吳越春秋詩細歷神淵蔡邕至會稽讀詩細而歎息以爲長於論衡邕還京師傳之學者咸誦習焉後漢書　舊志隱逸府志儒林

韓說字叔儒博通五經尤善圖緯之學舉孝廉與議郎蔡邕友善數陳災眚及奏賦頌連珠稍遷侍中光和元年十月言於靈帝云其晦日必食乞百官嚴裝帝從之果如所言中平二年二月又上封事尅期宮中有災至日南宮大火遷說江夏太守公事免卒於家後漢書　舊志方技　府志儒林

三國吳

丁覽字孝連八歲而孤家又單微清身立行用意不苟推財從弟以義讓稱仕郡功曹守始平長門無襍賓孫權深重之未及擢用會病卒甚見痛惜覽子固字子賤本名密避滕密改作固固在襁褓中闞澤見而異之曰此兒後必至公輔固少喪父獨與母居家貧守約色養致敬族弟孤弱與同寒溫虞翻與固同僚書曰丁子賤塞淵好德堂構克舉野無遺薪斯之爲懿其美

優矣令德之後惟此君嘉耳歷左御史大夫遷司徒時孫皓悖虐固與陸凱孟宗同心憂國年七十六卒會稽典錄府志孝行固孫潭自有傳

朱育少好奇字造作異字千名以上仕郡門下書佐太守濮陽興正旦宴見掾吏問昔王景興問士於虞仲翔而未覩仲翔對也書佐寧識之乎育因舉成論開說州治沿革條答詳敏太守稱善育後仕朝常在臺閣爲東觀令加位侍中推刺占射文藝優絕會稽典錄府志文苑

謝承字偉平博學洽聞嘗所知見終身不忘女兄爲孫權妻拜五官中郎將遷長沙都尉武陵太守撰後漢書百餘卷子崇揚威將軍勗吳郡太守並知名會稽典錄府志文苑

鍾離牧字子幹意七世孫父緒樓船都尉兄駰上計吏與同郡謝贊齊名牧童時號遲訥駰曰牧必勝我牧少居永興躬自墾

田二十畝臨熟縣民認之牧不與競由此發名赤烏五年從郎中歷遷南海太守中書令會建安鄱陽新都三郡作亂出牧爲監軍使者討平之封秦亭侯越騎校尉永安中以平魏將軍領武陵太守會魏郭純誘致諸蠻進攻酉陽牧率所領晨夜進道緣山險行垂二千里斬魁帥百餘人及其支黨純等散走五溪平遷陽武將軍封都鄉侯卒官家無餘財士民思之子禕嗣代領兵徇拜偏將軍戍西陵與監軍使者唐盛論地形勢謂宜城信陵爲建平援若不先城敵將先入盛不然徇計後半年晉果修信陵城晉軍平吳徇領水軍督臨陣戰死三國志會稽典錄徇舊志府志均入忠節

闞澤字德潤好學居貧常爲人傭書所寫既畢誦讀亦遍究覽羣籍兼通厤數孫權辟爲西曹掾及稱尊號以爲尚書中書令

加侍中赤烏五年拜太子太傅澤以經傳文多難得盡用乃斟酌諸家刊約禮文及諸注說以授二宮爲制行出入及見賓儀又著乾象厤注以正時日每朝廷大議輒諮訪之以儒學勤勞封都鄉侯呂壹姦罪發聞或以爲宜加焚裂澤曰盛明之世不宜復有此刑又諸司欲增重科防澤曰宜依禮律卒權痛悼食不進者數日三國志　府志儒林

賀齊字公苗少爲郡吏守剡長縣吏斯從輕俠爲奸齊斬之從族黨聚兵攻縣齊突擊破之威震山越太末豐浦民反轉太末長誅惡養善期月盡平侯官長商升起兵齊爲陳禍福升降張雅等殺升齊追討大破之又討平建安漢興南平拜平東校尉遷武威中郎將討丹楊黟歙黟帥陳僕屯林歷山大破之權立新都郡齊爲太守加偏將軍又討破餘杭賊賜齊軿車駿馬使

左右扶上車又討平豫章賊遷奮武將軍從權征合肥時徐盛被創失矛齊引兵拒擊得盛所失又與陸遜破允突拜安東將軍山陰侯出鎮江上督扶州以上至皖齊性好軍事兵甲器械極爲精好蒙衝鬬艦之屬望之若山魏使曹休來伐憚之遂引軍還遷後將軍領徐州牧督糜芳等襲魏蘄春生擒叛將晉宗後四年卒子達及景皆有令名爲佳將三國志　達任氣多所犯忤雖有征戰之勞而爵位不至輕財貴義膽烈過人子質位至虎牙將軍景爲滅賊校尉御衆嚴而有恩兵器精飾爲當時冠會稽典錄　景子邵自有傳

賀邵字興伯善章草孫休即位從中郎爲散騎中常侍出爲吳郡太守孫皓時入爲左典軍中書令太子太傅皓兇暴驕矜政事日弊邵上疏極諫皓深恨之邵奉公貞正親近所憚乃共譖

邵訪毀國事後邵中惡風口不能言去職數月皓疑其託疾收付酒藏掠考千所卒無一語竟見殺害家屬徙臨海是歲天冊元年也卒年四十九三國志及述書賦子循自有傳

邵疇字溫伯爲會稽太守郭誕功曹誕以不白妖言被收疇詣吏自列云不白妖言事由於已非府君罪吏上疇辭孫皓怒猶盛疇慮誕卒不免遂自殺以證之皓乃免誕大刑送付建安作船疇亡時年四十皓嘉疇節義詔郡縣圖形廟堂會稽邵氏家傳見三國志注舊志府志均入義行

祁庚代父死罪會稽典録府志孝行萬歷府志作祁庚

皮延字叔然養母至孝居喪有白鳩巢於廬側廣博物志引會稽典錄案舊志列入宋代府志孝行

晉

賀循字彦先父邵中書令爲孫皓所殺少嬰家難流放海隅吳亡始還本郡國相丁乂請爲五官掾刺史嵇喜舉循秀才除陽羨令以寬惠爲本不求課最後爲武康令政教大行著作郎陸機上疏薦之召補太子舍人趙王倫篡辭疾去職後除南中郎長史不就會賊李辰起江夏辰别帥石冰略有揚州逐會稽相張景前南平内史王矩等唱義傳檄州郡以討冰循合衆應之冰大將抗寵有衆數千屯郡講堂循檄寵爲陳逆順寵遁一郡悉平循迎景還郡即謝遣兵士杜門不出論功報賞一無預焉陳敏之亂詐稱詔書以循爲丹陽内史循服寒食散露髮袒身示不可用敏竟不能屈敏敗征東將軍周馥上循領會稽相公車徵賢良皆不就瑯邪王表循吳國内史與循言吳時事因問曰孫皓嘗燒鋸截一賀頭是誰邪循未及言王悟曰是賀邵也

循流涕曰先父遭遇無道循創巨痛深無以上答王愧之三日不出代顧榮爲鎮東軍司及王承制以爲軍諮祭酒親幸其舟以羸疾不堪拜謁就加朝服賜車馬牀帳衣褥及第一區循皆不受時江東草創寇盜竊發循曰以循所聞江中劇地惟闔廬一處地勢險奧亡逃所聚宜以重兵備戍隨勢討除沿江諸縣各有分界自可多置亭候恆使徼行以時番休役不致困若寇劫強多不能獨制可指其蹤跡言所在都督尋用致討今不明部分使所在百姓與軍家襍徼兩情俱墮莫適任負所以徒有備名而不爲益者也王從之建武初爲中書令加散騎常侍以老疾固辭改拜太常時宗廟始建舊儀多闕循議以爲禮兄弟不相爲後不得以承代爲世若當兄弟旁滿輒毀上祖則祖位空懸世數不足帝從循議有司奏瑯邪恭王宜稱皇考循議禮

子不敢以已爵加其父從之當是時朝廷疑滯皆諮於循循輒依經禮而對爲當時儒宗尋行太子太傅以疾固辭帝以循體德率物有不言之益不許命皇太子親往拜焉疾漸篤表乞骸骨上印綬改授左光祿大夫開府儀同三司帝臨軒遣使持節加印綬循口不能言指麾左右推去章服車駕親幸執手流涕太子親臨者三往還皆拜儒者以爲榮太興二年卒年六十帝素服舉哀贈司空謚曰穆將葬又出臨其柩哭之盡哀遣侍御史持節監護皇太子追送近塗循博覽衆書善屬文尤精禮傳雅有知人之鑒拔同郡楊方於卑陋卒成名於世子隰建元中官至臨海太守晉記

孔愉字敬康善草書十三而孤養祖母以孝聞與同郡張茂偉康丁潭世康齊名人號會稽三康吳亡遇石冰封雲爲亂逼愉

爲參軍不從幾爲所殺東遷會稽入新安山中改姓孫氏後忽捨去皆謂爲神人爲之立祠建興初始出應召爲丞相掾以討華軼功封餘不亭侯嘗買龜放溪中龜中流左顧者數四及是鑄侯印而印龜左顧三鑄如初因陳王導有佐命勳宏詔訪不合旨出爲吳興太守遷侍中太常及蘇峻反愉朝服守宗廟初愉爲司徒長史以溫嶠母亡遭亂不葬不過其品至是峻平愉往石頭詣嶠嶠執愉手流涕曰天下喪亂忠孝道廢能持古人之節歲寒不彫者惟君一人耳三遷尚書左僕射以論議守正爲王導所銜出爲會稽內史在郡三年乃營山陰湖南侯山下數畝地爲宅草屋數間棄官居之送資數百萬悉無所取年七十五卒謚曰貞愉三子闓汪安國闓嗣爵位建安太守汪字德澤好學有志行武帝時位至侍中時茹千秋以佞媚見倖於會

稽王道子汪屢言於帝帝不納遂求出爲都督交廣二州軍事廣州刺史政績甚著安國字安國與汪少勵孤貧之操以儒素顯孝武帝時仕歷侍中太常再爲會稽内史領軍將軍及帝崩安國服衰經涕泗竟日安帝隆安中詔曰安國貞慎清正外内播譽可以本官領東海王師後歷尚書左右僕射晉書兼采府志　舊志兼入方技　子靖自有傳闕加特進卒世說新語注引續晉陽秋

孔祇字承祖車騎將軍愉之弟也太守周札命爲功曹史札既爲沈充所害故人賓吏莫敢近者祇冒刃號哭親行殯禮送喪還義興時人義之晉書　舊志府志均入義行

孔羣字敬林嘉泰志作敬休愉從弟有智局志尚不羈蘇峻入石頭時匡術有寵於峻賓從甚盛羣與從兄愉同行於橫塘遇之愉止與語而羣初不視術術怒欲刃之愉下車營救獲免峻平王導

保存術嘗因衆坐令術勸羣酒以釋横塘之憾羣荅曰羣非孔子厄同匡人雖陽和布氣鷹化爲鳩至於識者猶憎其目導有愧色仕歷中丞羣子沉字德度有美名何充薦沉於王導曰文思通敏宜登宰門辟丞相司徒掾瑯邪王文學並不就從兄坦以裘遺之辭不受坦曰晏平仲祀其先人豚肩不掩豆猶狐裘數十年卿復何辭於是受而服之是時沉與魏顗虞球虞存謝奉並爲四族之儁沉子歆位至吳興太守廷尉晉書隱逸　沉府志歆子琳之自有傳

丁潭字世康祖固吳司徒父彌梁州刺史元帝時爲尚書祠部郎時瑯邪王裒始受封帝欲引朝賢爲其國上卿卽以潭爲郎中令裒薨潭上書求行終喪轉中書郎出爲廣武將軍東陽太守以清潔見稱成帝時爲散騎常侍侍中蘇峻作亂帝蒙塵於

石頭惟潭及鍾雅劉超等隨從不離帝側峻誅賜爵永安伯累遷左光祿祭酒康帝即位屢表乞骸骨詔以光祿大夫還第年八十卒謚曰簡子語散騎侍郎祀鄉賢晉書　府志　案潭善書述書賦云反古不忘吾推世康似無逸少如禀元常猶落階之蓂莢秘府之芬芳舊志入方技

張茂字偉康少單貧有志行初起義兵討賊陳斌一郡用全元帝辟爲掾屬官有老牛數十將賣之茂曰殺牛有禁買者不得輒屠齒力疲老又不任耕駕是以無用之物收百姓利也帝乃止遷太子右衛率出補吳興內史沈充反茂與三子並遇害茂弟益爲周札將軍充討札益又死之贈茂太僕茂少時夢得大象以問占夢萬推推曰象者大獸獸者守也知當得大郡然象以齒焚爲人所害果如其言晉書　舊志府志均入忠節

孔坦字君平祖沖丹陽太守父侃大司農坦少方直有雅望元

帝爲晉王以坦爲世子文學東宫建補太子舍人遷尚書郎王敦反與右衛將軍虞潭俱在會稽起義討沈充咸和初遷尚書左丞蘇峻陷臺城挾天子幸石頭坦奔陶侃引爲長史論賊勢皆如所籌峻平遷吳興内史封晉陵男歲饑運家米以賑窮乏尋拜侍中因忤導出爲廷尉怏怏不悦以疾去職加散騎常侍疾篤庾冰省之爲流涕坦慨然曰大丈夫將終不問安國寧家之術乃作兒女子相問耶冰深謝焉卒年五十一贈光禄勳謚曰簡祀鄉賢晉書府志

孔奕愉族父爲全椒令明察過人時有遺其酒者始提入門奕遥呵之曰人餉我兩罌酒其一何故非也檢視一罌果是水或問奕何以知之奕曰酒重水輕提酒者手有輕重故耳在官有惠化及卒市人若喪慈親焉晉書

謝沉字行思父秀吳翼正都尉沉少孤事母至孝博學多識明練經史州郡辟召初不就何充爲會稽內史引爲參軍尋以母老辭去閑居養母不交人事康帝卽位朝議疑七廟迭毀乃徵沉爲太學博士母憂去職服闋除尚書度支郎何充庾冰並薦沉有史才遷著作郎撰晉書三十餘卷卒年五十二沉先著後漢書百卷及毛詩漢書外傳詩賦文論皆行於世晉書儒林府志

謝奉字宏道祖端散騎常侍父鳳丞相主簿奉歷安南將軍廣州刺史吏部尚書後免官還東遇謝安破岡停三日共語安欲慰其失官奉輒引以他端雖信宿中塗竟不言及安謂同舟曰謝奉故是奇士弟聘字宏遠歷侍中廷尉卿簡文嘗曰謝安南清令不如其弟學義不及孔嚴居然自勝嘉泰志

孔嚴字彭祖奕之孫也少仕州郡歷司徒掾尚書殿中郎時朝

廷崇樹殷浩以抗擬桓溫溫深不平浩又引接荒人謀立功於外嚴言於浩曰頃來天時人情良可寒心願深思廉藺屈伸之道平勃相和之義又覩頃日降附之徒貪而無親難以義感浩深納之隆和元年詔依鴻祀之制於太極前庭親祀嚴諫而止以嚴領尚書多所匡益拜吳興太守善於宰牧甚得人和又甄賞才能之士論者美焉二子道民宣城內史靜民散騎侍郎福民太子洗馬祀鄉賢晉書 府志

王徽之字子猷羲之第三子羲之見 寓賢傳性卓犖不羈爲桓溫參軍又爲桓沖騎兵參軍嘗夜雪初霽月色清朗四望浩然獨酌酒詠左思招隱詩忽憶戴逵逵時在剡便夜乘小舟訪之經宿方至造門不前而反人問其故徽之曰本乘興而行興盡而返何必見安道耶嘗寄居空宅中便令種竹或問其故徽之但嘯咏

指竹曰何可一日無此君耶後爲黄門侍郎棄官東歸與獻之俱病篤術者曰人命應終有代者則可生徽之曰吾不如弟請以餘年代之曰君與弟算俱盡何代也及獻之卒徽之奔喪不哭直上靈牀坐取獻之琴彈之久而不調歎曰嗚呼子敬人琴俱亡因頓絶月餘亦卒子楨之字公榦歷大司馬長史桓元爲太尉朝臣畢集問楨之我何如君亡叔在座咸爲氣咽楨之曰亡叔一時之標公是千載之英一坐皆悦

王獻之字子敬少有盛名高邁不羈嘗與兄徽之操之俱詣謝安二兄多言俗事獻之寒溫而已既出客問王氏兄弟優劣安曰小者佳客問其故安曰吉人之辭寡獻之風流爲一時之冠工草隸善丹青謝安請爲長史太元中起太極殿安欲使獻之題榜試謂曰魏凌雲殿榜未題而悮釘使韋仲將懸橙書之髮

鬚盡白還語子弟宏絕此法獻之正色曰仲將大臣寧有此事使其若此有以知魏德之不長安遂不之逼嘗從山陰道上行語人曰山川自相映發使人應接不暇若秋冬之際尤難爲懷仕至中書令卒謚曰憲無子以兄子靖之嗣靖之司徒左長史

靖之子悅之（宋書作王悅）字少明少勵清操亮直有風檢爲吏部郎鄰省有會同者遺悅之餅一甌辭不受宋泰始中爲黃門郎御史中丞上以其廉介賜良田五頃以爲侍中在門下盡其心力掌檢校御府太官太醫諸署按覆無所避卒官（以上晉書）

謝敷字慶緒性澄靖寡欲入太平山十餘年鎮軍郗愔召爲主簿臺徵博士皆不就初月犯少微少微一名處士星占者以隱士當之譙國戴逵有美才人或憂之俄而敷死故會稽人士以嘲吳人云吳中高士便是求死不得死（晉書隱逸）（舊志府志均入案晉書敷會稽）

人今據舊志

南北朝

孔琳之字彥琳案嘉泰志作綝之字彥綝父廞光祿大夫琳之強正有志力桓元爲太尉以爲西閤祭酒元欲廢錢用穀帛又議復肉刑琳之兩駮議以爲不可累遷至吏部郎義熙十一年除平北征西長史遷侍中宋國初建爲宋侍中永初二年爲御史中丞劾奏尚書令徐羨之䟽違典憲時羨之領揚州刺史琳之弟璩之爲其從事以羨之意語琳之求釋琳之不許曰我觸忤宰相政當罪止一身汝必不應從坐何須勸耶自是百僚震肅莫敢犯禁武帝甚嘉之行經蘭臺親臨幸焉遷祠部尚書景平元年卒贈太常琳之善書與羊欣齊名時稱羊眞孔草書品列中之上妻謝氏亦工書子邈有父風官至揚州中從事邈子覬南史並舊志　舊志

兼入方技覬自有傳

孔靖字季恭父誾散騎常侍始察孝廉宋武帝征孫恩過靖宅靖方晝臥有神人謂曰起天子在門靖遽出適見帝延入禮接甚厚義熙初以靖爲會稽內史遷吳興太守先是吳興頻喪太守相傳項羽神爲卞山王居郡聽事二千石至常避之靖居聽事竟無害八年復爲會稽內史宋武帝北伐以靖爲太尉軍諮祭酒從平關洛宋臺初建拜侍中特進光祿大夫辭事東歸及受命加開府儀同三司讓不受薨以爲贈子山士靈符南史山士歷位侍中會稽太守靈符元嘉末爲司空長史南郡太守尚書吏部郎大明初自侍中爲輔國將軍郢州刺史入爲丹陽尹山陰縣土境褊狹民多田少靈符表徙無貲之家於餘姚鄞鄮三縣界墾起湖田上使公卿博議卒從其徙民並成良業自丹陽出爲

會稽太守尋加撫軍長史家本豐產業甚廣又於永興立墅周回三十三里水陸地二百六十五頃含帶二山又有果園九處爲有司所糾詔原之而靈符答對不實坐免官後復官太守如故每所涖官政績修理廢帝景和中忤近臣爲所讒搆殺之二子湛之淵之於都賜死太宗卽位追贈金紫光祿大夫淵之大明中爲尚書比部郎宋書

孔顗南史作覬選舉表作凱字思遠琳之孫少骨鯁有風力口吃好讀書早知名歷位中書黃門侍郎大明元年從太子中庶子領翊軍校尉歷祕書監廷尉卿爲御史中丞六年除後軍長史江夏內史性使酒仗氣每醉輒彌日不醒僚類間多所陵忽尤不能曲意權幸居常貧罄未嘗關懷雖醉日居多而明曉政事醒時判決未嘗有壅衆云孔公一月二十九日醉勝世人二十九日醒

也孝武每欲引見先遣人覘其醉醒顗弟道存從弟徽請假東還顗出渚迎之輜重十餘船顗正色曰汝輩忝預士流何至還東作賈客耶命燒盡乃去後爲司徒左長史道存代顗爲江夏内史時都下米貴道存慮顗甚乏遣吏載五百斛餉之顗呼吏謂之曰我在彼三載不辦有路糧郎至彼未幾那能得此米可載米還彼吏曰自古無有載米上水者乞於此貨之不聽乃載米而去永光元年遷侍中後爲尋陽王右軍長史行會稽郡事湘東王彧與壽寂之等弒廢帝自立顗發兵馳檄一時響應遣孫曇瓘等軍頓晉陵爲齊高帝所破將士多奔亡顗不能復制竄於山埼村村人縛以送晏晏曰此事孔璪之爲無豫卿事顗曰江東處分莫不由身委罪求活便是君輩行意耳晏乃斬之東閣外臨死求酒曰此是生平所好道存位黄門吏部郎南海

太守晉安王子勛建號以爲侍中行雍州事事敗被殺宋書府志忠節

朱百年祖凱之晉左衛將軍父濤揚州主簿百年少有高情攜妻孔氏入會稽南山以伐樵採若爲業以樵若置道頭輒爲行人所取明旦已復如此人稍怪之積久乃知是朱隱士所賣須者隨其所堪多少留錢取樵若而去好飲酒頗談元理時爲詩詠有高勝之言隱迹避人惟與同縣孔顗友善顗亦嗜酒相得輒酣對盡歡百年素貧母以冬月亡衣並無絮自此不衣緜帛嘗寒時就顗宿衣悉裌布飲酒醉眠顗以臥具覆之百年不覺也既覺引臥具去體謂顗曰緜定奇溫因流涕悲慟顗亦爲之傷感除太子舍人不就顏峻爲東揚州餉百年米五百斛不受後卒山中山陰寒人姚吟亦有高趣顏峻餉米二百斛不受南史

百年舊志府志均入隱逸　妻孔氏自有傳

王韶之字休泰胡之從孫家貧好學嘗三日絕糧而執卷不輟歷遷黃門郎領著作私撰晉安帝陽秋韶之爲晉史敘王珣貨殖王廞作亂珣子宏廞子華並貴顯韶之懼爲所陷宋少帝即位出爲吳郡太守夙夜勤勵政績甚美宏亦抑其私憾文帝兩嘉之徵爲祠部尚書又爲吳興太守卒撰孝傳三卷文集行於世南史　府志文苑　府志案宋書韶之瑯琊臨沂人父爲烏程令因居縣境南史亦止言胡之從孫但舊志有之存俟再考

嚴世期性好施同里張邁等三人妻各產一子歲饑欲不舉世期分贍其乏三子並得成長同縣俞陽妻莊年九十女蘭七十並老病無所依世期飴之二十年死並殯葬宗人嚴宏鄉人潘伯等十五人荸死世期並爲棺殮撫其孤宋元嘉四年有司奏

榜門曰義行嚴氏之門復其身蠲租稅十年南史 舊志府志均入義行

郭世通宋書及嘉泰志俱作世道生而失母父更娶世通事父及後母甚孝年十四父亡居喪過禮殆不勝哀家貧傭力以養後母母亡負土成墳親或共賻助微有所受葬畢傭賃還直嘗與人共於山陰市貨物誤得一千錢追還本主主驚歎以半與之世通委之去元嘉四年散騎常侍袁愉表其至行詔旌其門蠲其租調改所居獨楓里爲孝行里太守孟顗察孝廉不就南史 舊志義行府志孝行

案南史世通永興人永興今蕭山府志選舉卷山陰人

何子平本灊人曾祖楷晉侍中祖友會稽王諮議參軍父子先建安太守子平世居會稽萬歷府志子平山陰人少有志行事母至孝爲揚州從事月俸得白米輒易粟麥以食人問之答曰尊老在東不辦得米何心獨餐每有贈鮮肴者若不可寄至家則不肯受

元嘉三十年從討元凶爲隨王誕參軍除海虞令縣祿惟以養母不及妻子人疑其儉薄子平曰希祿本在養親不在爲己母喪去官哀毀踰禮每哭踊頓絕方蘇屬東土饑荒繼以師旅八年不得營葬晝夜號哭常如袒括之日冬不衣絮日以數合米爲粥所居屋敗不蔽風雨兄子伯與欲爲葺理子平曰我情事未伸天地一罪人耳屋何宜覆太守蔡興宗甚加矜賞爲營冢壙子平幼持操檢敦勵名行雖處闇室如接大賓安貧守善士彌以此貴之南史舊志府志均入孝行

賀道力循孫善三禮有盛名仕宋爲尚書三公郎建康令草書尺牘尤美王僧虔曰賀道力書亞邱道護述書賦云道力草雄圓轉不窮壯自躬之體格疲逸少之流通南史并據府志府志儒林孫瑒自有傳

孔祐愉曾孫隱居四明山嘗見山谷中有數百斛錢視之如瓦石樵者競取入手即成沙礫有鹿中箭來投祐養之創愈而去太守王僧虔與張緒書曰孔祐行動幽祇德標松桂引爲主簿遂不可屈此古之遺德也子道徽少厲高行隱居南山終身不窺城邑齊豫章王嶷辟西曹書佐不至道徽兄子總亦有操行遇饑寒不可得衣食縣令丘仲孚薦之除竟陵王侍郎竟不至南史舊志府志均入隱逸

孔珪南齊書作孔稚珪字德璋靈産之子少涉學有美譽太守王僧虔引爲主簿舉秀才再遷殿中郎高帝爲驃騎取爲記室參軍與江淹對掌辭筆爲尚書左丞父憂去官與兄仲智還居父山舍永明中歷位黃門郎太子中庶子廷尉江左承用晉時張杜律武帝留心法令尚書刪定郎王植撰定律奏之取張斐杜預等

注集爲一書請付外詳校詔公卿叅議珪表上律文二十卷錄序一卷又立律學助教依五經例事竟不行轉御史中丞建武初爲平西長史南郡太守珪以魏連歲南伐百姓死傷乃上表陳通和之策帝不從徵侍中不行留本任永元元年爲都官尚書遷太子詹事加散騎常侍三年卒贈金紫光祿大夫南史府志文苑

孔逷字世遠好典故學與王儉至交昇明中爲齊臺尚書儀曹郎履箴闕禮多見信納上謂王儉曰逷真所謂儀曹不忝厥職儉爲宰相逷常謀議幄帳儉從容啟上曰臣有孔逷猶陛下之有臣永明中爲太子家令卒齊書嘉泰志

孔琇之靈運子案靈運靈符弟靖之孫也有吏能仕齊爲吳令有小兒年十歲偷刈鄰家稻一束琇之付獄案罪或諫之琇之曰十歲

便能爲盜長大何所不爲縣中皆震肅遷尚書左丞後兼左民尚書廷尉卿出爲臨海太守罷郡還獻乾薑二十斤齊武帝嫌其少及知琇之清乃歎息出監吳興郡尋拜太守政稱清嚴隆昌元年遷琇之晉熙王長史江夏內史行郢州事欲令殺晉熙琇之辭不許遂不食而死子臻太子舍人尚書三公郎南史府志忠節

賀瑒字德璉循元孫世以儒術顯祖道力父損亦傳家業瑒少聰敏齊時劉瓛爲郡丞見瑒深器之謂張融曰此生將來爲儒者宗矣薦爲國子生舉明經爲太學博士梁天監初爲太常丞召見議禮儀武帝異之詔預華林講兼五經博士別詔爲皇太子定禮撰五經義時武帝方創定禮樂瑒所建議多見施行拜步兵校尉領五經博士卒於官所著禮易老莊講疏朝廷博士

議數百篇賓禮儀注一百四十五卷瑒於禮尤精館中生徒常數百弟子明經對策至數十人二子革季革字文明少以家貧躬耕供養年二十始輟耒受業精力不怠有六尺方牀思義未達橫臥其上不盡其義終不肯食遍三禮孝經論語毛詩左傳爲太學博士長七尺八寸雍容都雅吐納蘊藉勅於永福省爲諸王講禮生徒常數百人出爲湘東王參軍帶江陵令王於州置學以革領儒林祭酒前後再監南平郡爲民吏所得尋兼平西長史南郡太守革至孝恨祿不及養所得俸秩不及妻孥專擬還鄉造寺以申感思季亦明三禮位中書黄門郎兼著作瑒弟子琛字國寶幼孤伯父瑒授之業一聞便通義理瑒異之家貧往還諸暨販粟養母自執舟楫閒則習業尤精三禮初瑒家徒教授四方受業者三千人至是復集乃築室郊郭閒講授行

郡事到溉聞琛名命駕相造會琛正講溉下車欣然就席問難往復義理該贍溉歎曰通儒碩學復見賀生因薦爲郡功曹琛辭以母老俄遭母憂廬於墓所哀毀積年四十餘始應辟命補王國侍郎累遷通直散騎常侍領尚書左丞參禮儀事每見帝語常移晷刻省中語曰上殿不下有賀雅琛容止閑雅故云所撰三禮講疏五經滯義新謚法及諸儀注凡百餘篇子翊巴山太守南史瑒革府志儒林

孔休源選舉表作林源字慶緒十一而孤每見父所寫書哀慟不自勝見者爲之垂泣州舉秀才徐孝嗣省其策謂同坐曰董仲舒華令思何以尚此梁臺建爲太學博士休源初到都寓於宗人少府孔登范雲命駕到少府高談盡日同載還家武帝嘗問徐勉求有學藝解朝儀者勉以休源對即日除尚書儀曹郎時多所

改作每遠訪前事休源即以所記誦隨機斷決無疑滯任昉嘗謂之孔獨誦累遷御史中丞正色直繩百僚憚之後累佐名藩歷都官尚書普通七年授宣惠將軍監揚州事加金紫光祿大夫每車駕巡幸常以軍國事委之昭明太子薨夜召休源參定謀議立晉安王綱爲皇太子中大通四年卒帝流涕謂謝舉曰休源居職清忠方欲共康政道奄至殞没朕甚痛之謚曰貞子休源風範強正明練政體常以天下爲己任聚書七千卷手自校練凡奏議彈文勒成十五卷長子雲章有父風位東揚別駕少子宗範梁書作帆聰敏有識度位中書郎南史

孔子祛少孤好學尤明古文尚書爲國子助教西省學士助賀瑒撰錄累遷中書通事舍人步兵校尉武帝撰五經講疏及孔子正言專使子祛檢閱羣書以爲義證加通正員郎著尚書義

二十卷集注尚書三十卷續宋异集注周易一百卷續何承天集禮論一百五十卷南史府志儒林

孔僉少師事何允通五經尤明三禮孝經論語生徒數百人三爲五經博士後爲海鹽山陰二縣令僉儒者不長政術值太清之亂卒於家子淑元亦涉文學官至太學博士兄子元素亦善三禮有盛名南史府志儒林

孔子雲師事吳興沈峻峻博通五經尤長三禮僕射徐勉奏峻兼五經博士於館授子雲實傳峻業官至五經博士尚書祠部郎南史府志儒林

賀德基字承業世傳禮學祖文發父淹仕梁俱爲祠部郎並有名當世德基少游學都下積年不歸衣資罄乏嘗於白馬寺前逢一婦人容服甚盛呼德基入寺門脫白綸巾贈之謂曰君方

爲重器不久貧寒故以此相遺問姓名不答而去德基於禮記稱爲精明位尚書祠部郎時論美其不墜南史　府志儒林

孔逭伉直有才藻製東都賦才士稱之陳郡謝瀹年少時游會稽還父莊問入東見孔逭否其見重如此著三吳決錄不傳卒於衞軍武陵王東曹掾南史　府志文苑

王琳字子珩本兵家子元帝居藩琳姊妹並入後庭見幸琳由此未弱冠得在左右以軍功封建寧縣侯侯景將宋子仙據郢州琳攻克之擒子仙又從王僧辯破景拜湘州刺史琳果勁絕人又能傾身下士所得賞物不以入家麾下萬人多是江淮羣盜平景之勳與杜龕俱爲第一使拒武陵王紀紀平授衡州刺史又授都督廣州刺史元帝爲魏圍逼徵琳赴援琳次長沙知魏已平江陵立梁王詧乃爲元帝舉哀三軍縞素傳檄四方爲

進取計陳霸先既殺王僧辨立敬帝以侍中司空徵琳不赴乃大營樓船將圖義舉霸先受梁禪遣侯安都周文育討琳琳逆戰於沌口擒安都文育乃立軍府於郢帶甲十萬練兵於白水浦琳巡軍而言曰可以爲勤王之師矣溫太眞何人哉初元帝王莊出質於齊及敬帝被弑琳乃奉莊纂梁祚於郢州莊授琳侍中使持節大將軍中書監改封安城郡公及陳文帝立琳乃輔莊次於濡須口陳遣吳明徹夜襲湓城大敗之明徹僅以身免琳兵因東下陳太尉侯瑱等拒之以琳軍盛入蕪湖避之時西南風急琳將直取揚州瑱等躡其後比兵交風翻爲瑱用琳兵放火燧擲瑱船者皆反燒其船遂潰亂兵士殆盡琳奉莊入齊齊封琳會稽公琳水陸戒嚴將覘釁而動屬陳氏結好於齊使琳更聽後圖召還鄴會陳將吳明徹寇齊琳與將軍尉破胡

共爲經略琳謂吳兵甚鋭宜長策制之愼勿輕鬭尉不從大敗琳單騎奔彭城齊令便赴壽陽召募進封琳巴陵郡王吳明徹進兵圍之堰淝水灌城城陷被執明徹殺之時年四十八哭者聲如雷有一叟以酒脯號酹盡哀收其血懷之而去陳人懸琳首於建康市故吏朱瑒致書徐陵求琳首明徹亦數夢琳並爲啟陳主而許之權瘞八公山側會葬者數千人尋有揚州人茅知勝等五人密送喪柩達於鄴贈十五州諸軍事揚州刺史侍中開府錄尚書事諡曰忠武王琳十七子長子敬在齊襲王爵第九子衍隋開皇中開府儀同三司北齊書南史祀鄉賢據舊志及栗主補

舊志府志均入忠節

張彪少亡命若邪山中頗有部曲臨城公大連出牧東揚州以爲中兵參軍侯景將宋子仙攻下東揚州還入若邪山舉義貞

陽侯即位以爲東揚州刺史剡令王懷之不從彪自征之留長謝岐守會稽時陳文帝已據震澤將及會稽彪遣沈泰等還州助岐泰等反與岐迎文帝入城彪因其未定踰城而入陳文帝走出彪復守城泰謂文帝曰彪部曲家口竝在香巖寺可往收取遂盡獲之彪將申進又叛彪彪敗走據城之西山樓子及暗得弟崑崙妻楊氏還入若邪山一犬名黃蒼在彪前後未嘗捨離泰說文帝遣章昭達領兵搆之併圖其妻彪眠未覺黃蒼驚吠刼來便嚙一人中喉死彪拔刀逐之映火識之曰卿須我者但可取頭誓不生見陳蒨謂妻楊曰我不忍鄉里落他處今先殺鄉里然後就死楊引頸受刀不辭彪不下刀便相隨下嶺彪謂楊曰生死從此而別若見沈泰申進等爲語功名未立猶望鬼道相逢刼遂殺彪并弟致二首於昭達黃蒼號叫宛轉若哀

狀彪廼於若邪興於若邪終於若邪及妻犬皆爲時所重異南史

舊志府志均入忠節
彪妻楊氏自有傳

謝岐父達梁太學博士岐少機警好學仕梁爲山陰令侯景亂流寓東陽景平依張彪彪每征討恒留監郡知後事後陳武帝引參機密爲乘尚書右丞時軍旅屢興糧儲多闕岐所在幹理深被知遇天嘉二年卒贈通直散騎常侍弟嶠篤學爲通儒南史

孔奐字休文數歲而孤好學善屬文沛國劉顯以博學稱每淡歎美仕梁爲尚書儀曹侍郎時沈炯爲飛書所謗將陷重辟奐廷議理之侯景陷建鄴賊帥侯子鑒厚遇之奐不爲下曰吾性命有在豈可媚凶醜以求全乎景平司徒王僧辯先下辟書時每事草創儀注體式箋書表翰皆出於奐齊遣東方老等來寇四方壅隔三軍取給惟在郡下乃除奐建康令陳武帝尅日決

戰令奐多營麥飯裹以荷葉一宿之間得數萬裹軍人旦食訖因而決戰大破賊武帝受禪遷太子中庶子永定二年除晉陵太守清白自守郡中號曰神君文帝即位爲御史中丞尋爲五兵尚書文帝不豫奐與宣帝入侍文帝曰今三方鼎峙宜須長君朕欲近則晉成遠隆殷法卿等須遵此意奐對曰皇太子春秋鼎盛廢立之事臣不敢聞乃用奐爲太子詹事廢帝即位出爲南中郎康樂侯長史尋陽太守行江州事宣帝即位爲始興王長史奐在職清儉多所規正太建六年爲吏部尚書凡所甄拔莫不悅服性耿介絶請託後主在東宮欲以江總爲詹事奐曰江有潘陸之華而無園綺之實輔弼儲貳竊謂非材後主自言於宣帝奐奏曰江總文華之人願選敦重之才以居輔導由是忤旨改領宏範宮衛尉至德元年卒年七十餘有集十五卷

彈文四卷子紹安紹忠紹忠字孝揚亦有才學位太子洗馬鄱陽東曹掾南史紹安自有傳

韓子高年十六於淮渚附部伍寄載欲還鄉里時陳文帝出守吳興見而問曰能事我乎子高許諾文帝之攻張彪也沈泰等先降帝據州城周文育鎮北郭香嚴寺張彪自剡夜還襲城文帝自北門出倉卒闇夕軍人擾亂惟子高在側乃遣子高自亂兵中往見文育反命酬答於闇中又往慰勞眾軍散兵稍集子高引入文育營因共立柵明日敗彪彪奔松山浙東平乃分麾下多配子高子高亦輕財禮士歸之者甚眾文帝嗣位除右軍將軍封文招縣子廢帝立加散騎常侍宣帝入輔以子高兵權過重執送廷尉賜死南史餘見陳書

王元規字正範性孝事母甚謹梁時山陰縣有暴水流漂居宅

元規惟有一小船倉卒引其母妹幷孤姪入船元規自執櫂棹而去留其男女三人閣於樹杪及水退獲全時人皆稱其至行少從吳興沈文阿受業十八通春秋左氏孝經論語喪服起家湘東王國常侍簡文在東宮甚見優禮及侯景亂攜家屬還會稽後主在東宮引爲學士遷國子祭酒祠部郎自梁代諸儒爲左氏學者皆以賈逵服虔之義難杜預凡一百八十條元規引證通析無復疑滯每國家議大禮常參預焉母憂服闋累遷南平王參軍王爲江州隨府之鎮四方學徒來請道者常數十百人禎明三年入隋爲秦王府東閣祭酒年七十四卒於廣陵元規著春秋發題辭及義記十一卷續經典大義十四卷孝經義記兩卷左傳音三卷禮記音兩卷子大業聰敏知名陳書府志儒林

案陳書元規太原晉陽人

唐

孔紹安少與兄紹新俱以文詞知名陳亡入隋徙居鄠縣閉門讀書誦古文集數千百言外兄虞世南謂曰有弟如此知不亡矣高祖受禪聞行來奔詔撰梁史未成卒有文集五卷紹安與孫萬壽皆以文辭稱時謂之孫孔子禎第進士歷監察御史門無賓謁時譏其介高宗時遷絳州刺史封武昌縣子謚曰溫禎子季詡選舉表作季翊字季和永昌初擢制科授祕書郎陳子昂稱其神清韻遠可比衛玠終左補闕唐書府志文苑

賀德仁父朗散騎常侍與從兄德基皆以文辭稱時人爲之語曰學行可師賀德基文質彬彬賀德仁兄弟八人時比漢荀氏太守王仁政所居甘滂里爲高陽云武德中除中舍人徙洗馬爲東宮學士貞觀初遷趙王友有集二十卷藏於四庫唐書德仁

從子紀敳亦博學高宗時紀爲太子洗馬豫修五禮敳率更令兼太子侍讀皆爲崇賢館學士嘉泰志府志文苑

孔若思紹安孫案舊志孔紹安傳若思紹安從子早孤其母躬訓教長以博聞有遺褚遂良書者納一卷焉其人曰是書貴千金何取之廉答曰審爾此爲多矣更還其半擢明經歷庫部郎中嘗曰仕宦至郎中足矣座右置止水一石明自足意中宗初以若思多識古今凡大政事必咨質後行三遷禮部侍郎出爲衛州刺史故事以宗室爲州別駕見刺史驁放不肯致恭若思劾奏別駕李道欽請訊狀有詔別駕見刺史致恭自若思始以淸白擢銀靑光祿大夫賜絹百疋累封梁郡公開元七年卒謚曰惠子至字惟微歷著作郎明氏族學與韋述蕭穎士柳沖齊名撰百家類例以張說等爲近世新族剟去之說子垍方有寵怒曰天下族姓

何與若事而妄紛紛耶初書成以示韋述述謂可傳及聞坩語或欲增損之述曰止大丈夫奮筆成一家書柰何因人動搖有死不可時述頴上沖皆撰類例而至書稱工（新唐書至府志儒林）

嚴維字正文爲祕書郎大歷中與鄭槩裴冕徐嶷王綱等宴其園宅聯句賦詩世傳浙東唱和維有詩一卷及剡隱居朱放越僧靈澈詩集皆藏祕府（嘉泰志府志文苑）

孔述睿梁侍中休源八世孫高祖德紹事竇建德爲中書侍郎嘗草檄毀薄太宗賊平執登汜水樓命壯士捽殞樓下曾祖昌寓字廣成貞觀中對策高第歷魏州司馬有治狀帝爲不置刺史爲政三年璽書褒美進膳部郎中祖祖舜字奉先爲監察御史以累下除武成令雅馴於廷（兩浙名賢錄昌寓父子爲循吏說者謂孔氏有宦譜）述睿少與兄克符弟克讓篤孝已孤偕隱嵩山而述睿資嗜學大歷

中劉晏薦於代宗以太常寺協律郎召擢累司勳員外郎史館修撰述睿每一遷即至朝謝俄而辭疾歸以爲常德宗立拜諫議大夫命河南尹趙惠伯賫詔書束帛備禮敦遣既至對別殿賜第宅給廄馬兼皇太子侍讀固辭匆許久乃改祕書少監兼右庶子復爲史館修撰述睿重次地理志本末最詳性退讓未始忤物雖親朋燕集嚴默終日人皆畏之與令狐峘同職峘數抵侮然卒不校也時稱長者貞元四年帝念平涼之難以述睿精慤而誠故遣特祠稱詔臨祭又以疾乞解久乃許以太子賓客還鄉賜帛五十疋衣一襲故事致仕不給公驛帝特命給焉卒年七十一贈工部尚書子敏行字至之元和初擢進士第拜右拾遺四遷司勳郎中集賢殿學士諫議大夫李絳遇害事本監軍楊叔元時無敢言敏行上書極論之叔元乃得罪卒年三

十九贈工部侍郎新唐書述容舊志隱逸

吳融字子華祖翥有名大中時觀察府召以署吏不應帥高其槩言諸朝賜號文簡先生龍紀初及進士第韋昭度討蜀表掌書記累遷侍御史坐累去官流浪荆南依成汭久之召爲左補闕以禮部郎中爲翰林學士拜中書舍人昭宗反正御南闕羣臣稱賀融最先至於時左右歡駭帝有指授疊十許槀融跪作詔少選成語當意詳帝咨賞良厚進戸部侍郎鳳翔刼遷融不克從去客閿鄉俄召還翰林遷承旨卒官新唐書府志文苑

羅讓字景宣父珦太子賓客封襄陽縣男讓舉進士宏辭賢良方正皆高第爲咸陽尉父喪幾毀滅服除布衣糲飯不應辟署十餘年淮南節度使李鄘卽所居敦請置幕府除監察御史位給事中累遷福建觀察使兼御史中丞有仁惠名或以婢遺讓

者問所從答曰女兒九人皆爲官所賣留者獨老母耳讓憐然爲焚券召母歸之入爲散騎常侍拜江西觀察使卒年七十一贈禮部尚書新唐書　案新唐書讓會稽人今據舊志及府志選舉卷補

後唐

吳程字正臣父蛻大順中登進士累官禮部尚書程初以父廕不事苦學或謂程曰觀子骨法與羣儒類但恨他日登將相不長談論耳程遂勤學錢鏐選婚士族以女妻之元瓘襲國命程知睦州有政聲尋拜丞相授威神節度使軍政嚴肅卒諡忠烈兩浙名賢錄

宋

錢易字希白父倧嗣吳越王爲大將胡進思所廢而立其弟俶俶歸朝羣從悉補官易與兄昆不見錄遂刻志讀書昆字裕之

舉進士爲治寬簡便民能詩善草隸書累官右諫議大夫以祕書監終於家易年十七舉進士試崇政殿三篇日未中而就言者惡其輕俊特罷之然自此以才藻知名太宗常與蘇易簡論唐世文人嘆時無李白易簡曰今進士錢易爲歌詩殆不下白太宗驚喜曰誠然吾當自布衣召置翰林值盜起劍南遂寢易再舉進士就開封府試第二自謂當第一爲有司所屈乃上書言試朽索之馭六馬賦意涉譏諷眞宗惡其無行降第三明年第二人中第補濠州團練推官召試中書改光祿寺丞通判蘄州奏言非法之刑非所以助治帝嘉納之景泰中舉賢良方正除祕書丞通判信州東封泰山獻殊祥錄改太常博士直集賢院祀汾陰幸亳州命修車駕所過圖經獻宋雅一篇遷尚書祠部員外郎坐發國子監諸科非其人降監潁州稅數月召還久

之判三司磨勘司擢知制誥判登聞鼓院糾察在京刑獄累遷左司郎中爲翰林學士儤直未滿卒仁宗憐之召其妻盛氏至禁中賜以冠帔易贍敏過人又善尋尺大書行草及喜觀佛書嘗校道藏經著殺生戒有金閨瀛洲西垣制集一百五十卷青雲總錄青雲新錄南部新書洞微志一百三十卷宋史文苑 府志案府志選舉卷易會稽人通志臨安人 子彥遠明逸自有傳

道宗萬字仲囦少知名錢忠懿器之入朝欲與之俱以親老辭旣長用進士應詔籍於春官壯歲築室於郡之照水坊畜一鶴號丹砂鼓琴讀書怡然自適者三十餘年祥符中詔舉遺逸郡守康戩以宗萬薦尋被召乃獻跛鼈傳以自見且請自託於道家者流朝廷不奪其志卽其家賜以羽服後十餘年華鎭言宗萬眞方外之士取舍去就之際確乎有不可奪者善八分草隸

書逼俞扁之術或辟穀導氣嘗爲詩曰斗懸金印心難動屛列春山眼暫閒蓋其志也嘗與知縣段斐復建朱儲斗門稍易以石民賴之（寶慶續志　邵權重建朱儲斗門記　舊志府志均入隱逸）

杜衍字世昌父遂良尚書度支員外郎衍擢進士甲科補揚州觀察推官改祕書省著作郎知平遙縣通判晉州詔舉良吏擢知乾州徙知鳳翔府及罷歸二州民邀留境上曰何奪我賢太守也以太常博士提點河東路刑獄還尚書祠部員外郎按行潞州折寃獄徙京西路又徙知揚州有司奏衍辨獄法當賞遷刑部章獻太后遣使安撫淮南使還未及他語問杜衍安否使者以治狀對太后嘆曰吾知之久矣徙河東轉運副使陝西轉運使召爲三司戶部副使會河北乏軍費選爲都轉運使還樞密直學士求補外以右諫議大夫知天雄軍始衍爲治謹密不

以威刑督吏然吏民亦憚其清整仁宗特召爲御史中丞奏言中書樞密止隻日對前殿何以盡天下之事又議常平法請量州郡遠近户口衆寡嚴賞罰課責官吏出納無進增損有宐公糴未充則禁爭糴以規利者糴畢而儲之則察其以供軍爲名而假借者州郡闕毋錢願出官帑助之否則勸課之官家至日見亦奚益於事哉兼判吏部改知審官院遷尚書工部侍郎知永興軍徙并州元昊反以太原要衝加龍圖閣學士寶元二年遷刑部侍郎復知永興軍時方用兵民苦調發衍區處計畫量道里遠近寬其期會使民得次第輸官比他州省錢過半召還權知開封府拜同知樞密院事改樞密副使夏竦上攻守策宰相欲因出師衍曰僥倖成功非萬全計爭議久之求罷不許賜手詔敦勉爲河東宣撫使拜吏部侍郎樞密使每内降恩率寢

格不行積詔旨至十數輒納帝前諫官歐陽修入對帝曰外人知杜衍封還內降邪凡有求於朕每以衍不可告之而止者多於所封還也契丹與元昊戰於黄河外范仲淹宣撫河東欲以兵自從衍曰二國方交鬬勢必不來我兵不可妄出仲淹爭議帝前詆衍語甚切仲淹嘗父行事衍衍不以爲恨契丹壻劉三嘏避罪來歸輔臣議厚館之以詰契丹陰事衍曰違約納叛不直在我且三嘏爲契丹近親其謀身若此尚足以謀國乎不如還之乃還三嘏拜同平章事集賢殿大學士兼樞密使以尚書左丞出知兗州慶歷七年衍甫七十上表請還印綬乃以太子少師致仕皇祐元年特遷太子太保召陪祀明堂進太子太傅賜其子同進士出身又進太子太師封祁國公衍清介不殖私產既退寓南都凡十年第室卑陋才數十楹出入從者十許人

烏帽皂履綈袍革帶或勸爲居士服衍曰老而謝事尚可竊高士名邪善爲詩正書行草皆有法病革帝遣中使賜藥挾太醫往視不及卒年八十贈司徒兼侍中謚貞獻戒其子努力忠孝斂以一枕一席小壙庳冢以葬自作遺疏其略曰無以久安而忽邊防無以既富而輕財用宜早建儲副以安人心語不及私祀鄉賢宋史　府志　舊志兼入方技

陸軫神采秀異七歲猶不能言一日乳媼攜往後園俄而吟云昔時家住海三山日月宮中屢往還無事引來天女笑謫來爲吏在人間後仕至兵部郎官歸老稽山宋元憲杜祁公皆有詩送行篇中多及神仙事蓋其雅志也耆舊續聞　府志文苑

齊廓字公闢舉進士第自梧州推官累遷太常博士知審刑詳議官知通泰州提點荆湖南路刑獄潭州鞫繫囚七人爲強盜

嘗論死鄭訊得其狀悉免之平陽縣自馬氏時稅民丁錢歲輸銀三萬八千兩民生子至壯不敢束髮鄭奏蠲除之歷三司度支開封府判官出爲江淮西南轉運使時初兼按察奉使者競爲苛刻獨鄭奉法如平時入判鹽鐵勾院加史館知荆南府徙明舒湖三州積官光祿卿直祕閣以疾分司南京改祕書監卒宋史

弟唐字祖之少貧苦學應得書皆自寫誦過一二則不忘郡從事魏庭堅嘗任意以几上書令唐誦之不移一字登天聖八年進士第嘗進龍韜豹略賦士大夫覽者皆震聾兩應制科祕閣皆首選兩對策皆第一當塗忌其切直復排去遷著作佐郎知杭州富陽縣改祕書丞太常博士爲南雄州簽判會交趾進麒麟唐據史傳非之斥蠻人給中國衆服其博物以職方員外郎致仕初鑑湖東北有山巋然與會稽山禹廟相望最爲奇偉

唐命其山曰少微而卜築焉熙寧七年卒年八十七有學苑精英三十卷少微集三十卷（寶慶續志　唐府志儒林　案府志廓唐俱會稽八今據舊志）

虞元昱仁宗時發粟賑饑授州助教又與浮屠元聳治朱儲斗門悉易以石子敍元祐二年郡守黃履重修斗門敍率鄉人輸財而與道士翁懷辯任其事（邵權重修朱儲斗門記　府志義行）

錢彥遠字子高舉進士又舉賢良方正能直言極諫科擢尚書祠部員外郎歷知潤州以地震上書勸帝順天修德時旱蝗民乏食彥遠發常平倉以賑之召爲右司諫遷起居舍人知諫院會諸路奏大水彥遠言陰氣過盛在五行傳下有謀上之象宜嚴宮省宿衞未幾果有挾刃犯謻門者特賜五品服彥遠性豪邁其任言職數有建明舉劾多見聽納卒於官弟明逸字子飛歷太常博士爲呂夷簡所知擢右正言嘗希章得象陳執中意

劾范仲淹富弼二人皆罷其夕杜衍亦罷擢翰林學士時論鄙之嘗知秦州唃厮囉留于闐貢使不遣會其妻亡詔賻絹千疋明逸以爲辱國體從之而于闐使與般次亦皆至木征居河州殿侍程從簡私與之盟許以官且歸其質子事不驗木征怒留貢使明逸械從簡往詰因斬之木征惶懼悉遣所留者宋史 案府志選舉卷彥遠會稽人通志臨安人　子緦自有傳

姚勔字輝中舉進士第歷永康令重親猶在父母每以榮其親爲言勔乃請納祿以太子中允致仕遇郊封父母父母請囘官封及勔祖父母特從之元祐初召爲祕書丞太常丞右正言數日爲左奏御史中丞趙君錫雷同俯仰無所建明累遷寶文閣待制國子祭酒請外以本職知明州紹聖初言者論其阿附呂大防范純仁謫知信州論不已落職以奉議郎主管洞霄宮再

貶水部員外郎分司南京卒勔以孝行著每省先墓表衣步出城門且行且哭涕至墓見者爲之感動祀鄉賢嘉泰志府志案府志勔會稽人今據舊志

錢勰字穆父彥遠子生五歲日誦千言熙寧三年試中祕閣選廷對入等矣王安石惡孔文仲策遷怒罷其科元豐定官制勰方居喪帝於左司郎中格目注其姓名須終制日授之奉使高麗求呂端故事以行凡餽餼非故所有者皆弗納歸次紫燕島王遣二吏追餉金銀器四千兩勰曰在館既辭之矣今何爲者吏泣曰王有命徒歸則死且左番已受勰曰左右番各有職吾惟例是視竟却之還拜中書舍人元祐初以龍圖待制知開封訴諜至七日勰簡不中理者緘識之戒無復來閱月一人又至詰之曰吾已戒汝矣啟緘示之信然丞相府謁吏干請亦械治

之積爲衆所憾出知越州徙瀛州復知開封哲宗涖政命勰爲翰林學士兼侍讀以嘗行章惇謫詞求去帝曰朕固知之無庸避也惇諷全臺攻之罷知池州卒年六十四元符末追復龍圖閣學士祀鄉賢宋史府志

陸佃字農師祖父軫官至吏部郎中直昭文館知越州父知睦州致仕佃居貧苦學夜無燈映月光讀書受經於王安石熙寧三年應舉入京安石首問新政佃曰法非不善但推行不能如初意還爲擾民如青苗是也又訪外議佃曰外間頗以爲拒諫安石笑曰吾豈拒諫者但邪說營營顧無足聽佃曰是乃所以致人言也禮部奏名爲舉首方廷試賦遽發策題士皆愕然佃從容條對擢甲科授蔡州推官初置五路學選爲鄆州教授召補國子監直講安石以佃不附已專付之經術不復咨以政安石子雱用事好進者至祟以師禮佃待之如常同王子韶修

定說文入見神宗問大裘襲袞佃考禮以對神宗悅用為詳定郊廟禮文官時同列皆侍從佃獨以光祿丞居其間每有所議神宗輒曰自王鄭以來言禮未有如佃者加集賢校理崇政殿說書進講周官神宗稱善始命先一夕進藁同修起居注元豐定官制擢中書舍人給事中哲宗立更先朝法度去安石之黨安石卒佃率諸生哭而祭之識者嘉其無向背遷吏部侍郎以修撰神宗實錄徙禮部進權禮部尚書改龍圖閣待制知潁州徙鄧未幾知江寧府甫至祭安石墓紹聖初治實錄罪落職知泰州改海州復集賢殿修撰移知蔡徽宗即位召為禮部侍郎上疏曰人君踐阼要在正始正始之道本於朝廷願咨諏仁賢詢考政事惟其當之為貴遂命修哲宗實錄遷吏部尚書拜尚書右丞御史中丞趙挺之以論事不當罰金佃曰中丞不可罰

罰則不可爲中丞諫官陳瓘上書曾布怒其尊私史而壓宗廟佃曰瓘上書雖無取不必深怒若不能容是成其名也佃執政持論多近恕每欲參用元祐人才尤惡奔競轉左丞御史論呂希純劉安世復職太驟請加鐫抑且欲更懲元祐餘黨佃言不宜窮治乃下詔申諭揭之朝堂讒者用是詆佃曰佃名在黨籍不欲窮治正恐自及耳遂罷爲中大夫知亳州數月卒年六十一追復資政殿學士佃著書二百四十二卷於禮家名數之說尤精如埤雅禮象春秋後傳皆傳於世祀鄉賢宋史 府志子宰字元鈞官朝請大夫直祕閣贈少師紹興十年建祕閣求遺書於天下首命紹興府錄宰家書來上凡萬三千卷有奇見嘉泰志 宋詩紀事

錢藻字醇老明逸從子幼孤刻勵爲學第進士又中賢良方正

科爲祕閣校理慈聖后臨朝藻三上書乞還政同修起居注知制誥加樞密直學士知開封府平居樂易無崖岸而居官獨立守繩墨爲政簡靜有條理不肯徇私取顯數求退改翰林侍讀學士知審官東院卒年六十一神宗知其貧賻錢五十萬贈大中大夫宋史

唐翊字浙師世以儒術顯翊生甫七齡日誦千言十二能屬文時稱奇童元祐間以兩經中第主蘄縣簿吏以其初筮少之翊稍露鋩鍔吏更畏服不敢欺徙知靈壽值大旱翊開河渠溉田數千頃傍渠之田不雨而稔常平吏盜倉粟翊發其奸以能例得遷秩乃歎曰置人於重辟而已受賞可乎乃改從自首律後屢典州郡曹所至皆有聲同時陸佃聾咸推服焉萬歷府志子閎府志選舉卷閎翊之子字進道少爲學刻苦嘗手寫資治通鑑逾年嘉泰志閎作閲

而畢字皆精楷舉進士屢遷都官員外郎乾道間兩浙饑詔爲浙東檢察賑濟州縣全活甚衆嘗以左氏春秋倣遷固史例以周爲紀列國爲傳又爲表志贊合五十一卷號左史傳行於世兩浙名賢錄兼采嘉泰志祀鄉賢據舊志及栗主補

陳過庭字賓玉嘉泰志作賓王中進士第爲館陶主簿澶州教授知中牟縣除國子博士擢祠部吏部右司員外郎使契丹過庭初名揚庭辭日徽宗改賜今名時或傳契丹主苦風痹又箭損一目過庭歸證其妄且勸帝以邊備爲念遷太常少卿起居舍人宣和二年進中書舍人纔七日遷部侍郎未盡一月又遷御史中丞兼侍讀睦寇竊發過庭言致寇者蔡京養寇者王黼竄二人則寇自平又朱勔父子本刑餘小人交結權近竊取名器罪惡盈積宜昭正典刑以謝天下罷知蘄州未半道責海州團練副

使黃州安置三年得自便欽宗立以兵部侍郎召在道除中丞初入見帝諭以悉意盡言於是節度使范訥丐陞環衛過庭因言自崇寧以來建旄鉞者多不由勳績請除宗室及將帥立功者又乞辨宣仁后誣謗姚古擁兵不援太原陳其可斬之罪七竄諸嶺表進禮部尚書擢右丞中書侍郎議遣大臣割兩河與金耿南仲以老聶昌以親辭過庭曰主憂臣辱願效死帝爲揮涕歎息因遣南仲昌及城陷過庭亦行金人拘之軍中建炎四年卒於燕山年六十贈開府儀同三司謚忠肅宋史祀鄉賢據舊志及栗主補府志忠節

傅崧卿字子駿墨卿從父弟省試第一擢甲科除辟雍正改婺州教授遷國子正充校正御前文籍以憂去職服除召爲考功員外郎兼太子舍人方士林靈素得幸自三公輔臣以下皆從

靈素師授崧卿與會幾獨不行被譖出爲鄂州蒲圻縣丞高宗初除知太平州數日罷久之召爲中書門下省檢正諸房公事詔問羣臣居建康與鄱鄂岳吳越孰便崧卿以建康古建國定定基本以濟中興爲對金人渡江上自越將幸四明崧卿殿後乘障盡死力以爲浙東及衢信州防遏使明年除直龍圖閣知越州上自永嘉還越供億用度崧卿乞悉從蠲減雖中旨有不便輒執奏皆賜可改知婺州召拜祕書監兼權戶部侍郎尋除宣諭淮南東路左僕射呂頤浩都督江淮荆浙諸軍事崧卿以徽猷閣待制充參謀官頤浩還行在以崧卿管都督事尋權知建康府有言使淮南日奏事失實降秩提舉洪州玉隆觀頤浩安撫荆湖南更辟參謀官詔復集英殿修撰固辭不拜久之召爲中書舍人詔以強敵入寇將親撫六師崧卿入對言留都管

鑰旁郡輔翼當及鑾輿未發亟圖之庶無後慮上稱善進給事中兼史館御史常同論其懷姦如王安石罷歸崧卿曰王公名世大儒言者以僕比之但有愧耳怡然不少動崧卿自國家多事常慷慨欲以功名自見與客言及國事輒憤詫流涕覽鏡見齒髮衰皓歎曰吾遂無以報國家而死乎在上前論議尤感激未及大用而卒時人惜之有樵風溪堂集六十卷奏議十五卷西掖制誥三卷又作夏小正傳最行於世

梁仲敏字元功宣和初上舍兩優釋褐調泰州海陵主簿淮寧府議曹改秩授鎮江管內安撫司福建路轉運司幹辦公事通判溫州紹興三年春召爲太府丞遷太常丞除駕部員外郎出知臨江軍移知永州提點福建路刑獄公事禮部侍郎周葵薦召對擢監察御史遷右司諫遂拜右諫議大夫踰年除敷文閣

待制提舉江州太平興國宮遂致仕贈寶文閣學士仲敏居諫職久所論毫髮無隱或未聽必反覆開陳以冀聽納方敵入塞大將有遁者仲敏力請誅之大將坐遠斥士氣乃奮晚家居尤篤風誼及卒邦人思慕之

傅墨卿字國華以父恩補太廟齋郎嘗爲蘄州蘄水揚州江都縣尉歷知池州壽春府入朝爲庫部駕部員外郎實錄院修撰從大理卿將作監擢起居舍人中書舍人拜翰林學士給事中宣和四年以禮部尚書持節冊立高麗王楷有功還賜同進士出身進龍圖閣學士靖康元年春爲京城東壁守禦使出知舒州提舉杭州洞霄宮建炎中守正奉大夫致仕嘗奪職至是追復墨卿凡三至高麗初爲書狀官中爲副最後爲使其爲使時所過郡縣輒爲守令道上德意以寬宥爲務高麗爲立廟祠

初墨卿尉江都往來山陽深爲節孝處士徐積所知或問積所爲知墨卿者曰方欽聖升遐楚之官吏寓客皆集服臨郡庭下惟傅尉容稱其服吾是以賢之以上嘉泰志

陸煥之字伯政家世爲儒力學篤行至老不衰所爲文皆本六經無一毫汨於釋老楊時爲世名儒獨以立論少入釋老伯政正色斥之不遺餘力有山堂類稾二十卷陸渭南文集府志儒林

蔡定字元應家世微且貧父革依郡獄吏傭書以資定使學游鄉校稍稍有稱郡獄吏一日坐舞文法被繫革以詿誤年七十餘法當免繫鞫胥任澤削其籍年而入之罪且與獄吏等案具府奏上之定痛念父當耆年以非辜墮圄犴誓將身贖數詣府號訴請代坐獄弗許請效命於戎行弗許請隸伍符爲兵又弗許定知父終不可贖於是預爲志銘其墓又爲狀若詣府者結

置徒閒皆敍陳致死之由冀其父之必免也以建炎元年十二月甲申赴河死府帥聞之驚曰眞孝立命出帑厚爲定具棺斂事而撫周其家宋史紹興三年太守王綯上其事立廟祀焉賜額曰愍孝舊志祀鄉賢據府志祠祀卷補舊志府志均入孝行案宋史定會稽人

朱宸字拱辰汴人少負異才建炎二年以忠直累拜殿前檢點三年值金人至京師帝幸揚州護蹕南狩金人追甚迫宸以一身負駕涉錢唐而獲脫遂家於越後歷著功績仕至征南武德大將軍紹興三十年卒春秋配享六陵舊志義行

許景迂舊名閎紹興癸丑進士有野雪吟藁宋詩紀事府志文苑

馮仲来洞霄集載其詩宋詩紀事府志文苑

王佐字宣子年二十一以南省高選奉廷對爲第一授承事郎簽書平江軍節度判官廳公事未赴召爲祕書省校書郎時秦

檜子熺以前執政提舉祕書省館中或趨附之以爲捷徑佐獨未嘗妄交一語嘗語同舍曰二館故事丞相與赤縣尉均爲學士安得妄自屈哉熺聞不能平嗾言者論去之檜死熺斥起家拜祕書郎兼玉牒所檢討官遷尚書吏部員外郎右司郎闕以佐兼領紹興二十九年二月拜起居郎以臺評罷知永州徙知吉州皆有治聲除直寶文閣逾年徙知明州隆慶初張浚薦除中書門下省檢正諸房公事兼權戶部侍郎力辭不允仍兼侍講湯思退以首相領江淮都督請以佐參其軍謀思退去位佐亦罷參謀以直寶文閣知宣州徙知建康府得妖人朱端明崔光生陰謀一日坐帳中決事命捕爲首者至前略詰數語卽責短狀判斬之而流其徒數人於嶺外餘置不問僚屬方候見於客次無一人知者見佐擲筆乃異之而妖人已誅矣佐方閱案

牘治他事延見賓僚乃退無一毫異於常日又徙知平江隆興二府未赴讒者謂佐縱有罪削官居建昌軍讒者去復官主管台州崇道觀俄起知饒州又直寶文閣知揚州入對留爲宗正少卿兼戶部侍郎史正志爲發運使坐奏課不實謫并罷佐逾年起爲福建路轉運判官徙知潭州連進祕閣修撰集英殿修撰淳熙六年正月郴州宜章民陳峒竊發郴道連永州桂陽軍皆警佐奏乞荆鄂精兵三千未報佐度不可待而見將校無可用者流人馮湛適在州召與語曰君能有功不特雪前罪且遂爲朝廷用北鄉恢復自此始矣湛請行佐遂檄湛帶元官權湖南路兵馬鈐轄統制軍馬卽日令湛自選潭州廂禁軍及忠義寨凡八百八卽衙教場誓師遣行上奏以擅遣湛待罪且請亟發荆鄂軍又私念湛有善戰名賊必遯入廣南思得勁兵遏其

衝會受命節制討賊軍馬而前一日又奉詔會合諸路兵乃檄廣南摧鋒軍兵官黃進張喜分屯要害賊知湛至而廣南守備已嚴乃驅載所掠輜重由間道歸宜章佐乃檄轉運司及諸州復奏言遣馮湛之後事方有緒若遽弛備賊必更猖獗愚民日有附和而起者因堅乞前所請荆鄂軍從之又奏向者連州受賊首李晞降賞犒備足未幾復亡去爲賊今陳峒之次首領是也以此知不一意討捕容其不死湖廣之憂未艾上獨是佐策命佐躬至軍前節制佐卽日戒行師徒不譁賊初詐降實欲繕治寨柵阻險以抗官軍佐得其情督軍甚峻及馳入隘口賊皆潰丞斬陳峒李晞以下誅獲無遺詔以佐忠勞備著超拜顯謨閣待制俄徙知揚州平江府遂知臨安府進權工部尚書而尹京如故兼侍講久之進侍讀遂權戶部尚書知淳熙十一年貢

舉尹京逾三年會子病卒力乞奉祠命以寶文閣直學士出守
佐復申前請得提舉江州太平興國宮以歸執母喪服除提舉
隆興府玉隆萬壽宮鳳翔府上清太平宮卒贈銀青光禄大夫
祀鄉賢弟公袞字吉老亦以進士起家盜劫其母墓獄成盜不
死公袞手殺之時宣子官吏部員外郎納官以贖弟罪給事楊
椿謂復仇之義可嘉殺掘冢法應死之人爲無罪納官之請當
不許詔從之公袞仕至左司郎中嘉泰志齊東野語公袞舊志府志均入孝行
陸游字務觀左丞佃孫年十二能詩文廕補登仕郎鎖廳薦送
第一秦檜孫塤適居其次檜怒至罪主司明年試禮部復置前
列檜顯黜之由是爲所疾檜死始赴福州寧德簿以薦者除敕
令所删定官時楊存中久掌禁旅游力陳非便遂罷存中中貴
人有市北方珍玩以進者游奏小臣不體聖意輒私買珍玩虧

損聖德乞嚴行禁絶又言非宗室外家雖有勳勞毋得輒加王爵遷大理司直兼宗正簿孝宗即位遷樞密院編修官兼編類聖政所檢討官史浩黄祖舜薦游善詞章諳典故召見遂賜進士出身入對言官吏將帥一切玩習宜取其尤沮格者與衆棄之和議將成游又書白二府曰一和之後盟誓已立動有拘礙今當與之約建康臨安皆係駐蹕之地北使朝聘或就建康或就臨安如此則我得以暇時建都立國彼不我疑時龍大淵曾覿用事游爲樞臣張燾言覿大淵招權植黨熒惑聖聽燾遽以聞上詰語所自來燾以游對上怒出通判建康府尋易隆興府言者論游交納臺諫鼓唱是非力說張浚用兵免歸久之通判夔州王炎宣撫川陜辟爲幹辦公事游爲陳進取之策吳璘子挺代掌兵頗驕恣游請以玠子拱代挺炎曰拱怯而寡謀遇敵

必敗游曰使挺遇敵安保其不敗就令有功愈不可駕馭及挺子曦僭叛游言始驗范成大帥蜀游爲參議官以文字交不拘禮法人譏其頹放因自號放翁後累遷江西常平提舉江西水災奏撥義倉賑濟檄諸郡發粟以予民又起知嚴州過闕上諭曰嚴陵山水勝處職事之暇可以賦詩自適再召入見上曰卿筆力回斡甚善非他人可及除軍器少監紹熙元年遷禮部郎中兼實錄院檢討官嘉泰二年詔游權同修國史實錄院同修撰免奉朝請尋兼祕書監三年升寶章閣待制致仕游才氣超逸尤長於詩晚年再出爲韓侂胄撰南園閱古泉記見譏清議嘉定二年卒年八十五有劍南詩稿二十卷續稿六十七卷渭南集四十五卷行於世宋史寶慶續志祀鄉賢據府志祠祀卷補舊志張元忭云宋史謂其晚年爲韓侂胄作南園記見譏清議余獨謂不然余於西湖志見此記而詳味之其以忠獻有後爲言蓋歆之以法祖也

又以許閑歸耕爲公之志蓋諷之以知止也游自以爲無諛詞無多言殆信然矣又何足爲病哉甚矣議者之固也

陸淞字子逸號雲溪放翁雁行也官辰州守晚以疾廢卜築於秀野越之佳山水處放傲世間不復有營念對客則終日清談不倦尤好語前輩事耆舊續聞並宋詩紀事 府志文苑

葛天民字無懷初爲僧名義銛字朴翁後返初服居西湖上一時所交皆勝士癸辛雜識 府志文苑

蘇泂字召叟丞相頌四世孫有泠然齋集宋詩紀事 府志文苑

王潤之字德玉宋詩紀事 府志文苑

俞亨宗字兼善登隆興二年進士第府志選舉卷在元年洪文惠公适師越聞亨宗行義延至郡齋又偕至番陽與文惠之弟樞密遵內翰邁游日以文章爲事嘗爲博學宏詞科所業三洪讀之謂曰他日玉堂揮翰可也宰常州宜興秩滿幹辦諸軍審計司遷國

子監主簿軍器監主簿知漳州先是州以鹽抑民計口請給督促其直急於常賦民甚苦之寧宗首罷之又罷溪港津渡之権及減去經揔制錢後來額外苛取者歲罷緡錢合四萬四千又代民輸丁錢一萬六千有奇秩滿凡橐中所餘悉散之宗族親戚之貧者自漳州還奉祠里居杜門不復出嘉定初起爲提點江淮等路鑄錢公事移江東轉運入爲吏部郎大理少卿祕書少監自以年老乞掛冠章凡六上除直顯謨閣主管成都府玉局觀既歸累告老增一秩加祕閣修撰如所請嘉定十五年卒年八十九寧宗自奉儉約官雖稍遂蔽屋頹牆處之泰然著述有垂軒橐二十卷宏詞習業五卷山林思古錄十卷羣經感發十卷寶慶續志祀鄉賢據舊志及栗主補府志文苑

莫叔光字仲謙舉進士調永豐尉試學宮中選又中博學宏詞

科歷著作郎尋除起居舍人兼權中書舍人紹熙二年春雷雪交作詔條闕失先是歸朝官除節鉞全臺論列不從中司一論樞密使即譴去叔光奏此最闕失大者又言女謁漸行近習預政辭皆剴切布衣俞古上書將被竄叔光奏方求言弭災異不宜罪言者事竟寢遷中書舍人兼權吏部侍郎外戚李孝純除閤門宣贊舍人帶御器械叔光言賓贊忝帶極右列清選孝純屢遭譴罰不宜冒居又內侍自正使轉橫行遙郡非故事悉奏罷之叔光外醇和中實耿介入西掖纔三歲論駁至數十事除權吏部侍郎兼管秘書監卒謚文清祀鄉賢嘉泰志寶慶續志府志張元忭云案宋志以叔光爲山陰人而餘姚近志亦載之今從宋志

高廣元字大億父道壽五經博士淳熙中應詔上言逕遷祠部員外不受築室歸隱父亡廣元寢處柩側偶以事外出柩燬於

火廣元痛徹心骨終身不入內寢不食煎熘之食舊志孝友

唐聞字識通以蔭授將仕郎爲台州郡曹治獄恕而有執不曲意何上旨稍不如法輒請去太守劉光以是賢之聞儒術立身爲吏務在愛民而不爲姑息初罷臨海令以母年高求丞上虞以便侍養人稱其孝云府志

寬子純字粹中初以伯父叔光恩補官銓試及試江東運司俱第一慶元二年案舊志在嘉泰元年禮部奏名復第一是歲有旨遵故事免廷對徑賜進士及第簽書平江軍節度判官廳公事除祕書省正字歷遷中書舍人蘇師旦本平江筆吏韓侂胄任爲腹心氣燄薰炙求進者爭趨其門一日遇子純於都堂趨前執禮甚恭子純略不爲禮師旦已深恨之會師旦當遷官子純又執不可於是忤侂胄意遂以祠去知贛州加右文殿修撰改知江州

不忝又改溫州提舉太平興國宫嘉定八年卒年五十七子純性姿聰悟博聞强記立朝之節始終不渝士論歸之祀鄉賢（寶慶續志　府志）

諸葛興字仁叟嘉定元年進士爲彭澤奉化兩丞嘗作會稽九頌有梅軒集（宋詩紀事　府志文苑　案府志本傳興會稽人今據選舉卷）

陸壑字景思佃五世孫紹定五年進士官禮部員外郎崇政殿說書謝皋羽編天地間集列於文謝諸公後（宋詩紀事　府志文苑　案府志本傳壑會稽人今據選舉卷）

徐天祐字受之（舊志作陳天祐）以父相恩爲將仕郎銓試詞賦第一尉歸安時年尚少卽以吏事稱嘗出郊吏具供帳甚飾天祐詰所出吏以例對天祐盡却之貴人居邑者將囑事出謁人曰吾見尉自不敢有所請中進士第爲大州教授日與諸生講經義聽

者感發德祐二年以國庫書監召不赴退歸城南杜門讀書四方學者至𢦏必進謁天祐高冠大帶議論卓卓見者以爲儀刑府志

王易簡字理得佐元孫舊志作曾孫登進士除瑞安主簿不赴隱居城南讀張子東銘作疏義易簡生而穎異幼喪父哀毀如成人事伯姊甚謹尤賙恤其族撫兄之諸孤如其子府志舊志府志均入隱逸

趙孟檖福王與芮從子元兵入臨安孟檖謀舉兵事泄被執范文虎詰之孟檖詬曰賊臣負國共危社稷我帝室之胄欲一刷宗廟之恥乃更以爲逆乎文虎怒驅出之過宋廟呼曰太祖太宗之靈在天何以使孟檖至此杭人莫不隕涕既死雷霆晝晦者久之舊志忠烈

王英孫以父任補承務郎咸淳庚午稍轉宣義郎平反於滑疑

獄出辟囚民稱不寃甲戌知慶元府慈谿縣歲饑盜縱橫帥守以罪去英孫至急譪貸糜粟乃練丁壯肅保甲以捕備盜賊殛其渠旬月閒悉還爲良民尋以籍田通判慶元府提轄市舶攝事半載鎭以寧靜陳景行薦除將作監簿命下知時事去決計歸宋亡英孫惋念先烈與遺民謝翱鄭宗仁林景曦唐珏爲詩酒交遂瘞宋陵骨傳者不知爲英孫嘗築精舍於陶山麓祠晉高士陶貞白宋左丞陸農師待制陸放翁後爲修竹書院邵廷采思復堂集

陸傳恩鄂州都統忤權落職居潤州景炎中聞二王至溫號召義士千餘率子弟追從之至厓山同溺於海者族屬七十餘人子柱字砥中時方弱冠臥病新會旅邸聞變力疾馳至海岸呼號慟哭三日夜不絶聲元兵露刃拏觀之不忍害忽有屍自南

隨潮而來面如生視之則其父傳恩也得小舟載至新會之半村槀葬而廬於墓側每飯必祭如生時每祭未嘗不痛哭凡二十餘年里人憫而飲食之舊志義行

唐珏字玉潛宋詩紀事珏號菊山家貧聚徒授經以養母歲戊寅總統江南釋教楊璉眞珈發宋諸陵攫其寶玉珏不勝痛憤亟貨家貲及執券行貸得百餘金乃具酒邀里中少年與飲酒且酣少年起請曰君儒者若是將何爲珏慘然具以告衆謝曰諾一少年曰事露奈何珏曰余固籌之矣要當易以他骨乃具木櫃絹囊各署其表曰某陵某陵分委散遣收遺骸瘞蘭亭山中樹冬青以識越七日髡賊下令裒陵骨雜置牛馬枯骼中築一塔壓之名曰鎮南杭民悲惋不忍仰視了不知陵骨之猶存也未幾越治中袁俊聞珏賢延以教子敬禮甚篤爲娶妻置產珏母亦以

壽終祀鄉賢府志茲據舊志及宋遺民傳 舊志府志均入義行 案是時有林景曦事大同而小異詳藝文卷中

元

趙孟治家世業儒尚義皇慶中捐田三頃爲學田又捐田三頃入義廩給鄉人無以婚葬者事聞有詔旌之子由鍾行義有父風丁未歲大饑設粥於道所活餓莩甚衆由鍾子岦浩登進士府志 舊志府志均入義行

韓性字明善天資警敏七歲日記萬言九歲通小戴禮作大義文意蒼古及長博綜羣籍尤邃於儒先性理之說延祐初詔以科舉取士學者多以文法爲請凡經其口授指畫不爲甚高論而義理自勝以應有司之求亦未始不合其繩尺性出無輿馬僕御所過負者息肩行者避道巷夫街叟至於童稚廝役咸稱

之曰韓先生憲府嘗舉爲教官受而不赴暮年愈自韜晦然未嘗忘情斯世郡之良二千石政事有所未達輒往咨訪性從容開導洞中肯綮年七十有六卒南臺御史中丞月魯不花嘗學於性言性法當謚朝廷賜謚莊節先生所著有禮記說四卷詩音釋一卷書辨疑一卷郡志八卷文集十二卷元史祀鄉賢據舊志補

舊志隱逸府志理學萬歷府志作會稽人今據舊志

韓惟仁父翼甫仕元爲大理主簿兄性即莊節先生府志注惟仁爲江浙行省檢校官至正十九年春明胡大海圍紹興元行樞密副使呂珍固守元帥張世俊運米至三江口爲海賊刦奪惟仁領所部義兵擊散海賊護糧入城分省平章嘉之陞浙東宣慰副使僉都元帥事守禦三江明別將張彪攻蕭山珍又合惟仁領義兵往救明師退惟仁招復人民整治官府後戰沒於蕭

山城下詔範金爲首以葬墓在縣山陽俗呼金頭墳保越錄子順之膺提舉府志注府志忠節

楊維楨字廉夫少時日記書數千言父宏築樓鐵崖山中繞樓植梅百株聚書數萬卷去其梯俾誦讀樓上者五年因自號鐵崖元泰定四年成進士署天台尹改錢清場鹽司令狷直忤物十年不調會修遼金宋三史成維楨著正統辯千餘言總裁官歐陽元功將薦之不果轉建德路總管府推官擢江西儒學提舉未上會兵亂避地富春山徙錢塘張士誠累招之不赴遣其弟士信咨訪之因撰五論具書復士誠反覆告以順逆成敗之說又忤達識丞相徙居松江之上或戴華陽巾披羽衣坐船屋上吹鐵笛作梅花弄或呼侍兒歌白雪之辭自倚鳳琶和之賓客皆蹁躚起舞以爲神仙中人洪武二年太祖召諸儒纂禮樂

書以維楨前朝老文學遣翰林詹同奉幣詣門維楨謝曰豈有老婦將就木而再理嫁者耶明年復遣有司敦促賦老客婦謠一章進御曰皇帝竭吾之能不强吾之所不能則可否則蹈海死耳帝許之賜安車詣闕廷留百有十日所纂敘例略定卽乞骸骨帝成其志仍給安車還山宋濂贈之詩曰不受君王五色詔白衣宣至白衣還抵家卒年七十五維楨詩名擅一時號鐵崖體張羽稱其古樂府出入少陵二李閒宋濂稱其論撰如覩商敦周彝雲雷成文而寒芒横逸詩震蕩陵厲鬼設神施尤號名家云維楨徙松江時與華亭陸居仁及僑居錢惟善相倡和兩人既没與維楨同葬於山人目爲三高士墓明史祀鄉賢據府志祠祀卷補　府志文苑　萬歷志維楨諸暨人其自作鐵遂道人傳云會稽人其爲兄維翰傳則云暨陽今據明史入山陰

陸思孝樵者性至孝母老病痢思孝醫禱久之不效方欲刲股

案徐允讓係瓛錄作徐本道

肉爲糜以進忽夢寐閒恍若有神人者授以藥劑思孝得而異之即以奉母疾遂愈元史　舊志府志均入孝行

陳福年十歲侍母葉病衣不解帶每夜祈禱後庭刲股肉療母股刲而母已死鄉人哀之目曰孝童郡人楊維楨爲作孝童詩府志　舊志府志均入孝行　楊鐵崖樂府序越之錢清人予居與鄰親見其事

徐允讓元末賊起奉父安丞避山谷閒遇賊欲斫安頸允讓大呼曰寧殺我勿殺我父賊遂舍安殺允讓將辱其妻潘潘紿曰吾夫已死從汝必矣若能焚吾夫則無憾也賊許之潘聚薪焚夫投烈焰中死賊驚嘆去安獲全洪武十六年夫婦並旌明史　舊志府志均入孝行　萬歷府志允讓項里人　案此亦見係瓛錄

王裕字好問早歲融貫經史既長以文辭鳴順帝時科舉法復行裕領浙江鄉薦授校官既歸以五經教授於鄉門徒常百餘

人有集若干卷府志儒林

劉渙字彥亨至正間薦授三茅書院山長道梗不赴渙受學楊門不襍書樓舊染明詩綜府志儒林

張憲字思廉學詩於楊維楨最爲所許負才不羈嘗走京師恣言天下事衆駭其狂還入富春山混緇流以自放一日升高呼所親語曰禍至矣亟去三日而寇至死者五百家後仕張士誠爲樞密院都事吳平變姓名寄食杭州報國寺以歿明史府志文苑

王麟字文明生而敏慧王千戶振鵬以畫名於朝麟嘗從之游遂工繪畫學詩於李孝光聲譽聞吳越閒劉基來越寓其家南樓居數月麟爲詩謚大進基每歎異之喪父時年十九痛哭嘔血卒劉基王君墓誌及覆瓿集府志文苑兼入方技

章珪字德圭早年以詩鳴其鄉有梅花百詠西湖竹枝詞一章

語意俱新西湖竹枝集府志文苑

李一中字彥初好讀書喜吟咏一時流輩罕及西湖竹枝集府志文苑

王子宇宗子元蘭亭書院山長中元第五子孝友淳朴動遵禮度爲後進儀表以先世有田廬在菱湖時方擾亂同昆季渡娥江寓焉杜門畏影晚年益敦友愛與弟宗尹哦咏自怡相繼而終俱無子孚有山林餘興詩稿府志舊志府志均入隱逸

施鈞字則夫博學能文詩得唐人體有飲冰餘味集隱居不仕府志文苑舊志隱逸府志府志會稽人

呂中字居正性莊默終日危坐臺菁舉爲甬里山長不就舊志隱逸

王紹原字復初幼嗜學治毛詩值元季兵亂偕諸弟攻苦食淡怡如也及海内既平於舍旁闢一軒扁曰耕讀與常所往來觴咏自娛灑然無世累有耕讀集傳於世府志舊志府志均入隱逸

秦元字尚一少嗜學博極羣籍至正十四年知天下將亂遂散家貲贍親族絶意仕進築室鳳林鄉日誦蓮華法典如是十年室中忽生異花一莖九瓣相拱大如盎色紺而香烈有西域僧見云此優鉢羅花也元以儒而隱於釋爲元末高士云舊志隱逸

案各傳所據如會稽典錄謝承後漢書原書久佚僅散見於史注及唐宋類書中即東觀漢記亦後人所輯也攷史漢三國志注已極賅博又太平御覽徵引至一千六百九十餘種晉宋以前取之修文御覽祖珽所編三百六十卷齊梁以後取之文思博要貞觀時編一千二百卷祕典奇文尤不經見後生引用應云漢書注或三國志注引某書或太平御覽引某書方合今直舉原名不復博蒐所出者半仍前志之舊既非臆撰姑從簡要可矣又傳記文字固皆本於史乘以一時一邑之書取材於古今之羣籍勢難對本

全鈔故或兼采或要删非敢矜言别裁亦是史家成法否則一

鈔胥足以辦之此志不立凡例附發其凡於此

右鄉賢一

山陰縣志卷十三

山陰縣志卷十四

人民志第二之六

高復亨　錢宰子尚絅　趙俶子圭玉　唐肅子之淳

劉子華子鍔　韓宜可　王受益　黃里弟亨

王儼　白範　毛鉉弟鋭　王誼弟惲

胡粹中　薛德明子文傑　徐德卿　陳曾明子國友

鐳績子師邵　蔡肅　王宥　鄭嘉

李昴　羅紘子周新新子頎　傅易梁文實附

周觀政　陳思道　劉貞　呂升

錢遜　劉謙弟謹　朱文淵子宣　陳性善

毛肇宗　吳中從子騆　陶菊　徐上宗孫綬軒

朱純子宗岳　韓陽　秦初　王暹子綖

龔全安子廷輝　趙魯　金濂　周端

高宗浙　丁能　高珣　沈曰禎

錢金　張倬　司馬恂子垚　徐光大

高閭弟廩臺　陳定子邦直邦榮邦弼　周芳

錢輪子士宜　唐彬　王淵從子宗積　祁福子司員

蕭昱　朱士學　陳壯　薛綱

陳倫　張以宏子景琦　司馬垔　朱純

周廷瑞　沈振　王鑑之　吳濬

祁仁　祝瀚　金謐子志　王鏞

朱導　夏寅子煥灼　周廷澤　王文轅

吳驥　張景明弟景暘　吳舜　何詔子鰲

費愚子思義　王守仁子正億孫承勛　周禎

郁采　胡文靜　姚鵬孫遴　劉棟
蕭鳴鳳　朱節　汪應軫　蔡宗兗
季本　周祚　俞孜子志和　徐恩
張天衢子元吉　潘壯　陳欒　金椿
聞人詮　王埜　茅宰　朱公節
駱居敬　王畿　馬文正　陳鶴
劉樽　高陞　曹大有　徐渭
周述學　張元沖　王國楨子偱學孫開陽
徐市宰　趙錦　陶秀　祁清
張天復　錢翺　俞意　金應暘
姚長子　何道　鄭遂子舜臣孫一麟　諸大綬
孫鏓　彭應時　俞子良　王元敬

吳兑 俞咨謚 邢定文 史櫝

胡邦奇 高克謙 朱賡子敬循 朱南雍

陸尚質 陳大賢 張元忭 周應中

朱鉞 任友試 金聯芳子滋荃 祝彥

漏坦之 張元慶 李天常 王泮

吳教 馮景隆 魯錦 陳鶴鳴

馮應鳳 陶明宰 何繼高 孫如法子有聞

盛廷鋁 張伯樞 陳鵠 劉毅

陳烇子至鎰 杜肇勲 吳來臣子從明 繆伯昇

朱燮元 張汝霖弟汝懋 王思任 王大紘

李鋭子光霽光霖光霽子元坤 張名世從子萬祉 陳汝元

沈綰 吳景桂子元新 陸夢祖 金應鳳

王朝志　胡楫　金思範　黃舜問孫吉賢
張汝撰　朱啟元　劉宗周子汋　錢象坤
朱觀兄乾坤　劉裁　姜效乾子天棟孫之琦
王揚德　陸夢龍　孫如洵　王業浩
吳用宣　薛應聘子國福　周洪謨　劉永基
吳從魯　吳大斌　劉竟中子明孝　王應遴子觀坊
馬維陛　丁乾學　吳泰徵　馬文賢
郁士渭　張維明　周宥子思觀　姜應奎
吳文龍　余致研　唐欽　章大吉
曾謚　蔣宏濟子一玖　施守業　包楩
周懋穀　鮑經濟　何騰蛟子文瑞　吳崇文
吳琦　邢大忠　祁彪佳子理孫班孫

童朝儀　張鎡　朱應魁　朱霞

陸百成子舜臣　朱兆栢　金蘭子樞機機子炯煜烜

張明昌　吳友仕　王寅　胡煥猷

祁豸佳弟熊佳　余增雍　何國輔子賁仁　胡良臣

陳轂弟轂　劉深　包希聖　吳孟明子邦輔

劉壇弟鐩圻兄子圻子鑽　周方蘇　沈懋簡

張焜芳子名翰　周鳳翔　葉汝蕓　程應琦

嚴鉋恒　王雨謙子嶒　姜天樞　胡士謌兄師錫

錢以敬　沈烇晃　朱光熙　黄鼎元

周崇禮　金應元孫光嘉　李廷孚　張汝嘉

茹鳴盛子初泰初昇初薦初登　陳潛夫　劉獻之

章自孝　魯元錫子貂　何宏仁　田嘉生

潘同春　唐九經　劉穆子肇勳 肇勤　王貽杰
朱邦聞　王紹美子用說　吳從義　盛國政
王萬祚　徐世儒子士偉 孫兆宣 兆寧　胡若琦
倪文道　單一貫　劉匡之　賞奇璧
姚遠　沈懋庸　張景華　朱炯
倪復　孫文煥　韓倫　諸福生
王志學　馬維鑾　鄒光祚姪宗道　孫一經
錢元宰　劉三達　姚萬全　沈方
姚逵子振祖　沈景修　王朝式　朱士稚
張宗觀　王應鴻子三傑　何嗣義　何治仁
葉茂蘭　陸一桂　俞毓　傅列辻
姚允觀　劉昌　劉世鵾　王鑾子望久 望大

袁自立　柯國楩　蕭爃　陳長吉
諸彥僑　何嘉琳　孫泓　唐大烇子全斌
莫之亢　屠景俊子世勳孫復隆　蔡天福
陳士俊　史宗垣子在鎣　姚宏　吳朝俊
施光顯　陸偉　何兆三　虞室子敬道
王朝爗　張燿芳　吳希文子從鵬孫元鏞元亨　王朝爗
陳箴言　周有鳳　吳友羲　李安世
余增遠　金廷詔弟廷夏　王自超　俞璧
余德龍　章維烝　趙嘉煒　吳繼忠子朝楷從孫一元
陳宏先　何育仁　周卜年　倪文徵
朱瑋　陳三益　王先通子業泰　朱壽宜弟兆憲
葉艮玉　李乾龍　祝湯齡　魏方炳

張騏　柴世盛子應遠應辰應速　裘全隆子孔武
俞大綬　戴國宰子應耀應光　趙侗
劉爾郊　薛允勛　劉光世　劉景堯
陸建夔子曾昇　吳邦璿子懿禎　趙文鈐　潘集
張國紀　王文宇　張楞　鄭遵謙
顧玢江中沘陳所學顧衎附　高勣金簡附　葉道士
章鑾之　錢鼎臣　張梯　陳剛
周之璿　姜廷梧　董瑒子艮樾艮樠　錢士璋
趙鎮以上明

明

高復亨字本中洪武中詔爲總戎掌書記改知河間獻縣招集流亡百姓咸歌思之坐累謫鍾離尋起知諸城樹學延儒教化

大行時比之文翁治蜀云府志

錢宰字子予舊志亦字伯均元至正間中甲科親老不仕洪武二年徵爲國子助教作金陵形勝論歷代帝王廟樂章皆稱旨十年乞休進博士賜敕遣歸二十七年帝覽蔡氏書傳象緯運行與朱子詩傳相悖其他註與鄱陽鄒季友所論有未安者徵天下宿儒訂正之兵部尚書唐鐸舉宰及致仕編修張美和等馳傳徵至命劉三吾總其事江東諸門酒樓成賜百官鈔宴其上宰等賦詩謝帝大悅論諸儒年老願歸者先遣之宰年最高請留帝喜書成賜名書傳會選頒行天下厚賜令馳驛歸卒年九十六明史祀鄉賢據府志祠祀卷補子尚絅歷官都門令學與政並有聞府志宰府志儒林案明史宰會稽人今據萬歷府志

趙俶俶一作琡府志選舉卷作趙傑字本初元進士洪武六年徵授國子博士

請頒正定十三經於天下屏戰國策及陰陽讖卜諸書勿列學宮明年擇諸生穎異者三十五人命俶專領之教以古文九年御史臺言博士俶以詩經教成均四年其弟子多爲方岳重臣及持節各部者今年逾懸車請賜骸骨於是以翰林院待詔致仕賜內帑錢治裝宋濂率同官暨諸生千餘人送之卒年八十一子圭玉兵部侍郎出知萊州有聲明史府志儒林

唐肅字處敬通經史兼習陰陽醫卜書數少與上虞謝肅齊名稱會稽二肅元至正壬寅舉鄉試張士誠時爲杭州黄岡書院山長遷嘉興路儒學正洪武三年用薦召修禮樂書擢應奉翰林文字其秋科舉行爲分考官免歸六年謫佃濠梁卒明史祀鄉賢據府志祠祀卷補子之淳字愚士嘗爲李善長草露布太宗異焉飛騎召之騎械繫至京入見帝坐燈下授以封諸王冊令潤色之建文二年用方孝

儒薦擢翰林侍讀與孝儒共領修書事卒於官明史及朱彝尊集著有穀齋萍居二集及文斷十卷舊志志儒林厤劉子華字昭甫府志案劉氏家譜名昭父行華二今仍舊志洪武初以明經薦召賦常遇春挽詩稱旨授大興同知子鏗廷對第三人官編修卒府志祀鄉賢據府志祠祀卷補從孫棟自有傳

韓宜可字伯時元至正中行御史臺辟爲掾不就洪武初薦授山陰教諭兼入名宦轉楚府錄事尋擢監察御史彈劾不避權貴時丞相胡惟庸御史大夫陳寧中丞涂節方有寵於帝嘗侍坐燕語宜可直前出彈文劾三人乞斬首以謝天下帝怒命下錦衣衞獄尋釋之九年出爲陝西按察司僉事時官吏罪坐笞以上悉謫屯鳳陽至萬數宜可疏請分別以協恕心帝可之已入朝京師會賜諸司沒官男女宜可獨不受且極論罪人不孥合門

連坐豈聖朝所宜帝是其言後坐事將刑御謹身殿親鞫之時方晴朗忽雷火遶殿上驚曰得非枉耶雷乃息由是獲免復疏陳二十餘事皆報可未幾罷歸已復徵至命撰祀鍾山大江文諭日本征烏蠻詔皆稱旨授山西右布政使尋以事安置雲南惠帝卽位用檢討陳性善薦起雲南參政擢左副都御史卒於官是夜大星隕人謂官可當之云明史並兩已鄉賢據府志祠浙名賢錄祀鄉賢祀卷補

王愛註字子謙初受書於錢宰又受春秋於楊澄源嘗取汪氏纂疏李氏會通程氏本義三書爲春秋集說洪武初被詔預纂倘書會通見錢宰傳除陝西學政五典鄉試及會試得人甚盛陞國子助教成化府志府志儒林

黃里字德鄰幼以節義自許從王冕學通春秋三傳工詩詞洪武初舉明經授雲南州同知與弟亨偕往七年山寇突入里以

案此等寥寥無事績且無它書可證者似舊志既有不敢竟刪則當以類附入它傳或刪爲一傳總敘之

身禦之寇攖其印里執弗與且詬駡求死遂遇害亨痛忿率衆死戰勇氣百倍寇潰去亨傷左目幾死抱兄骨歸葬里死官而亨破寇忠義萃於一門惜未有以其事上聞者府志舊志府志均入忠節亭

舊志孝行

王儼字若思通毛詩三禮洪武初以明經薦除本府教授性方嚴動有典則爲當世儒宗

白範字以中學行爲世所推重薦擢青州府同知政尚寬簡卒於官以上舊志

毛鉉字鼎臣從唐肅授毛詩性方直無妄交詩文高簡洪武中薦授國子學錄弟銳亦以文學名舊志兼採朱彝尊集

王誼字內敬以孝聞明初薦授翰林待詔尋罷歸閉門著述以予佑官封工部侍郎弟懌字內悅溧水知縣亦工詩舊志

胡粹中浙江通志粹中名由以字行博通經史洪武初聘爲儒學訓導終楚府長史著有讀史筆記元史評興復齋稿府志儒林

薛德明宋尚書昂九世孫參究理學洪武三年徵爲儒學訓導子文保亦於洪武初徵爲會稽學訓導

徐德卿號震湖洪武六年薦舉教授後陞蘄水王府審理老成練達王賜榮壽堂額以旌之以上舊志理學

陳普明字賜庵父仲彰洪武初以燬黃冊戍廣寧衛普明與其妻間關萬里奉寢膳二十餘年躬爲代役卒致生還子國友年十六率兩幼弟治田廬不少廢及聞普明死戍所一慟幾絕匍匐奔喪迎櫬以歸陳昱陶菴集補遺

鏑績字孟熙父煥善吟詠績少負才氣善屬文尤精於詩詞樂府與同郡蔡甫毛鉉唐之淳友善齊名著有詩律霏雪高陽集

此等但存其名足矣

山陰縣志　卷十四　六

穿雲集數十卷子師邵亦能文著有盧湖紀游諸稾祀鄉賢府志文苑

蔡庸字惟中怡曠嗜吟詠家貧教授於鄉居有借竹軒自號貧笑生舊志隱逸

王宥字敬助篤學力行長吏賓禮之鄉稱隱君子府志隱逸府志儒林舊志

鄭嘉字元亨母病至爲營葬詩有古風鄉人稱柿庄先生府志舊志隱逸府志儒林

李勗字文勉自少好與文士游錯績王誼鄭嘉謂曰爾欲與我輩游須讀書乃可勗感悟力學遂成名儒詩宗晚唐好學李義山浙江通志隱逸府志文苑舊志

羅紘字孟維博學能文著蘭坡集十二卷會稽百咏一卷長子周賞辟儒職不就著梅隱稿十八卷次子新著介軒集八卷時

稱二難新子頎字儀甫能讀祖父書過目成誦覽奇鈎元成一家言褒衣博帶見貴勢無加禮人亦不敢以貴勢加之太守戴琥崇禮隱逸於頎尤致敬焉聘修郡志未成而沒著有易奇札記及襍著二百餘卷稱梅山叢書祀鄉賢舊志參攷府志志隱逸府志儒林

舊傳易梁文實後羅頎而名並以質行博聞爲後進楷範至今人稱之曰傅老儒梁老儒云府志儒林

周觀政洪武中薦授九江教授擢監察御史嘗監奉天門有中使將女樂入觀政止之中使慍而入頃之出報曰御史且休女樂已罷不用觀政又拒曰必面奉詔已而帝親出宮謂之曰宮中音樂廢缺欲使內家肄習耳朕已悔之御史言是也左右悉驚異官江西按察僉事建言九事曰遵定制厚親親嚴邊備嚴邊情謹刑獄通下情慎朝儀惜人才明毀譽皆見嘉納時安南

初下觀政又言四事曰修明政教慎簡征科革正衣冠作新學校疏入卽賜施行官至觀察使卒明史府志

陳思道字執中以進士授刑部主事帝賞其執法超拜兵部侍郎益勵風節改禮部乞歸居家不殖生產守令造門不得見明史

劉貞字天錫洪武中鄉薦主教星子望江以古道迪諸生多所樹立擢司經局校書尋左遷久之召爲考功主事洪熙初拜淮府長史未幾致政還持身清慎文亦典雅有劉考功集府志

呂升字升章洪武中鄉貢典教溧陽薦擢江西僉事號有風裁永樂戊子改山西境多虎乃爲檄告神虎卽就捕以憂去再授福建僉事按部至建寧蝗害稼仰天祝之雷雨驟作蝗盡死宣德初遷大理少卿兩爲會試同考所舉多名士年七十致仕九十二卒府志餘見明史祀鄉賢據舊志及栗志補

錢遜字謙伯毋卒廬墓洪武中薦授寧夏水利提舉吏目修河防實邊餉既還大將何福奏上功狀授孟津知縣盡心民事改知弋陽坐累謫戍復以薦對策稱旨授文昌主簿化行嶺海遜狀貌魁梧言行詳定雖歷危變卒以功名終有遜齋集二十卷府志浙江通志作謙齋集

劉謙字惟恭弟謹字惟勤父諭戍貴州烏撒衛謙方弱冠往來戍所寧覲謹年六歲數問貴州在吾越何方家人指西南示之即朝夕向西南遙拜年十四遂與兄偕行歷六月抵貴州父患瘋痺謙因留奉父兼代父役謹歸越攜其兄子壇往壇道卒復歸罄家貲以往後謹奉父歸孝養終身謙竟死戍所據萬歷府志並祀鄉賢據府志祠祀卷補　案明史及毛西河集載謹抵戍所告官乞以身代法令戍邊者必年十六以上嫡長男始許代時謹未成丁伯兄先死乃歸家攜兄子往兄子亦弱未能自立復歸悉罄其產攜所有三往百計謀所以歸父者卒奉其

父而還與萬歷府志小異　墻自有傳

朱文淵字叔龍洪武間以太學生詣闕陳時政忤旨謫戍宣德丙午大臣薦其直節授滑縣訓導擢國子學錄尋致仕歸郡大夫政有所疑輒造問焉子宣能世其家學以孝義聞府志儒林

陳性善名復初以字行洪武三十年進士臚唱時帝見其容止凝重屬目久之授行人司副遷翰林檢討嘗召入便殿繙錄劉基遺書帝威嚴見者惶汗性善舉動安詳字畫端好帝大悅賜酒饌留竟日出惠帝舊知其名及即位擢禮部侍郎薦起流人薛正言等數人雲南布政使韓宜可隸謫籍亦以性善言起副都御史一日獨留侍帝前盡言陳對悉嘉納之已爲有司所格性善進曰陛下不以臣不肖猥承顧問既備塵聖聽許臣必行未幾輒改事同反汗何以信天下帝爲動容燕師起改副都御

史監諸軍靈璧戰敗與大理丞彭與明等皆被執已悉縱還惟善曰辱命罪也朝服躍馬入於河以死燕王入京師詔追戮惟善徙其家於邊乾隆四十一年賜諡節愍入祀忠義祠明史並采府志　舊志府志均入忠節　府志案是時有兩陳性善一爲餘姚人

宏光中贈禮部尚書諡忠節

毛肇宗字克敬幼孤篤學居僧舍卒業三年不出戶永樂中登進士選同府教授嘗受命入謝封拜上念其有輔導功賜酒饌勞之性喜吟詠寄興高遠有耶溪集二十卷府志儒林

吳中字孟庸舉進士拜監察御史能持大體以儒術飾憲度院長委以總閱諸道疑獄時成祖勤政嘗躬錄囚公卿在前按部閱實中依名舉律無一詿誤上慮法司論死罪多冤遣大臣覆訊囚輒紛訴不已獨中所訊者無詞已而奉勅參靖安侯將兵

行邊資其方畧屢克奏功明年移按蜀先是東川僰人時出剽掠爲患中與三司決策設奇大敗之諸蠻慴服故事御史按部率一歲而更上特留中按蜀四年及還蜀人不忍其去十九年奉天殿灾詔求直言中率同列疏論時政亡所諱忌上不卽加罪固怒甚會坐他事不先白奏與顧佐楊翥等俱論死中神色自若俄得赦尋復爲御史權貴多忌之出爲山西左參政山西俗素勁悍中務鎭以文雅俗漸化車駕北征山東西供饋餉中扶病總理竟以瘁卒中喜吟咏雖軍旅倥偬不廢著有恐菴集西蜀記行錄薇垣集從子駟澤州學正有坦齋集府志

陶菊永樂六年舉人任侯官教諭宣德中應召修中祕書中途聞母疾卽請致仕著有菊菴詩文集舊志

徐士宗永樂中知滕縣再令貴溪以惠政得民歲甲午邑大水

士宗奏蠲田租三之二又請以租折輸布民田之汚者盡除其租有婦人訟其夫爲讎家所害鞫之無驗俄有蚱蜢飛集几案乃祝曰爾有冤當集讎人身已而果然囚始伏辜境內稱爲神明進廣信通判仍知貴溪縣事在縣幾二十年既去民祠祀之後百數十年貴溪徐貞明令山陰爲樹坊曰循良世澤士宗孫綬及軒皆以貢起家

朱純字惟純與韓陽同鄉舉典教易州易士鄙悍不知學純善爲誘掖士多奮起終考得士七人奏課吏部考最拜刑科給事中奉命檢閱福建帑藏清弊祛蠹吏奸無所容繼以飭軍政使遼陽按視營壘奏益軍士衣糧邊人德之終廣西右參政子宗岳繼其業爲學官著有如夢集

韓陽字伯陽起家鄉貢司訓蘇松二郡教士有法轉丹陽教諭

用太常卿姚友直薦拜南京監察御史劾同官王復及内官袁誠不軌事置於法禮部尚書楊溥薦陽學行可師表一方授湖廣督學僉事累擢江西按察副使廣東左布政使尋請致仕陽有至性母病至爲嘗糞然氣剛急少容晚歲家居著述有思菴稿二十卷以上府志

秦初字性初居太學時同舍生以使命出妻死無主初爲經紀喪事甚周後山衛經歷金安當之任貧無以治裝初脫所乘驢資遣之徒步出入永樂中舉進士官翰林檢討府志義行

王進字景暘永樂中進士選庶吉士歷刑部員外郎斷獄詳允擢河南副使調陝西督餉有勞進布政使丁内艱時以金革例不許終喪未幾召拜右副都御史土木之變京師戒嚴進守正陽門畿外民聚城下求入進奏開西直門納之活者萬計尋命

安撫順天河間軍民及新舊差貢降順等官皆安插得宜又疏通水陸淸寇盜以利往來守護天壽山陵相地形築立昌平城堡統軍勦賊所向克捷奏罷被掠郡縣歲課物料及凡爲民患者已而奉命巡撫河南潼關等地方多所經畫進右都御史時河徙漸逼汴城亟令募徒役築隄防捍河不爲患奏免被災郡縣芻糧二十餘萬役以災異自劾乞致仕天順甲申詔進一階及卒賜祭葬錄其子緝爲國子生邏毅敏淸介恬於進取而遇事敢任著有愼菴集祀鄉賢緝字文昆初典教郡縣終楚府長史博學篤行鄉稱長者著有名宦鄉賢贊府志

龔全安宏治府志作龔安全字希寧其先金華蘭溪人從父可平戍越舉進士授工科給事中歷官左通政以淸謹聞奏對詳雅頗得褒諭正統己巳扈從次土木駕陷全安死之景泰初諭祭贈通政

案金濂永樂十六年進士景泰時由刑部尚書調戶部加太子太保卒追封沭陽伯謚榮襄明史有傳然濂為南直隸山陽人今之江蘇淮安府山陽縣也故封沭陽伯未有言其為紹興山陰人者此蓋修府志時有不學之人偶閱甘肅通志見金濂傳有山陽人三字又誤山陽為山陰遂妄采入志傳而人亦無覺之者縣志承而用之可笑如是

使錄其子廷輝為刑部官舊志姑入忠節舊志府

趙魯字尚確宣德初領鄉薦歷任教諭正統十二年陞國子典籍祭酒陳敬宗謂人曰趙尚確仕不近利學不近名今之黃叔度也後遷典簿秩滿致仕行李蕭然惟囊書數百卷而已舊志

金濂字宗瀚正統三年以僉都御史參贊寧夏軍務舊有五渠而鳴沙州七星漢伯石灰三渠淤濂請濬之溉蕪田一千三百餘頃時詔富民輸米助賑千石以上褒以璽書濂言邊地粟貴請并旌不及千石者儲由此充邊民賴之八年拜刑部尚書府志據甘肅通志

周端字孟端父茂沒端年十六與兄孟璇協力營葬母繆氏盛年守志兄弟以善事稱正統五年出粟二千五百石助賑朝廷遣行人廖莊賚勅勞之旌為義民尤加意贍給族黨未嘗形德

邑浙江通志兼採家傳　舊志府志均入義行　府志據韓邦問周義民墓志與萬曆府志稍異

高宗浙字叔胥讀書好禮嘗捐山七十畝爲義阡給槥以葬貧者里有鬻纓之裔盜其牛或以其人告輒諱之正統庚申歲大饑糴旁郡米七百斛給鄉人全活甚衆後屢出私廩助公貸時同邑吳淵周端並出粟助賑有司上其事詔旌之府志　舊志府志均入義行

丁能錢清人嘗夜載衆貨至東關詰旦衆散去遺金一囊能候至數日卒得其人還之其人割金相酬堅拒不受府志　舊志府志均入義行

高珣性樸魯蚤孤貧行傭供母母卒葬荆塘下每夕往墓所措苫薦以臥歷三載不輟地沮洳多虺蛇迄不爲患當冱寒夜常有物來暖珣足初意其爲猫或以告人人密窺之乃狐也郡倅

劉玉白其事於當路士大夫多爲詩謌傳之府志　舊志府志均入孝行

沈曰禎曰祺亦作字天祺少游鄉校父久客河南無息耗白於當道將往訪時肆合凡諸生稱故遠游當戍邊曰禎曰使得見吾父十戍不辭也奮然而行辛苦備歷卒奉父歸尋領鄉薦爲學官府志　舊志府志均入孝行

錢金字允義博涉經史正統辛酉領應天鄉薦授濬縣教諭修文廟及子貢墓祠改香河壁彰德教授究復被侵學地三千餘畝士卷益充以子輪授潼川州守引疾歸舊志理學　輪自有傳

張倬字士昭正統間鄉舉分教昆山時年尚少克嚴禮範事之有禪風化者必毅然舉行之擢知閩縣縣當冦亂餘倬起頽廢政漸以舉憂勤致疾卒著有毅齋集二十卷筆錄十卷府志

司馬恂字恂如正統末由舉人擢刑科給事中使朝鮮朝鮮王

尊禮特異有所餽遺峻却之英宗復辟師同官疏論懷二心者辭甚切至及選爲贊善大學士李賢言孔公恂大聖人後司馬恂宋賢臣光後宜輔導太子帝喜同日超拜少詹事侍東宮講讀憲宗立命兼國子祭酒卒贈禮部左侍郎舊志參攷明史祀鄉賢據府志祠祀卷補子垚刑部員外郎亦篤行能文府志

徐光大名暹以字行以遺逸徵爲句容學官有靈芝及竹連諸瑞應士風大振擢國子監丞終楚府長史著有久庵稿舊志

高閏閏亦作潤字居正號易庵年十四補郡博士弟子員父貴珣遭誣枉合屬從遣東廣寧瀕行有范夔倉卒償逋金八十兩貴珣謝曰吾自揆是行無媿於心當有還時他日償未晚也閏隨父戍惟誓爲學立身以贖父脫籍聞者壯之時遼左未設學都御史李經文疏請附山東省試正統甲子中式明年成進士父母

案李襄敏賢者何以有此

兄弟皆南還初授太常博士使朝鮮比還卻其餽贈惟採皇華集進奏後以卻金名其亭歷官刑部郎中時都御史李秉子瑗坐贓竟按如法武臣侯議被譴懷金求免終發其罪後李秉掌天官乃以瑗前隙免閒官家居三十年讀書不輟有文集五十卷弟廩字居豐以母老絕意仕進嘗從朱純學詩有唐律採驪集會稽懷古集詩衡史學稗雅捷徑諸書季弟臺字居賢宏治癸丑進士授南京刑部主事法司嘗委疑獄臺覈實務得其情陞郎中當署寬刑之典僅及兩京臺請徧行外省遂以爲常嘗疏陳浙江鎮守弊政悉見採擇以內艱歸竟捐田著有書經辨義及怡老園錄諸集舊志廩府志文苑

陳定字定之景泰庚午鄉舉授袁州學訓遷分宜教諭士多成材預修袁州郡志歷典各藩鄉試稱得人三子皆以科第顯邦

直西安同知邦榮邦弼登進士舊志

周芳字廷桂景泰丙子舉人成化中授豐城知縣聽斷明決案無留牘有龍濟州任遠鄙與鄰境谿洞搆煽爲盜縛其渠民以寧息凡商賈須縣官給憑引者例入錢於官爲堂食費芳悉以充公用尋丁外艱歸通志循吏

錢輪字宗載金之子景泰癸酉順天舉人授潼川州改鄭除豪猾閭巷肅然以廉慎稱調知普安丁外艱歸以祖遺田宅悉讓庶弟年五十五卒子士宜字廷舉宏治乙卯舉人授袁州通判築分宜萍鄉萬載三城郡有妖人周翻天等爲亂士宜捕得百五十餘人誅之陞饒州同知餘干洞獠煽亂又誅其黨羅三十等二千餘人境內以安擢九江知府未任卒士宜天姿敏捷性剛毅通經傳有易解節要二卷蘭齋詩文集十卷祀袁饒名宦

祠舊志參攷府志士宜府志宦蹟案府志選舉卷輪士宜會稽人

唐彬字質夫初從會稽章瑄學與瑄鄉會試皆聯榜及拜御史南歸瑄以喪未受官彬禮敬如布衣時時編修岳正等以彈劾石亨曹吉祥竄邊亨滋橫陰蓄異志彬率同列抗疏論之巡察關陝風望凛然成化初爲廣東按察副使會兩廣賊起民多脅從賊已去民懼誅不降彬往諭之民涕泣相率歸附改山東副使時大饑彬捐俸倡募得粟千斛全活甚衆累遷貴州左布政使未任卒家無餘貲惟書數十篋府志祀鄉賢據府志祠祀卷補

王淵字志默天順中爲南京吏科給事中時内官張甚淵與同官王徽疏陳五事一曰保全内臣宜遵舊制毋令預國政上嘉納之其年十月復立皇后王氏明正牛玉之罪免其死淵及徽等以罪重罰輕數玉大罪四乞正典刑因詆斥執政奏入逮下

獄科道交章論救命俱謫遠方判官淵得茂州徼普安州宜聲震中外淵歷遷順天治中歸老於家祀鄉賢從子宗積成化丁酉舉人棗強縣知縣以廉明稱邑人祀之舊志

祁福字天錫以貢典教龍溪秩滿遷重慶教授持己教人皆有法子司員字宗規成化進士初知唐山拜御史歷知嶽池二郡在御史時以懲治奸貪爲務其在廣西條上邊策切中肯綮凡治一縣兩郡不以法而以恩卒於池民爲罷市立祠祀焉居親喪廬墓三年著有先憂集仕優稿奏議若干卷祀鄉賢舊志參改府志稱府志儒林

蕭昱字用光母病盲昱日舐之目復明天順壬午魁鄉試授貴溪知縣母憂服除復補高密初民困於征輸皆相率亡去昱緩征發賑流徙漸歸地當沙河下流漫流殺稼爲治塘浚溝仿水

耕法教民濬河爲田立均徭九等例撫按取其式頒之通省卒於官民傾邑哭送兩邑皆祠祀之府志子鳴鳳自有傳

朱士學字用之以貢入太學初授瑞州推官繼任河間廉介自持斷獄無冤滯尋乞休家居博學能文邃於春秋子姓咸以春秋世其家舊志

陳壯字直夫天順八年進士授南京御史編修章懋等建言得罪疏救之帝遣中官采花木復疏諫尚書陳翌請以馬豆代俸壯言飼馬之物不可養士大夫事乃寢家素窶常祿外一無所取親喪廬墓側一循古禮歷江西僉事致仕歸宏治中以尚書張悅薦起官福建居二年致仕再擢河南副使僉都御史林俊謝病舉以自代固乞致仕巡撫孫儒奏留之又二年致仕去明史祀鄉賢據府志祠祀卷補

薛綱字之綱以進士拜御史巡按陝西其所建明皆邊防大計尋督學南畿擢湖廣副使督學如初歷廣東按察使雲南布政使皆善其職乞歸卒於家綱簡直夷坦不矯激而能持正爲文醇雅著有三湘集榕舊志作松陰蛙吹等編祀鄉賢府志

陳倫字天爕家貧母嗜魚冬月不常得倫涉水求之後領鄉舉任鹽山教諭以母老憚歷險遠留妻侍養單騎之官舊志孝友

張以宏字裕夫成化中進士官吏科給事中凡所建白識大體出爲江西參議尋致政歸居鄉恂恂無賢愚皆謂長者子景琦成化丁未進士初官主事治太醫院姦忤逆瑾意謫倅大名終桂林知府清約自甘饔飧不給並祀鄉賢府志兼採毛西河集孫元沖自有傳

司馬堊字通伯父軫由學官歷國子助教學術宦業皆有聲堊成化中以御史視學南畿衡鑒不爽擢福建副使致仕歸工詞

翰有蘭亭集舊浙江通志

朱純字克粹博雅有儒行與羅頎張嵩輩結鑑湖吟社太守戴琥深敬禮焉著有淘鉛驢背自怡等集府志餘見邵廷采思復堂集舊志隱逸府志儒林孫節自有傳

周廷瑞字應麟家傳字孔麟父老病痢至爲嘗穢正統間鄧茂七倡亂閩越朝廷檄民兵征之父當行廷瑞請代有司憐而更之成化甲午舉於鄉丁外艱服闋再試禮部中乙榜母殁廬墓有白兎出其側以哀毀卒府志並採家傳舊志府志均入孝行

洗振字克成父肅由鄉舉歷刺武定潯源滁州所至有聲遷南康丞以征討功晉兵備副使振成化乙未進士任南陵三載調宜興邑頻罹湖患振爲築堤自是無禾稼淹沒之害邑人感口祀焉擢貴州道御史舊志儒林

王鑑之字明仲成化中進士知元氏縣以廉幹稱擢御史督南畿學政寬嚴得宜入爲大理丞進都御史終刑部尚書時逆瑾擅權恣虐鑑之獨與抗禮尋謝病歸詔進階一品嘗撫鄖陽再撫湖廣經畧諸邊皆清介有政績至老家無長物對家人語亦以國法相敎戒有古大臣風府志並兩浙名賢錄祀鄉賢據府志祠祀卷補

吳濬字潮源成化十八年年十歲輒抱書以數言活父於御史臺人奇之及長嘗瀹肱劑父病父死侍母寢足不至閨閫冬燠衾四十年如一日年八十道父母生時事尚作嬰兒啼其於人好解劇紛里中事行止必曰吳孝子在否人藉以爲重云徐渭吳孝子墓誌府志孝行

祁仁字復齋福從弟成化甲辰進士禮部儀制司主事居官耿介以蚤逝未竟其用士論惜之舊志儒林

祝瀚字惟容成化中進士歷刑部郎中擢南昌知府廉明有威聽決無滯時逆濠漸熾王府有鶴帶牌者縱於道民家犬噬之濠牒府欲抵以罪瀚批牒曰鶴雖帶牌犬不識字禽獸相爭何預人事濠卒不能逞竟以中傷謝事歸府志

金謐字世雍宏治乙酉舉人父圯一卒猝遇火災率兄弟出父柩於烈焰中服闋補海陽知縣修治海塘水不爲患縣民以遂鴆人大辟鞫知其冤出之在任五載巡撫袁某舉於朝適使臣有與袁異者并搆及謐乃不辯而歸時母年九十七孝養惟謹以壽終子志字允立嘉靖戊戌進士任淮安府推官有婦人以前官故入死獄志昭雪其枉秩滿擢南京江西道御史出守惠州東莞賊黃彥通等糾衆剽掠屯聚羅浮山志親往諭之賊散去陞貴州都清兵備副使未任卒年五十八惠人思而祠之舊志

論孝友志義行

王鏞宏治間會稽之令上官聞其廉敏薦委縣事有政聲舊志

朱導字顯文宏治己酉領鄉薦仕終通江知縣敦孝友以義方訓子弟子篚篪及猶子節登並登第入官居鄉儉約非公事不入城府邑中孝義之族多稱白洋朱氏云府志舊志孝友府志義行

夏寅字正寅父殁營葬恨力不能豐其墓言輒淚下一夕洪水湧土積墓上高七尺人謂孝感所致子煥字堯章灼字孔章孝友能詩寅有長子失明煥灼保持之如嬰兒撫其子如己子煥未三十喪偶不更娶嘗咏春花秋菊詩至數百首既而歎悔以爲無關世教自是有作必借古爲喻託物以諷灼著咏史詩多前人所未發府志舊志隱逸府志儒林

周廷澤字舜龍富而好施歲饑輒捐粟及置義棺義塚嘗捐金

爲錢清石橋工費鉅萬四子禎祁祚禪孫浩相繼登進士累贈僉都御史府志並據家傳　舊志府志均入義行　禎祁自有傳

王文轅字司輿七歲時拾遺金一鋌坐待失者歸之既長多病遂習靜隱居勵志力行每讀書多自得不主陳言故其說多與時左惟王文成與爲莫逆文成領南贛之命文轅語其門人曰陽明此行必立事功問其故曰吾觸之不動矣及文轅歿文成講學時多詘之者嘆曰安得王司輿復作乎著有茹澹稿祀鄉賢浙江通志並府志　舊志隱逸府志儒林

吳驥字文英著述頗富嘗作東山賦或以爲不下孫興公李東陽見所爲駱賓王廟碑歎賞不置又作紹興先達傳凡志乘傳記率有體裁萬歷府志序志並兩浙名賢錄　舊志隱逸府志文苑

張景明字廷光宏治中進士以經術選充興府長史事興獻王

於潛邸嘗敷陳六事與獻倪命揭諸宮門世宗嗣統以輔導功召赴京將大用之旋病卒贈太子太保禮部尚書文淵閣大學士謚恭僖祀鄉賢弟鼎暘亦以進士爲御史武宗駕西宣大首率諸御史疏請回鑾忤旨廷杖又劾江彬許泰封爵非制出知潮州府尋罷歸府志

吳蕣字子華宏治中進士選庶吉士拜吏科給事中彈刺大臣及諸貴倖無所顧避嘗以事劾天官則竟中傷之免官歸蕣嘗過午不炊有餉者謝曰餓死事小安敢以身爲溝壑卒不受祀鄉賢府志並兩浙名賢錄

何詔字廷綸宏治丙辰進士初任工曹忤逆瑾下詔獄得白出守永平舊志作永州誤有中官石某誣其鄰爲盜者十四人縣官煅鍊成獄詔廉出之世宗嗣統一歲九遷自藩臬撫眞定晉擢工部

尚書遷臨都有陵殿之役節省幾二十萬緡悉存公帑秩滿告歸服官四十年所至有遺愛立朝有古大臣風子鰲字巨卿以進士官刑部諫武宗南巡嘉靖初議禮忤旨廷杖歷湖臬巡撫終刑部尚書父子並贈太子少保府志及獻徵錄詔祀鄉賢據舊志及粟主補

費愚字希明宏治中進士初爲廷評執法無所撓有邊將數人坐失機當刑賂權貴將釋之愚廷奏其罪不當宥悉置諸法後出知成都以忤當路謫戍尋放還有成都門人官於浙知其貧甚固請至省中宴款累日乃微以交關事諷之愚即日拂衣歸遂與絕交郡守延爲鄉大賓讀法請教愚曰公刑太苛歛太急守爲面赤子思義精於醫端愨有父風而卒無嗣府志愚祀鄉賢據舊志及粟主補

王守仁字伯安本籍山陰遷居餘姚後復還山陰詳壇廟卷吏部尚

書華之子嘗築室會稽縣南陽明洞故自號陽明年十五訪客塞上因出關縱觀形勝弱冠舉鄉試學大進登宏治己未進士條上邊務八事授刑部主事引疾歸起補兵部主事正德元年劉瑾逮南京給事戴銑等二十餘人守仁疏救廷杖謫貴州龍場驛丞瑾誅移廬陵知縣遷南京刑部主事改吏部歷遷鴻臚卿十一年擢右僉都御史巡撫南贛時盜賊蜂起謝志山等據橫水左溪桶岡池仲容據浰頭皆稱王與大庾陳曰能樂昌高快馬郴州龔福全等攻剽府縣而福建大帽山賊詹師富等又起志山合樂昌賊掠大庾攻南康守仁至知左右多賊耳目乃呼老黠吏詰之不敢隱因令詗賊動靜乃先檄閩廣會兵討大帽山賊明年禽師富疏請給旗牌提督軍務得便宜從事兵部尚書王瓊奏從其請因詳定隊伍營哨之制進兵大庾副使楊

璋等旣生縶曰能以歸遂討橫水左溪守仁駐南康去橫水三十里先遣四百人伏賊巢左右進軍逼之賊方迎戰兩山舉幟賊驚潰乘勝克橫水破左溪諸軍破桶岡志山及其黨蕭貴模等皆降凡破巢八十有四時湖廣巡撫秦金亦破福全殲其黨於是守仁設崇義縣於橫水以控諸猺還至贛議討浰頭賊歲首大張燈樂以計擒池仲容等戮之自將抵賊巢連破上中下三浰餘賊奔九連山乃簡壯士多人衣賊衣奔崖下賊招之上官軍進攻內外合擊禽斬無遺乃於下浰立平和縣置戍而歸境內大定進副都御史予世襲錦衣副千戶十四年命勘福建叛軍行至豐城而宸濠反守仁急趨吉安與知府伍文定徵調兵食治戰具傳檄暴宸濠罪俾守令覲王乃議先以計撓之多遣間諜以疑之七月壬辰朔宸濠留宜春王拱樤居守而劫其

衆數萬襲下九江南康出大江以薄安慶守仁聞南昌兵少大喜趨樟樹鎮戴德儒徐璉等各以兵來會合八萬人號三十萬衆請救安慶守仁曰不然賊今守九江南康吾與相持江上二郡兵絕我後腹背受敵不如直擣南昌賊必解圍自救逆擊之湖中蔑不勝矣衆曰善乃以文定爲前鋒庚戌夜半兵抵廣潤門守兵駭散黎明諸軍梯絙登縛拱樤等宫人多焚死守仁戮犯令者十餘人宥脅從安士民慰諭宗室居二日遣文定等各將精兵分道進而使將胡堯元等設伏宸濠果自安慶還兵乙卯遇於黄家渡賊大潰退保八字腦且盡發南康九江兵丙辰復戰賊復大敗退保樵舍方舟爲陣明日宸濠方晨朝其臣官軍奄至以小舟載薪乘風縱火妃婁氏以下皆投水死宸濠舟膠淺倉卒易舟遁將王冕追執之兩郡亦下凡三十五日而賊

平京師聞變諸大臣震懼王瓊大言曰王伯安居南昌上游必擒賊至是果奏捷帝時已親征自稱威武大將軍率京兵數萬南下諸嬖倖素通賊者懼守仁發其罪翻以蜚語誣守仁守仁間道趨玉山上書請獻俘止帝南征帝不許至錢塘遇太監張永永故與楊一清謀除劉瑾乃亟稱其賢因極言江西困憊不堪六師擾永深然之守仁乃以宸濠付永而身至京口欲朝行在聞巡撫江西命乃還南昌提督太監張忠副將軍許泰已先至恨失宸濠故縱京軍犯守仁或呼名嫚罵守仁不為動撫之愈厚會冬至守仁命居民巷祭已上塚哭時新喪亂悲號震野京軍離家久聞之無不泣下思歸者忠泰不得已班師比見帝讒毀百端獨永時時左右之忠揚言帝前曰守仁必反試召之必不至忠泰屢矯旨召守仁守仁得永密信不赴及是知出帝

意立馳至忠泰計沮不令見帝守仁乃入九華山日宴坐僧寺帝覘知之曰王守仁學道人聞召即至何謂反乃遣還鎮令更上捷音當是時讒邪搆煽禍變叵測微守仁東南事幾殆世宗即位趣召入朝受封而大學士楊廷和與王瓊不相能守仁歸功瓊廷和不喜大臣亦多忌者因拜南京兵部尚書不赴請歸省已論功封特進光祿大夫柱國新建伯世襲歲祿一千石然不予鐵券祿亦不給諸同事有功者惟伍文定當上賞其他皆廢斥無存者守仁時已丁父憂屢疏辭爵乞錄諸臣功咸報寢免喪亦不召嘉靖六年思恩州土酋盧蘇王受反乃詔守仁以原官兼左都御史總督兩廣兼巡撫黃綰上書訟守仁功請賜鐵券歲祿並敘討賊諸臣報可守仁抵潯州悉散遣諸軍留永順保靖土兵數千解甲休息蘇受初求撫不得聞守仁至益懼

至是則大喜守仁赴南寧二人遣使乞降陳兵入見守仁杖而釋之親入營撫其衆七萬奏聞於朝陳用兵十害招撫十善因請復設流官割田州別立一州以官岑邦相置十九巡檢司以蘇受等任之均受流官約束帝皆從之斷藤峽猺賊上連八寨下通仙臺花相諸洞蠻盤亘三百餘里郡邑罹害者數十年守仁伺賊不備進破牛腸六寺等十餘寨峽賊悉平遂循橫石江而下攻克仙臺花相白石古陶羅鳳諸賊令布政使林富率蘇受兵直抵八寨破石門副將沈希儀邀斬軼賊盡平八寨後守仁病甚疏乞骸骨舉鄖陽巡撫林富自代不俟命竟歸行至南安卒年五十七喪過江西軍民縞素哭送守仁天姿異敏初見上饒婁諒與論朱子格物大指既泛濫二氏數年無所得謫居龍場悟格物致知當自求諸心不當求諸事物喟然曰道在是

矣遂篤信不疑其爲教在於致良知本於大學孟子而揭示學者有四語曰無善無惡心之體有善有惡意之動知善知惡是良知爲善去惡是格物而尤重在踐履要於知行合一學者翕然從之守仁既卒桂萼奏其擅離職守帝大怒下廷臣議萼等言守仁事不師古立異爲高功雖足錄宜追奪伯爵以彰大信禁邪說以正人心云云乃下詔停世襲卹典俱不行隆慶初詔贈新建侯謚文成二年予世襲伯爵萬歷十二年從祀文廟墓在山陰洪溪子正億襲錦衣副千戸隆慶初襲新建伯正億卒子承勳嗣督漕運二十年承勳卒弟子先通嗣明史並采文集先通自有傳

周禎字天兆宏治壬戌進士選庶吉士授簡討與纂修孝宗實錄執事經筵正德中以疾乞歸禎長於古文詞醇厚典雅詩宗陶謝邃於性理之學以朱子爲歸有梅川集十二卷獻徵錄並家傳

郁釆字亮之正德戊辰進士授刑部主事謫大名教授稍遷裕州同知適流賊起河北勢甚熾釆繕城以待賊至裕守欲棄城遁釆曰毋爲民望乃身先登陴矢石四下賊避城而營則使人潛俘其醜手劍之灑淚以激州人州人感泣咸願效死釆令人舁妻女托其友儀賓莊士儁與訣曰脫賊再來釆必死所欲以家累累君者恐重傷老母心也莊館其妻女與母所已而賊擁衆譟呼至守益怖欲遁釆曰毋恐西南城塹河也寇難遍請屬公東北平淺易破有釆在賊攻東郛不克守開西門潛遁去賊乘入釆還救巷戰被執罵不休賊裂其口輔殘其體事聞詔贈光祿寺少卿命一子入監釆無子子其弟東之子翀釆既死賊據裕一旬乃退莊率其家人於亂屍中辨其屍而殮之奉其柩及其妻女舉家泣送以行唐王大書忠節字以旌之所著有蘭

州集燬於賊手獨六思詩及賊退古詩數篇莊收之祀鄉賢府志

明史有傳舊志府志均入忠節

胡文靜字含山正德戊辰進士授南陵知縣政最調吳縣擢御史奏撤天下鎮守中官巡按福建同王文成經理八閩兵事其政績見明紀寶訓實錄及陽明集中福建有眞人廟京師歲遣送袍笏公私交困文靜先期疏請以從便費附爲地方省費無算訪古名賢加意表揚嘗梓忠定遺稿表監門故里海寇王宏瑀流毒浙閩廣三省以計擒渠魁餘黨悉平歷官光祿卿府志

姚鵬字九霄正德戊辰進士官刑曹寬而有執慮囚江南出冤獄百餘案遷粵西按察副使科條簡便攝學政兩載多士忻戴之孫蓬諸生嘗置義田敎多士有祖風舊志

劉棟正德辛未進士選庶吉士嘉靖時爲講官特勅議追崇典

獻而祧武宗棟疏諫又切責時宰大忤當軸被杖下獄月餘復職歷陞南京兵部侍郎爲嚴嵩所忌嗾言者攻之遂拂衣歸分省人物攷祀鄉賢據府志祠祀卷補

蕭鳴鳳字子雝少從王守仁游舉鄉試第一正德九年成進士授御史屢疏劾總兵江彬冉救副使胡世寧同官高公韶劾王瓊誤遺計瓊怒奏訐公韶中旨責公韶令首實鳴鳳上疏曰公韶劾瓊所論者天下之事瓊不當逞忿恣辯以箝諫官之口中旨責鳴鳳黨庇而謫公韶富民典史尋巡視山海諸關武宗將出塞捕虎鳴鳳疏諫不報引疾歸起督南畿學政諸生以比前御史陳選曰陳泰山蕭北斗嘉靖初遷河南副使仍督學政後調湖廣兵備副使明年復改督廣東學政凡三督學政廉介無私然性剛狠以積撻肇慶知府鄭璋物論大譁已與璋相詆訐

案節爲陽明弟子明史附錢德洪傳

皆下巡按御史逮治事已遂不出著有靜庵文錄詩錄教錄杜詩注據明史及府志餘見兩浙名賢錄祀鄉賢據府志祠祀卷補

朱節字守中正德八年進士官御史以天下爲己任文成謂之曰德業外無事功巡按山東值流賊亂勤事而卒贈光祿少卿浙江通志　餘見思復堂集祀鄉賢據舊志及粟主補　府志儒林

汪應軫字子宿正德十二年進士選庶吉士十四年詔將南巡應軫疏諫留中繼復偕修撰舒芬等連章以請跪闕門受杖幾斃教習竣出爲泗州知州州民惰不知農桑乃勸之耕買桑植之募江南女工教以蠶繅織作帝方南征中使繹騷應軫率壯夫百餘人列水次舟至即挽之出境車駕駐南京命州進美婦善歌吹者應軫言州子女荒陋無以應勅旨臣向募有桑婦請納之宮中傳受蠶事事遂寢世宗踐阼召爲戶科給事中在科歲

案蔡宗兗明史作葉宗兗正德十二年進士亦王文成弟子附錢德洪傳

餘疏凡三十上上咸切時弊其最大者如言王守仁心蹟甚明不當以謗掩功沮將來忠義之氣刑部尚書林俊當納其言不當聽其去孝惠太后發引不當由中門興獻帝尊崇不當過禮並侃侃爲中外所誦以便養乞改南調南京戶科張璁桂萼在南部方議追尊興獻應軫與議不合即奏請遵禮經崇正統以安人心不報嘉靖三年春出爲江西僉事居二年具疏引疾歸久之廷臣交薦起故官視江西學政父艱歸病卒祀鄉賢明史兼採府志

蔡宗兗字希淵進士以教授奉母孤介不爲當道所喜輒棄去已而敎授莆田移教南康遷南考功陞四川督學僉事林見素謂希淵中有餘蓄故能壁立千仞浙江通志府志儒林

季本字明德少受春秋於兄木以經名諸生中弱冠舉於鄉尋丁父母憂家居者十二年未嘗一日釋卷每讀一書必竟其顛

末乃已已而師事新建獲聞致良知之旨乃悉悔其舊學而一
意六經潛心體究久之懼學者騖於空虛則欲身挽其敝著書
數百萬言大都精破索務實踐以究新建未發之緒始以進士
理建寧召為御史以言事謫升沅者二十年止長沙守其為
政急大節畧小嫌絕不知有世情卒以是齟齬而歸歸二十餘
年家徒壁立借居禪林著書談道卒年七十九疾且革猶進門
人於榻前講易孳孳如平時沒既十餘年鄉人士相與建祠禹
蹟寺西林顏曰景賢又買田若干畝以供祭祀所著書十一種
廟制攷義春秋私攷讀禮疑圖四書私存孔孟圖譜樂律纂要
律呂別書著法別傳說理會編詩說解頤易學四同凡百六十
卷藏祠中祀鄉賢府志　舊志府志均入理學　案府志本傳　又案
及選舉卷俱云會稽人碑錄山陰人
本曾孫璜字彝仲以明經授大名府同知
文章政事具有可觀舊志附季本傳後

周祚字天保正德辛巳進士初授東阿知縣邑罷劇祚調撫得宜民獲安諸父憂服闋補來安治如前徵拜兵科給事中疏陳任將賑饑弭盜均役省兵稽尺籍清厩弊慎祀典飭荒政覆覈首功十數事巡視九邊復陳邊事大計悉見嘉納轉工科祚嘗還至三河蒙犯風雪有以貂裘進者峻拒之遂病手足攣痿告歸病愈益肆力鉛槧詩近少陵卒祀鄉賢據府志並通志

俞孜字景修諸生嘉靖初父華充里役解流人徐鐸至口外鐸毒殺華亡歸孜扶櫬歸誓必報讐蹤跡數十郡不可得後聞已還鄉匿其甥楊氏家乃結力士十數人佯爲賣魚往來偵伺且謁知府南大吉乞助大吉義之遣數健卒與俱夜半驟率卒入楊氏家呼鐸出見縛送於官置諸法孜自是不復應舉養繼母以終明史子志和亦以儒行重於鄉府志　舊志府志均入孝行

皆當書名

徐恩嘗與兄文刈薪項里嶺虎從叢篠中出噬文牙貫肩項恩奔救輒以手中械擊虎數十虎逸文垂斃少頃虎復來恩扼而擠之力竭而虎復逸已而救者畢至共輿其兄屍以歸恩病累月死鄉人副使蕭鳴鳳傳其事府志舊志孝行府志義行

張天衢字道亨嘉靖壬午舉人倅延平地瘠且衝天衢至更約束示誠信民大賴之嘗署安遠篆司海舶出入有巨賈裹千金於篆遺之天衢怒斥去海寇李文勝贊老兒擁眾萬餘勢熾甚天衢設間合自疑相攻出不意襲之遯遂平擢漢陽同知以孤介不習媚阿報罷天衢深於易著藏鑑通堪輿家言子元吉元慶元吉宿州同知舊志並採家傳祀鄉賢據府志祠祀卷補元慶自有傳

潘壯號梅峯嘉靖癸未進士授南京河南道監察御史上章建白耿耿不阿薦楊邃庵王陽明蕭子雝於朝皆一時大賢武臣

王邦奇誣織侍講葉桂章上疏救之詞甚剴切丙戌秋奉命按
治江右郡邑肅然時經逆濠之變軍無見糧壯疏請爲權宜計
以逆產給軍從之丁亥春權貴有憚壯者追論李福達大獄事
繫獄朝論不平交章乞救罷職歸及世宗遺詔凡議大禮大獄
建言得罪諸臣盡加䘏典隆慶三年贈太僕寺卿祀鄉賢

陳欒嘉靖乙酉舉人授吉府長史輔導二十餘年王甚賢之居
鄉長厚有古風卒年九十以上舊志

金椿字明卿嘉靖丙戌進士授工部營繕司主事轉永州通判
澧州南康同知所至皆有能聲擢刑部員外郎欽䘏得情終瓊
州知府舊志義行子應賜自有傳

閻人詮案舊志及府志選舉卷並作銓字邦正嘉靖丙戌進士少從王守仁學
嘗病危兄誾祈死求代未幾誾卒其母哭喪明守仁曰閻人民

可謂慈孝兼至爲寶應知縣邑南氾光湖延袤三百餘里風濤沒溺邑人病之詮議開越河衛漕運輿論久不決乃試築一方以一準十工用不煩竟成之擢御史巡視山海關繕修城堡以丈計者四萬餘民不知勞論救都御史王應鵬受廷杖爲南京提學御史校刻五經三禮舊唐書以勸實學與錢德洪等訂定陽明文錄世宗幸承天後行宮尚存人心憂其再巡詮上疏撤之出爲湖廣副使告歸晚年足跡徧天下歷粤閩齊楚諸名山曰吾心目自此益矣祀鄉賢府志　案府志詮餘姚人今據舊志選舉卷補

王梴字貞翁家貧肆力經史築室卧龍山南教授自給郡守洪珠屢造其廬扁其堂曰逸士晚歲喜讀易習養生徜徉山水間自號蜕巖道人壘石爲生壙於亭山麓題曰小芙蓉城詩沖澹自得書法逼趙吳興著有周易衍義蜕巖詩集詩話百别詩絃

誦新聲又輯有紹興名勝題詠五燈集要湖山紀游諸集既殁鄉人思之請於郡守梅守德即故居立石曰王隱士里同時有王琥者詩才相伯仲而端謹不逮云府志舊志府志均入隱逸

葉宰字國卿嘉靖中進士知六合縣爲一時循吏之最遷南刑部主事未幾卒六合人祠祀之宰資性穎敏而好學砥行卓然以遠大自期竟限於年識者惜之祀鄉賢府志

朱公節字允中嘉靖辛卯領鄉薦初知彭澤縣終泰州守幼孤事母甚孝既入仕卽以父産悉畀其弟喪母時年巳六十哀毁踰制歷典州縣自常俸外無妄取一意爲民捍災興利在彭澤尤久邑人祠祀之著有東武集祀鄉賢府志子廣自有傳

駱居敬嘉靖辛卯舉人任推官爲人端厚里中稱長者卒年九十舊志

王畿字汝中，弱冠舉於鄉，跌宕自喜。後受業王守仁，聞其言無底滯，守仁大喜。嘉靖五年舉進士，與錢德洪並不就廷對歸。守仁征思田，留畿、德洪主書院。已，奔守仁喪，經紀葬事，持心喪三年。久之，與德洪同第進士（案選舉卷在嘉靖十一年），授南京兵部主事，晉郎中。給事中戚賢等薦畿，夏言斥畿僞學，奪賢職，畿謝病歸。嘗云學當致知見性而已，應事有小過不足累，故在官弗免干請，以不謹斥。畿既廢，益務講學，足跡遍東南，吳、楚、閩、越皆有講舍。年八十餘不肯已。善談說，能動人，所至聽者雲集。每講，裸以禪機，亦不自諱也。學者稱龍谿先生。（明史。祀鄉賢，據府志祠祀卷補。舊志、府志均入理學。）

馬文正字隆南，父謙早歿。年七歲，每問父以何病死，母曰：「誤於醫耳。」遂泣不止。母有微疾，即不食，必迎良醫至，痊而後食。承歡四十餘年，備極孝養。以明經爲粵和平知縣，邑人素好鬭，急則

食斷腸草文正王命以草根抵贖錢民爭取之盡絕其種尋以瘵病卒於官舊志

陳鶴字鳴野一字九皐幼即知好古購奇帙名帖日夜誦覽十七襲其祖軍功官得百戶鬱鬱負奇疾棄官著山人服所作古詩文若騷賦詞曲草書圖畫能盡效諸名家間出己意工贍絕倫眞書得晉人位置頗有韻第太肥之餘韻自云出鍾太傅徐文長集並據府志祀鄉賢據府志祠祀卷補舊志府志均入隱逸舊志兼入方技

劉樽字元器諸生始就外傅講晉史辨典午之義傳爲遜帝後爲人師習聞國家掌故抵掌談古今叩應如響諸弟子成名者衆居平孝友無間言尤好施與張元忭爲之傳府志祀鄉賢據府志祠祀卷補舊志府志均入儒林

高陞字進之孝友嗜義有古俠士風晚尤好結貫蒙文士與磨

切事一裁於義數千里內皆知高髯公嘗客燕蹄驢度居庸馳保安把沈錦衣袂痛哭錦衣出匣中貓睛石一若果核意以酬舊逋陞笑曰沈大夫仕茌平清豐時嘗吾買道寸步耳吾不入取金今窮邊萬里雪没頸來取金耶不顧去與徐渭交未嘗乞一字曰辟諸山川挹其秀止耳採掇何爲徐渭高君墓志　府志義行

曹穴有字野臣嘉靖間游金陵與誠意伯劉世延交契既而劉忤分宜誣罪下詔獄乃取先世鐵券及諸册籍密寄大有劉氏支庶垂涎伯爵覓鐵券諸册不可得意大有藏之威求迫勒大有辮髮自經死三江志畧　府志義行

徐渭字文長十餘歲倣揚雄解嘲作釋毀長師同里季本爲諸生有盛名總督胡宗憲招致幕府筦書記宗憲得白鹿將獻諸朝令渭草表并他客草寄所善學士擇其尤上之學士以渭表

進世宗大悅宗憲以是益重渭渭角巾布衣長揖縱談幕中有
急需夜深開戟門以待渭或醉不至宗憲顧善遇之渭知兵好
奇計宗憲禽徐海誘王直皆預其謀藉宗憲勢頗橫及宗憲下
獄渭懼禍遂發狂引巨錐剚耳深數寸又以椎碎腎囊皆不死
已又擊殺繼妻論死繫獄里人張元忭力救得免乃游金陵抵
宣遼縱觀諸邊阨塞入京師主元忭元忭導以禮法渭不能從
久之怒而去後元忭卒白衣往弔撫棺慟哭不告姓名去渭自
京歸杜戶不見一人獨挾一犬與居不穀食者十稔或詰其故
曰吾食久偶棄去耳渭天才超軼詩文絕出倫輩善草書工寫
花草竹石嘗自言吾書第一詩次之文次之畫又次之當嘉靖
時王李倡七子社謝榛以布衣被擯渭憤其以軒冕壓韋布誓
不入二人黨嘗與蕭柱山勉陳海樵鶴楊祕圖珂朱東武公節

沈青霞鍊錢八山楩栁少明文及諸龍泉呂對明稱越中十子又有王驥德字伯良渭弟子居隔一牆渭填詞每畢輒呼伯良騎牆讀之有方諸館樂府又作曲律盛自誇詡年七十三卒後二十年公安袁宏道游越中得渭殘帙以示祭酒陶望齡相與激賞刻其集行世明史並採府志府志文苑

周述學字繼志明史有傳讀書好深湛之思尤邃於厤學元史載郭守敬厤經言理不言法厤官所傳止有通軌通經諸書而不詳作法根本所謂弧矢割圜者傳遂絕武進唐順之長與顧應祥皆求其書不可得述學殫精研思遂通其術從來厤家所推步二曜交食五星順逆而已自西域回回厤入中國始有經緯淩犯之說然其立法度數與中國不合名度亦異順之欲㪅緯法以會通之卒官不果述學乃撰中經用中國之算測西域

之占以畢順之之志又曰行黃道月行九道無所謂星道者述學推究五緯細行爲星道五圖於是七曜皆有道可求與唐順之論厤取歷代史志之議删蕪正訛又撰大統萬年二厤通議以補歷代所未及此外圖書皇極律呂山經水志分野輿地算法太乙壬遁演禽風角鳥占兵符陣法封影祿命建除葬術五運六氣海道鍼經各有成書凡一千餘卷統名曰神道大編嘉靖中錦衣陸炳訪士於經歷沈鍊鍊舉述學炳禮聘至京服其英偉薦之兵部尚書趙錦錦就訪邊事述學曰今歲主有邊兵應在乾艮艮爲遼東乾則宣大二鎮京師無虞也已而果然錦將薦諸朝會仇鸞聞其名欲致之述學識其必敗乃還里總督胡宗憲征倭招至幕中亦不能薦以布衣終據家傳並採明史存志儒林

張元冲字叔謙嘉靖戊戌進士授中書舍人改吏科給事中分

宜入相元沖言其心術不正不宜在左右諫世廟元旦不視朝出爲江西參政累陞右副都御史巡撫江西回籍卒元沖及文成之門以戒懼爲入門而一意求諸踐履文成嘗曰眞切純篤無如叔謙官江西闢正學書院與東廓念庵聯講會以訂文成之學又建懷玉書院於廣信迎龍溪緒山主講席惟恐同學之有出入也浙江通志兼采毛西河集府志儒林

王國楨字以寧又字龍阜嘉靖戊戌進士由行人陞南京工科給事中丁艱服闋補戶兵二科侃侃直言㝡爲朝宁寵眷歷任福建左布政使以不順權貴致仕家居極林泉之樂年七十五卒著有夢醒山堂疏稿四卷子循學字路之萬曆乙未進士授保昌知縣旋調南海循卓清廉爲東粤冠好吟詠著有都門績下等集孫開陽字金堂萬曆癸卯舉人性躭岑寂不干利祿年

七十九卒舊志

徐甫宰字允平童時嘗刲股療母既長以産讓兄嘉靖中舉順天鄉試除武平知縣旋調程鄉饒平賊林朝曦者大盜張璉餘黨也璉既滅朝曦出攻程鄉甫宰嚴兵待而遣主簿梁惟棟入賊中諭散其黨朝曦窮蹙棄巢乞參政譚綸追擒之賊平擢潮州兵備僉事添注勦寇任一子千戶已而復討擒程鄉賊溫鑑梁輝等餘黨悉平賚銀幣已補潮州分巡僉事兼理兵備事東莞水兵徐永太等亂停俸討賊甫宰疾甚乞歸未幾卒武程及潮並建祠十餘所府志並據明史

趙錦字元樸嘉靖甲辰進士授江陰知縣徵授南京御史清軍雲南三十二年元旦日食錦謂權奸亂政之應疏劾嚴嵩罪時楊繼盛以劾嵩得重譴帝方蓄怒以待言者手批錦疏謂欺天

誘君遣使逮治錦萬里就徵屢墮檻車瀕死者數矣既至下詔
獄拷訊搒四十斥爲民父損時爲廣西參議亦投劾罷穆宗卽
位錦起故官擢太常少卿未上進光祿卿江陰歲進子鱭萬斤
奏減其半隆慶元年以右副都御史巡撫貴州破禽叛苗龍得
鮓等入爲大理卿歷工部左右侍郎萬歷二年遷南京右都御
史改刑部尚書張居正遭喪南京大臣議疏留錦及工部尚書
費三暘不可而止移禮部又移吏部俱在南京錦以居正操切
頗訾議之語聞居正令給事中費尙伊劾錦講學談禪妄議朝
政錦遂乞休去居正死給事御史交薦起故官十一年召拜左
都御史是時方籍居正貲產錦上言世宗籍嚴嵩家禍延江西
諸府居正私藏未必逮嵩若加搜索恐貽害三楚十倍江西民
且居正誠擅權非有異志其翊戴沖聖夙夜勤勞亦有不容泯

者今其官蔭贈謚及諸子官職並從褫革已足示懲乞特哀矜稍寬其罰不納二品六年滿加太子少保尋加兵部尚書掌院事如故錦摘陳御史封事可採者數條請旨行之帝幸山陵再奉勅居守其冬以繼父喪歸十九年召拜刑部尚書年七十六矣再辭不許次蘇州卒贈太子太保謚端肅錦始終厲清操篤信王守仁學守仁從事孔廟錦有力焉始忤嚴嵩得重禍及之官貴州道嵩里見嵩葬路傍惻然憫之屬有司護視後忤居正罷官居正被籍復爲營救人以是稱長者明史祀鄉賢據府志祠祀卷補

案明史錦餘姚人今仍舊志

陶秀嘉靖丙午舉人孝友簡樸人無間言仕終通判舊志

祁清字子揚嘉靖丁未進士任保寧推官明於讞決部使者以重慶府賦役不均特與勾校清畫便宜法行之所云一把連是

也陞南京禮科給事中疏言今軍興費絀弊有三宂上納其言下部覈之又劾咸寧侯仇鸞怙寵及藩臬之倖陞卿貳者以是爲時所忌出知福州府適海賊內犯民爭入城多所保全擢貴州副使苗長楊珂據六洞叛淸諭以利害乃自縛乞降歷遷湖廣參政陝西右布政使卒於官貧無以殮時論嘉之祀鄉賢

張天復字復亨嘉靖丁未進士禮部主事歷陞儀制司郎中遇嘉善公主下嫁穆宗大婚景王就國諸大典奉職皆稱督學湖廣稱得人調雲南副使佩臬司篆武定苗亂詔進討滇撫呂光洵以天復監左軍身率將士出入箐篁閒擒僞王鳳繼祖俘苗長數十後以入覲册費紙落職歸纂修山陰縣志未幾子元汴爲進士第一援修撰請以已官贖父職詔復其官尋卒著有鳴玉堂集廣輿圖攷及湖廣通志以上府志

錢翙字仲舉，九江郡守士宜子。性聰穎，耽經史，尤精於易。以貢任邳州學正，改最，陞宿松知縣，以循良稱。年八十二卒。

俞意字欲誠，嘉靖癸丑進士，授武選司主事，以忤權相罷歸。性廉靜，不事生產，嘗刻經籍數種，較訂精詳，學者便之。以上舊志

金應暘字雙泉，邑諸生。父椿，瓊州知府。嘉靖三十四年倭寇延蔓，總制胡宗憲、僉事李如桂、王詢咸知應暘才，羅致幕中贊畫軍務。與倭戰於伍婆嶺，自辰至巳，手刃數賊，没於陣。贈州同知，建祠東光坊，曰褒忠，蔭一子。府志舊志附父椿傳入義行府志忠節

姚長子，獨山人，逸其名。嘉靖甲寅海賊由諸暨突入郡境，獲長子，貫其肘，使為導。長子乃紿之西，而密約鄉人毀橋，陷賊於化人墳。賊知為所紿，殺長子，剄其屍。互詳武備卷鄉人於死所立祠祀之。府志忠節

何道字一貫從文成高弟胡雙溪游得聞文成之學諸大綬嘗曰吾見何君躁心自釋長洲申時行爲翰林學士時嘗延課其子非衣冠不敢見及入相每時時進藥石焉大綬卒未獲易名之典道爲請於相國得謚文懿生平溫厚質直不談養生家言而收視返聽其息深深似有道者爲詩不拘聲律當其得意處發於性情雖作者無以過也卒年八十二舊志隱逸

鄭遂字惟用生而穎異通陰陽術數之學任遂溪縣典史邑瀕海數有水患爲營築捍禦民得安居以老疾歸民思其德祠祀之子舜臣嘉靖丙辰進士授歙縣知縣遷南京工部主事以不能附權貴左遷鄧州同知轉判汀州歷遷柳州知府並著懋績未幾致仕家居二十年屛去繁華不事雕飾鄉人推服年七十八卒孫一麟一麟舜臣長子萬曆丁丑進士授兵部主事歷官按察

使用法寬平哀矜折獄當路者不敢干以私以母老乞養歸（舊志義行　案選舉志舜臣山陰籍上虞人）

諸大綬字端甫（舊志作號南明）嘉靖丙辰進士第一人是時越卧龍山鳴歷官翰林終吏部右侍郎故爲叔父後舊制封不及本生大綬疏懇貤封世宗特允之於是爲例所生母卒舊制無兼服之文大綬哀絰三年並特著爲令大綬狀貌修偉而豈弟坦易好推轂士類其立朝不激不隨有公輔之望侍穆宗日講六年每進講剴切詳盡穆宗注聽焉方嚮用帝崩大綬亦病卒後贈禮部尚書謚文懿（府志並兩浙名賢録）

孫鑨字文中陞之子嘉靖丙辰進士授武庫主事歷武選郎中世宗齋居二十年諫者輒獲罪鑨請朝羣臣且力詆近倖方士引趙高林靈素爲喻中貴匿不以聞遂引疾歸隆慶元年起南

京文選郎中萬歷初累遷光祿卿時張居正當相慨然曰宰相不奔喪尚可與同朝事主乎引疾歸里居十年坐臥一小樓賓客罕見其面起故官進大理卿都御史吳時來議律例多紕盭鑨力爭之帝悉從駁議歷南京吏部尚書改兵部參贊機務命甫下旋召爲吏部尚書二十一年大計京朝官力杜請謁文選員外郎吕允昌鑨甥也首斥之考功郎中趙南星亦自斥其姻一時公論所不予者貶黜殆盡大學士趙志高弟預焉由是執政皆不悦會言官以拾遺論劾稽勳員外郎虞淳熙職方郎中楊于廷主事袁黃鑨議謫黃留淳熙于廷詔責方贊畫軍務亦留之給事中劉道隆遂言淳熙于廷不當議留乃下嚴旨責部臣專權結黨鑨言淳熙臣鄉人安貧好學于廷力任西事向書石星極言其才今寧夏方平臣不敢以功爲罪且既名議覆

不嫌與同若知其無罪以諫官一言而去之自欺欺君臣誼不忍爲也帝以鏜不引罪奪俸貶南星三官淳熙等俱劾罷鏜遂乞休且白南星無罪左都御史李世達以已同掌察而南星獨被譴亦爲南星淳熙等訟帝皆不聽於是僉都御史王汝訓等交章訟南星冤而泰來詞尤切世達又抗疏論救帝怒盡斥南星淳熙于廷黄爲民鏜上疏固請賜骸骨仍不允遂杜門稱疾疏累上帝猶溫旨慰留賜羊豕酒醬米物且勅侍郎蔡國珍暫署選事以需鏜起鏜堅臥三月疏至十上乃許乘傳歸三年卒贈太子太保謚清簡鏜嘗曰大臣不合惟當引去否則有職業在謹自守足矣明史採府志祀鄉賢據府志祠祀卷補案鏜籍餘姚今據舊志子如法如洵自有傳

彭應時以儒生中武科授紹興衛鎮撫嘉靖中倭警都御史王

怍知其材檄使練士三十七年賊首蕭顯爲參將盧鏜所攻自松江吞入浙境令應時截之於海塘至乍浦賊掩至乃奮鬭身被數創猶督戰不已遂死於陣應時性穎敏能詩文材力兵技冠絕一時而尤精於騎射其練兵也善撫士卒人樂爲之用及其死也人皆惜之籌海圖編

國朝乾隆四十一年

賜祀忠義祠府志忠節

俞子良字汝誠領順天鄉薦初教諭欒城諄諄以禮誨人欒人感化婦女亦呼爲俞夫子遷肅寧知縣治邑事如其家甫踰年以勞卒著明學錄通禮節要尊親錄欒居司牧二集

王元敬字廷臣嘉靖已未進士知許州介然獨立遷部曹江陵相以本郡太守需人屬銓司非元敬不可將行聞楚中方面者

謁執政皆侍坐駭然曰治楚之謂何講敵體禮當自子始涖荆郡抑其族黨一軌於法上爲執政治第楚長吏資助咸百千計元敬止捐俸數鍰人服其介時諸省決大辟歲至百十惟元敬按察山東論囚六人御史讓之弗顧任東粤左藩禁有司勿度田擾民島人數百坐棄市廉其寃多出之巡撫應天亟劾墨吏而吳中肅然元敬生平厚重寡文如不能言遇大事覓之能搖楊忠愍被刑時交游多引避乃獨往西市持杯酒引滿爲訣年八十七卒祀鄉賢以上府志

吳兑字君澤嘉靖己未進士授兵部主事隆慶三年由郎中選湖廣參議調河南遷薊州兵備副使五年擢右僉都御史巡撫宣府時俺答初貢而昆都力辛愛陰持兩端助其主土蠻爲患兑有智計操縱馴伏之賞俺答離營獵從騎直趨其營守者

愕控弦從騎呵之曰太師來犒軍耳皆拜跪迎導且獻酪兌遍閱廬帳抵暮還市者或潛盜所鬻馬兌使人梏擊之曰後復盜卽閉關停市諸部追所奪馬并執其人以謝辛愛復擾邊俺答曰宣大我市場也戒勿動萬歷二年春推款貢功加兌右副都御史晉兵部右侍郎兼右僉都御史五年夏代方逢時總督宣大山西軍務俺答西掠瓦剌聲言迎佛寄帑於兌留旗箭爲信尙書王崇古奏上方畧使兌諭俺答繞賀蘭山後行勿道甘肅又陰沮其謀於瓦剌俺答兵遂挫留青海未歸而青把都復附土蠻其部下時入寇大學士張居正令兌趣俺答東還約束之青把都亦罰治其下款貢乃益堅七年秋以左侍郎召還部加右都御史仍佐部事九年夏復以本官總督薊遼保定軍務兼巡撫順天泰寧速把亥與青把都交通陰入市宣府而歲犯遼

東以要款朝廷拒不許兒修義州城備之明年速把亥來寇總兵官李成梁擊斬之其弟炒花姪老撒卜兒悉遁去詔進兒兵部尚書仍兼右都御史尋進太子少保召拜兵部尚書御史魏允貞劾兒歷附高拱張居正且饋馮保金千兩封識具存給事王繼光亦言兒受將吏饋遺御史林休徵助之攻帝力允兒去數年卒兒生平輕財好施俸廩所入隨手而散居鄉力持公正人尤推重卒賜祭葬祀鄉賢明史並採府志餘見毛西河集孫孟明自有傳

俞咨益號南石爲諸生時授徒多奇士太師朱賡狀元羅萬化張元忭皆出其門嘉靖已未進士授廣州府推官獄多平反陞御史督理屯田鐵盜魁袁洪以年例陞福建僉事辭職歸救徐渭出獄士論賢之舊志

邢廷文字仰城少好讀書兼習韜鈐家貧養親以孝聞歲除夕

鄉人入其家行竊廷文贈以金勸其改過雖妻子前未嘗揚其姓名嘉靖辛酉倭犯寧波奉海憲檄追勦手斬三級於戴墓湖以功授職子大有大忠並登進士舊志孝友　大忠自有傳　案舊志另載張元直一條元直嘉靖丁酉武舉有胆勇精技射後過例入太學辛酉倭賊登犯明州元直奉海憲檄督兵追勦於戴墓湖遇敵親斬三級遂獲全勝紀功授四川嘉定州判事與邢定文相似附存以俟攷

史積字孝美嘉靖壬戌進士授刑部雲南司主事決獄稱平轉員外郎奉勅慮囚山東陞郎中復審錄江西兩次全活甚衆陞貴州左參政阿革倡亂督兵勦之苗疆悉平重新龍場故址闡陽明教政治稱第一秩滿轉本省按察使居官廉潔不隨人俯仰左遷陝西潼關左參政未任卒於家府志儒林　案府志選舉卷積會稽人今据府志本傳

胡邦奇嘉靖乙丑進士官吏部選司典試湖南因張居正子被

黜外轉按察使以剛介忤贛州巡撫不赴舊志

高克謙字子益嘉靖乙丑進士以工部郎提督易州山廠野有老狼久爲民患克謙以文檄山神期令自致未幾果得遂殪之民立碑紀其事遷山東僉事濟南通判某居官高潔臺使者屢以賄要之不得欲下其績克謙曰人方撫字心勞可駕之簠簋不飭乎臺使怒劾以比周得論救補廣西僉事土官黄金鑣以事入獄願進鑼數千黄灑等却之竟論如法猺苗爲亂詐就款特集請弁議勦忽昏眩不能言勉書一勦字而卒年六十二以廉正爲世所欽府志

朱賡字少欽父公節兄應刑部主事賡登隆慶二年進士授編修萬歷六年以侍讀爲日講官宮中方大治苑囿賡因講宋史極言花石綱之害帝悚然歷禮部左右侍郎帝營壽宮於大峪

山命賡往視中官宗帝意欲倣永陵制賡言昭陵在望制過之非所安疏入久不下巳竟如其言累官禮部尚書遭繼母喪去尋故東武山讀書處建逍遙樓二十九年以故官兼東閣大學士參預機務遣行人召之再辭不允明年四月詣闕即捐一歲俸助殿工其秋極陳礦稅之害帝不能用旣而與一貫及沈鯉共獻守成遺使權宜三論大指爲礦稅發賡手筆也賡於巳邸門獲妖書中誣賡動搖國本大懼立以疏聞乞避位帝慰諭有加一貫倡羣小窮治不巳賡貽書一貫請速具獄無株連事乃解三十三年大計京官帝留被察者錢夢皐輩及南京察疏上亦欲有所留賡力陳不可工部請營三殿時方濬河繕城賡力請俟之異日三十四年一貫鯉去位賡獨當國年七十有二矣朝政日弛中外解體賡疏揭月數上十不一下御史宋燾首諷

切賡給事中汪若霖繼之賡緣二人言力請帝更新庶政於增閣臣補大僚充言路三事語尤切帝優詔答之而不行賡素服詣文華門懇請終不得命賡屢引疾閣中空無人帝諭簡閣臣而廷臣慮帝出中旨賡力疾請付廷推乃用于慎行李廷機葉向高而召王錫爵於家以爲首輔給事中王元翰胡忻以廷機之用賡實主之疏詆廷機並侵賡賡疏辯帝爲切責言者既而姜士昌及燾被謫言路謂出賡意益不平禮部主事鄭振先遂劾賡十二大罪帝怒貶振先後以給事中若霖見黜疑賡修郤攻訐四起先後疏論至五十餘人賡已寢疾乞休疏二十餘上旋卒於官遺疏陳時政語極悲切賡先加少保兼太子太保進吏部尚書文華殿大學士及卒贈太保謚文懿祀鄉賢子敬循官禮部郎中改稽勳前此無正郎改吏部者自敬循始歷太常

少卿吏部推敬循爲右通政以衛承芳貳之虞言承芳臣同年進士恬澹之操世罕能及臣子不當先帝許焉敬循終右通政明史並採兩浙名賢錄及府志祀鄉賢據舊志及粟主補

朱南雍隆慶戊辰進士知泰興縣遷刑科給事中風紀侃直萬歷八年爲太僕寺卿善畫山水木石法出沈周亦效倪瓚清勁絕俗列卿記並採舊志舊志方技府志文苑

陸尚質世家丈午村父一中以庠生教於鄉塾隆慶己巳秋八月七日東書渡海口風濤拍天舟東瀉將入洋尚質從隄上號慟躍濤中攙挽舟時觀者惶駭謂父子且並魚矣俄而舟忽逆濤上若有縴者一中遂濟尚質竟死鄉人憐之求其尸不得且謂尚質水死與曹娥無異而其父得生事尤奇乃名其渡處曰陸郎渡知縣徐貞明上其事詔旌其門府志祀鄉賢據舊志及粟主補舊志

府志均入孝行　府志案明史亦載是事康熙丁酉知府俞卿葺祠祀之

陳大賢字容之隆慶庚午舉人授歸化知縣性嚴毅痛革陋規旋解組去士民泣送行李蕭然時比之趙清獻舊志義行

張元忭字子藎生有異質好讀書素羸弱母戒勿過勞乃藏燈幕中俟母寢始誦十餘歲時聞楊繼盛死爲文遙誄之慷慨泣下父天復被逮赴雲南對簿時元忭下第還萬里護行髮盡白已復馳詣闕下白冤當事憐之天復得削籍歸隆慶五年元忭以廷試第一授修撰嘗抗疏救御史胡涍又請進講列女傳於兩宮皆不省萬歷十年奉使楚府還過家省母既行心動輒馳歸五日母卒元忭奉二親疾湯藥非口嘗弗進居喪毀瘠遵古禮服闋起官進左諭德值經筵先是元忭以帝登極恩請復父官詔許給冠帶至是復申前請格不從遂得疾卒天啟初追謚

文恭元忭自未第時即從王畿游傳良知之學躬行實踐矩矱儼然著有雲門志畧山游漫稿樵閒漫筆不二齋稿志學錄讀尚書考讀詩考明大政記明史並採府志祀鄉賢據府志祠祀卷補子汝霖汝懋自有傳

周應中字正甫隆慶辛未進士授元氏知縣調眞定因滹沱河通水利教民種稻北方水田始此嘗手書諫舉主張居正奪情居正大恚後調湖廣崇陽縣度田畝均賦役民甚德之因呼其田爲周田勢豪者志不得逞置毒飲饌中一嘔而甦尋以大計落職家居二十餘年都御史艾穆疏薦累遷山西僉事故太宰王國光居鄉不法按以律而其私人力擠之復罷歸再起湖廣僉事治荆南三年導宗室以禮繩墨吏以法風釆卓然以抗疏自理被嚴旨歸年九十卒府志祀鄉賢據府志祠祀卷補案府志應中會稽人今据舊志選舉卷

朱鉞年十三侍母病衣不解帶及母卒哀毀幾於滅性隆慶五年父鳳翔歿擗踊泣血幾死貧不能殮里人助其喪喪廬墓三年墓生芝草有祥烏集其上浙江通志 舊志 府志均入孝行

任友試傭夫割肝救父府志載張元忭語

此當於蘭傳中欠其名而已

金聯芳字華此當係衍仲性孝友有以橫逆相加者怡然愛之三子藎荃蘭藎工醫雅慕恬澹荃敦厚性成與兄有同志云舊志聯芳 舊志孝友藎荃義行 蘭自有傳

祝彥字元美萬歷癸酉領鄉薦知江西德安縣多惠政嘗捐俸建儒學三署有催徵便民錄擢知潁州知州以親年俱九十一乞養歸

此當於思任傳末附為之曰縣人漏坦之字仲容思任之師也嗜學者

漏坦之字仲容嗜學善屬文王思任出其門下然試輒不售以布衣終以上府志文苑

張元慶字太初天衢次子精天文易數萬歷癸酉鄉薦甲戌會試副榜第一知灤州灤民有月奉歲奉悉除之讞獄多異政發倴城寺僧殺李妙存狀其一端也遷揚州守治績爲天下最著有四書宗旨名儒彙業阜南樓集舊志參攷府志子汝嘉自有傳

李天常號雲峰萬歷癸酉己卯乙酉三登武科官至都司與敵戰被執不屈奪刀斫數人被殺贈世襲千戶崇禎年間詔本籍建祠致祭惜其後嗣無人事竟不行三江志府志忠節

王泮字宗魯萬歷甲戌進士知肇慶又分巡嶺西所至爲民興利起學校浚川渠府江懷賀珠池諸役皆有勞蹟爲湖廣參政居官廉潔焚香靜坐若禪室詩辭沖雅書宗二王善小楷大幅草書如龍蛇夭矯世皆寶之分省人物攷並採名賢錄及舊志祀鄉賢據府志祠祀卷

補 舊志方技府志文苑

吳教字省私萬歷丙子武舉授鎮會營千總丁酉三月隨經署楊鎬援朝鮮鎬敗教力戰陣亡時匿報無卹恩府志忠節

馮景隆萬歷丁丑進士官南京給事中嘗訟趙世卿寃且請召張位習孔教申救御史魏允貞會御史劉臺以劾張居正除名張學顏誣臺私贖鍰于應昌王宗載等希居正意實其事以聞遂戍臺廣西臺暴卒居正亦卒明年詔復臺官罷宗載應昌下所司廉問景隆因言遼東巡撫周詠與應昌共陷臺應昌已罷詠尚爲薊遼總督亦宜罷并劾李成梁學顏爲成梁訟乃謫景隆薊州判官後量移南陽推官明史祀鄉賢據府志祠祀卷補

曾錦字文叔萬歷丁丑進士知山陽寶應湖頻覆溺巡撫潘季馴議開新河築隄屬錦董其事計隄千百丈踰月告竣患乃息遷知定陶建義倉義學義塲遷刑部郎卒府志祀鄉賢據府志祠祀卷補

陳鶴鳴字子孚萬歷己卯舉人知興寧縣擒劇賊張某因忤當事謫池陽教授御史薦爲大理府司李時沐昌祚倚鎮守勲衛殺生員孫諠俊而奪其妻問官無敢決者鶴鳴按實斃昌祚杖下民爲立生祠尋調去行李蕭然各贈以金鶴鳴不受舊志義行

馮應鳳字鳴陽進士知永豐縣永豐田時出水下爲築長隄以捍之遂成沃壤拜監察御史沐國舍中兒豪奪民田應鳳行部至諭沐以舊制檄治其奴兵備副使李材以冒功蒙重辟繫詔獄者六年應鳳按滇廉得其狀遂上疏申理竟得釋按江右適無歲力爲百姓請命巡視京營疏請專司舉劾稽將領汰老弱營務爲之一新出理長蘆鹺務戶璫某分理鹽課輒斂手相戒遷太僕寺少卿卒無子兩浙名賢錄祀鄉賢據舊志及粟主補

陶明宰字裕元萬歷壬午登武科乙酉再中少有勇畧素以忠

義自許官千戶隨征朝鮮陣亡贈指揮世襲紹興衛三江志府志忠節

何繼高字泰寧萬歷癸未進士爲南刑部郎民謠曰執法無阿海與何海謂都御史瑞也出守臨江歲大饑出粟賑之議免樟樹永平二鎮榷稅調知福州府時倭入朝鮮迫閩治兵料食皆額繼高區畫擘形便徙築福清城郡故無廩捐糴米三千餘石議請餉金轉糴至四五萬官庾皆滿福無饑民遷長蘆運使立五綱册寬徙戍罪三年商籍三倍增引十七萬課錢十五萬滄大祲粥民四月全活無算遷江西參政湖西旱災乃力請得從改折沿江多盜令籍船戶記所受商貨盜遂衰止忽移牒請歸六月卒繼高博學强識著聖授圖理數解孫子解證瀛東襍錄軒岐新意風水說治生經范子傳祀鄉賢府志子國輔自有傳

孫如法字世行萬歷癸未進士授刑部主事時姜應麟沈璟皆

以言册立嫡官如法上言願陛下亟立元子以慰臣民之望並封貴妃以昭朝廷之公召復姜應麟沈璟之官以彰納諫之度疏入上大怒謫爲潮陽典史移病歸卒後贈光祿寺少卿子有聞字子長有孝行如法從貶所歸瘴毒發衂如湧泉百藥不治有聞籲天祈代及歿結廬墓側晝夜悲號深山多虎夜常繞廬而不相害光宗嗣位赴闕訟父忠贈官賜葬母史氏性嚴能曲意事之得其歡心史殁喪妻求氏絕兒乳哺姑妻卒終身不娶後廕授光祿典簿遷戶部主事以疾歸年七十卒有詩文八卷明史附傳參採浙江通志　案府志如法餘姚人今據舊志選舉卷補

盛廷鋁字敬齋性孝友精青烏卜筮之學萬歷十六年歲歉出粟賑飢存活無算舊志義行

張伯樞字慎甫杜門著述每五鼓披衣危坐默體聖賢微旨有

家訓格言讀史評內臣昭鑑錄等書崇禎間從祀鄉賢舊志隱逸案

祠祀卷無張伯樞、

陳鶴字世敬萬歷己丑進士內艱服闋授刑部主事歷遷員外郎中出知南昌府遷江西按察副使兼參議分守南瑞道大計罣吏議聽調南昌爲政持大體不喜苛察然遇事慷慨敢任無少避尋備兵廣東羅定乃疾就道卒於官舊志並採家傳

劉毅字建甫萬歷己丑進士除刑曹典試東粵調兵部郎督學山左調福建參議分巡建南有梟建者煽惑白蓮教聚衆剽掠多方綏輯乃定歷廣東糧儲副使上黎情十議於制府陞廣西按察使右布政使會謁臺使者小失禮於毅咤曰吾頭毛已種種猶折腰諸少年乎遂移病歸臺使覺而大悔亟挽之不得歸數年卒前後在官彊直自遂政績爛然性孝友敦朴藏書頗

富或叩以典故必曰此某集某卷無訛也有寶綸堂遺稿八卷府志

陳煃字葆光萬歷巳丑進士初知安平調寶應邑引漕渠數璫大役煃與民休息日召邑子弟躬督講課尤崇行誼召爲南京四川道御史時泗州陵寢淤沒上震怒將洩淮水殃及下流諸邑煃上疏切諫礦稅璫率其僚累疏力爭所覈京帑浮費歲省至巨萬尋乞骸歸子至謐邑廩生國變後遂不食餓絕意仕進

杜肇勳萬歷巳丑武舉人任都司四董漕運皆奏最勦海寇劉香老有功生平詩酒娛情有閒古叢集十種以上舊志

吳來臣字進公萬歷十九年由武生竣選將材隨總兵李如松援朝鮮二十年正月進克平壤在陣斬倭首三五月碧蹄館力戰陣亡廕子從明百戶府志並據家傳府志忠烈

繆伯昇萬歷辛卯進士案選舉卷伯昇辛卯舉人知惠安縣有廉名舊志

朱燮元字懋和萬歷二十年進士除大理評事遷蘇州知府四川副使改廣東提督學校以右參政謝病歸起陝西按察使移四川右布政天啟元年就遷左將入覲會永寧奢崇明反蜀王要燮元治軍崇明內陰驁子寅尤驍桀好亂僭偽號設丞相五府等官統所部及徼外襍蠻數萬分道趨成都成都兵止二千餉又絀燮元檄徵石砫羅綱龍安松茂諸道兵入援斂二百里內粟入城偕巡按御史薛敷政等分陴守賊障革裹竹牌鉤梯附城壘土山上架蓬蓽伏弩射城中燮元用火器擊却之賊四面立望樓高與城齊燮元命死士突出擊斬三賊帥燔其樓賊而援兵漸集然賊亦愈增日發塚掘枯骨忽自林中大譟數千人擁物如舟高丈許長五十丈樓數重牛革蔽左右置板如平

地一人披髪仗劍上載羽旗中數百人挾機弩毒矢旁翼兩雲樓曳以牛俯瞰城中城中人皆哭燮元曰此呂公車也乃用巨木爲機關轉索發礮飛千鈞石擊之又以大礮擊牛牛返走敗去有諸生陷賊中遣人言賊將羅象乾欲反正燮元令與象乾俱至呼飲戍樓中不脫其佩刀與同臥酣寢象乾誓死報復絕而出乃遣部將詐降誘崇明至城下伏起崇明跳免燮元策賊且走投木樿數百錦江流而下令有司沉舟斷橋嚴兵待象乾因自内縱火崇明父子遁走瀘州象乾遂以衆來歸城圍百二日而解乘勢復州縣衛所凡四十餘時崇明未平而貴州安邦彥又起初朝廷聞重慶變即擢燮元巡撫四川錄守城功加兵部侍郎總督四川及湖廣荆岳鄖襄陝西漢中五府軍務兼巡撫四川三年燮元謀直取永寧乃盡撤諸軍會長寧連破麻塘

坎諸砦與秦良玉兵會進攻永寧拔之賊失永寧即求救於邦彥邦彥遣二軍窺遵義永寧燮元敗走之錄功進右都御史四年春邦彥陷貴州命燮元以兵部尚書兼督貴州雲南廣西諸軍移鎮遵義燮元赴重慶邦彥偵知之六年二月謀乘官軍未發分犯雲南遵義而令寅專犯永寧未行有阿引者受燮元金錢乘寅醉殺之寅既死崇明年老無能爲邦彥亦乞撫燮元聞於朝許之乃遣參將楊明輝往撫燮元旋以父喪歸偏沅巡撫閔夢得來代夢得乃陳用兵機宜疏未報召還代以尚書張鶴鳴邦彥殺明輝撫議絕鶴鳴視師年餘未嘗一戰賊得養其銳崇禎元年六月復召燮元代之兼巡撫貴州仍賜尚方劍錄前功進少保世廕錦衣指揮使值邦彥分守陸廣鴨池三岔諸要害別以一軍趨遵義合兵十餘萬先犯赤水燮元授計誘賊至

永寧乃遣總兵官林兆鼎等合傾其巢邦彥崇明皆授首烏撒安效良死其妻安氏招故舊謀安邊爲夫負固不服變元乘兵威脅之邊遂復烏撒變元以境內賊畧盡不欲窮兵乃檄招安位位不決尋遣使乞降貴州亦靖遂上善後疏帝報可其冬討平定番鎮寧叛苗乃通威清等上六衛及平越清平偏橋鎮遠四衛道路凡一千六百餘里繕亭障置游徼貴陽東北有洪邊十二馬頭即其地置開州又奏復故施秉縣招流民實之四年阿迷州土官普名聲作亂變元遣兵臨之遂就撫論桃紅壩功進少師世廕錦衣指揮使一品六年滿加左柱國再議平賊功世廕錦衣指揮僉事十年安位死無嗣族屬爭立朝議又欲郡縣其地變元右爭遂傳檄土目布上威德諸蠻爭納土獻重器變元乃裂疆域衆建諸蠻復上疏曰今臣分水西地授之酋長

案張岱三不朽圖贊云字雨若蓋有兩字也

及有功漢人咸俾世守虐政苛歛一切蠲除參用漢法可爲長久計因言其便有九帝咸報可無何所撫土目有叛者變元坐貶一秩已竟破滅之十一年春卒官年七十三變元長八尺腹大十圍飲啖兼二十人治事明決軍書絡繹不假手幕佐行軍務持重謀定後戰尤善用間使人各當其材犯法卽親愛必誅有功厮養不遺賞出馭蠻以忠信不妄殺苗民懷之初官陝西時遇一叟載與歸盡得其風角占候遁甲諸術將別語變元曰幸自愛他日西南有事公當之矣內江牟康民者奇士也兵未起時語人曰蜀且有變平之者朱公乎已而果然明史並採毛西河集子壽宜兆憲自有傳

張汝霖字肅之元忭子萬歷乙未進士知廣昌縣陞兵部郎副攺山東以詿誤去再入仕籍陞廣西參議從人出掠協征蠻將

案汝懋名麗
附閹逆案此傳
當削之

工部主事下當
添歷擢員外
郎中出爲江西
僉事

軍勦之尋以病歸卒著有易經因旨四書蔚珠錄郊居襍記弟汝懋萬歷癸丑進士知休寧有惠政擢御史官至大理寺丞府志

王思任字季重又字遂東萬歷乙未進士以南刑部主事左遷袁州推官魏忠賢使伻丞語笑不應崇禎二年再降松江教授陞助教工部主事在九江黃梅告急力請往救擒賊首闖天星以京察罷歸馬士英將丞紹興上書太后請斬之仍爲檄以討魯王監國擢禮部右侍郎屢疏極言官亂民亂兵亂餉亂士亂之失乞休不聽曰江上之事不贓矣未幾失守搆亭鳳林祖墓傍曰孤竹庵繪像曰采薇圖巡按御史王應昌請拜新命思任復書謝之絕飲食七日卒目不瞑時丙戌九月二十二日一統志兼採思復堂集及殛殉義傳祀鄉賢據府志祠祀卷補府志忠烈

王大紘字宗元性穎異九歲能屬文嘗建義學於洪溪集生徒

數十八講學其中（舊志儒林）

李鋭字和鳴萬歷乙未武進士父世榮昭信校尉慷慨仗義鋭官南畿三江會口游兵都司居官捐介致仕歸僅置田數十畝子光霽光霖光霽字惺存博稽典籍折撫陸完孝稱爲邵武書廚萬歷間三舉武闈以軍功封昭勇將軍所至咸以佛子呼之光霖再舉武闈中年蚤卒光霽悉以父產遺其孤并爲力任子女婚嫁之事光霽子元豐

國朝順治庚子舉人（案選舉卷並無其名本傳亦不云舉人俟攷）次元坤順治丁酉舉人雷州府同知清廉愛民著有靜遠詩集（舊志孝友鋭義行光霽元豐自有傳）

張名世字今我萬歷乙未中武榜歷官雲南都司茵長何克擁兵結象陣陷武定府一州三縣名世擊之盡復其地忌者思重

賂不得因以冐功誣獄督師特疏出之天啟元年統浙兵三千與

大兵戰於渾河名世曰吾起纍囚爲上將不能報國何用生爲遂戰死贈中軍都督僉一子乾隆四十一年

賜謚烈愍入祀忠義祠事見明史及輯覽勝朝殉節諸臣錄名世仲子萬祉任游擊從死贈都督加襲正千戶名世女亦通經書諳韜畧以父兄戰歿吞金死三江志名世舊志府志均入忠節

陳汝元舉萬歷丁酉鄉薦陜西清澗縣知縣有三奇十異之政陞延綏同知以母老乞養歸加銜運同舊志

沈綰字仲甫萬歷丁酉舉應天鄉試入賀之綰慼然曰吾親耄今始一遇竊恐娛親之日短也選六合知縣任半載獲盜百餘六合人祀之名宦後以失當事歡歸里養親讀書泊如也父母

偶病徹晝夜侍立居喪哀毀過人祀鄉賢府志　子懋簡懋肅自有傳

吳景桂字心宇萬歷丁酉中遼東武舉授鎮撫管撫院中軍乙卯閏八月隨征延綏套部軍潰陣亡贈都指揮僉事廕子永新百戶府志　忠節

陸夢祖字瑞庭萬歷戊戌進士知崇宣調丹徒多惠政時有楊少宰養病金山候起居者塡江上夢祖若弗聞少宰入都曰狂瀾砥柱其唯陸某薦拜御史出按八閩疏劾中貴高彩置之法雖調護者甚力弗聽也轉光祿卿授南京兆時魏璫驕横遂解組歸年九十卒祀鄉賢府志並採家傳

金應鳳字伯祥萬歷戊戌進士授深州知州賑饑民清盜藪除水患捕飛蝗民感其德爲立生祠擢工部員外郎累官至山西布政皆有政績以忌之者衆左轉量調軍民奔哭者數萬人解

組歸卒年六十二舊志

王朝志字寧寰郡諸生端介自持曰人生誠意正心四字一生放不得手錄經史諸子百家書積十六笥著有五經要論敬齋心錄敬齋文集十卷玉山集十卷府志儒林

胡植字汝舟任萬載縣丞一夕夢母有疾遂歸母果於是夕病乞養不得歸晉秩金吾右衛指揮僉事母卒刻木肖像事之其他義行甚多萬歷二十八年建坊旌表舊志孝友

金思範字養愚母余病瘻不起鬻妻簪珥服飾以供藥餌既而病亟思範大慟徒跣街市間無廟不入叩頭流血求以身代如是者久忽夜夢神告之曰汝母得生汝某日死矣驚悟與妻李訣曰母生我死無憾但奉侍悉託於汝勿使母知至期果卒母遂愈年九十三乃終李事姑益殫劬瘁育二子守節四十餘年

萬歷庚子邑令耿廷柏上其事與李氏同旌舊志舊志府志均入孝行

黃舜問嘉靖間歲暮至省城拾遺金三百兩攜歸寓仍往候之越一日其人號哭至乃富陽縣吏領解藩司所遺者即同到寓還之抵家已五旦矣孫吉賢年十歲即能孝養父母稍長其兄每加以不堪怡然順受焉舊志義行

張汝撰萬歷時游京師一日晨出見一士子泣赴河亟使人止之則蜀西下第舉子也備貸萬里博一試放歸計無復之惟就死耳汝撰與偕歸館以別室需罔不給知其無子為納妾三年捷南宮入翰苑矣既而汝撰選詹事府主簿旋里不預外事一日傳新任巡撫求謁則所館蜀士俞思洵也執弟子禮再拜稽首人服其高義且有知人之鑑府志義行

朱啟元字沃臣廣孫萬歷庚子武舉承蔭中書擢工部郎左遷

九江通判陞南京刑部主事轉郎中出守貴州銅仁府時流寇蔓延慨然有澄清志多畜力士勵以大義崇禎癸未晉太僕卿召赴京會黔苗猝發啓元雖去任不肯作趨避計率家丁追捕之苗焰方熾退保村堡相距匝月啓元竟以身殉側室陳投江死其尸逆流至銅境居民異之備棺厝祀廟後與啓元同歸葬於越府志祀鄉賢據府志祠祀卷補府志忠節

劉宗周字起東父坡母章氏姙五月坡亡既生宗周育之外家萬歷辛丑成進士丁母憂時許孚遠學宗紫陽往叩爲學之要告以存天理遏人欲即謹識不忘服闋選行人請養大父母遭喪居七年始赴補時有崑黨宣黨與東林爲難宗周上言畧謂諸臣摘流品可也爭意見不可攻東林可也黨崑宣不可黨人大讎又言顧憲成之學歸於自反請各思自反何如時論韙之

宗周請告歸天啟元年起儀制主事疏劾魏進忠進忠大怒停宗周俸半年尋以國法未申請戮崔文昇盧受楊鎬高出等以正其罪急起李三才錄用丁元薦等以作其氣帝切責之累遷光祿丞尚寶太僕少卿移疾歸四年起右通政固辭進忠時更名忠賢責以矯情厭世削籍崇禎元年召爲順天府尹辭不許明年九月入都疏言陛下求治太急不免見小利而速近功何以致唐虞之治帝已爲迂濶然嘆其忠未幾都城被兵傳旨辦布囊八百中官競獻馬騾宗周曰是必有以遷幸動上者詣午門叩頭諫曰乞陛下出御皇極門延見百僚明言宗廟山陵在此固守外無他計俯伏待報自晨迄暮中官傳旨乃退米價騰躍請罷九門稅修賈區以處貧民爲粥以養老疾嚴行保甲之法人心稍安時樞輔諸臣多下獄者宗周言國事至此諸臣負

任使無所逃罪陛下亦宜分任咎禹湯罪已興也勃焉又劾馬世龍張鳳翼吳阿衡等罪忤帝意三年以疾在告進祈天永命之說請除詔獄除新餉輔臣毋驅除異己毋寵利居成功周延儒溫體仁不懌以時方禱雨而宗周稱疾指爲偃蹇激帝怒擬旨詰之且令陳足兵足餉之策宗周條畫以對延儒體仁不能難爲京尹政令一新挫豪家尤力居一載謝病歸都人爲罷市八年內閣缺人詔所司敦趣宗周固辭不許明年正月入朝帝問人才兵食及流寇猖獗狀宗周言陛下求治太急用法太嚴布令太煩進退天下士太輕諸臣畏罪飾非不肯盡職業故有人而無人之用有餉而無餉之用有將不能治兵有兵不能殺賊流寇本朝廷赤子撫之有道則還爲民今急宜收拾人心並言禦外以治內爲本對畢趨出帝顧體仁迂其言授工部左侍

郎踰月上疏憤時艱疏言陛下銳意求治而二帝三王治天下之道未暇講求施爲次第猶多未得要領疏入帝怒甚諭閣臣擬嚴旨再四併擬上帝手其疏反覆閱意乃解降旨詰問且奬其清直時太僕缺馬價有詔願捐者聽又議罷明年朝覲宗周以輸貲免覲爲大辱國帝雖不悅心善其忠言欲大用體仁患之募山陰人許瑚疏論之謂宗周道學有餘才諝不足帝以瑚同邑知之宜真遂已不用其秋三疏請告去至天津聞都城被兵遂留上疏曰已巳之變小人競修門戶之怨異己者概坐以袁崇煥黨日造蜚語次第去之自此小人進而君子退中官用事而外廷浸疎文法日繁欺罔日甚朝政日隳邊防日壞今日之禍實已巳以來釀成之詞甚切直帝大怒體仁又上章力詆遂斥爲民十四年九月吏部缺左侍郎廷推不稱旨帝臨朝而

嘆謂宗周清正敢言可用也遂以命之再辭不得乃趨朝道中進三劄一曰明聖學以端治本二曰躬聖學以建治要三曰重聖學以需治化凡數千言帝優旨報之未至擢左都御史力辭有詔敦趣入見文華殿帝問都察院職掌安在對曰在正己以正百寮帝曰卿力行以副朕望乃列建道揆貞法守崇國體清伏奸懲官邪飭吏治六事以獻帝褒納焉俄劾御史喻上猷嚴雲京而薦袁愷成勇帝並從之十月京師被兵請旌盧象昇而追戮楊嗣昌逮左良玉防關以備反攻防潞以備透渡防通津臨德以備南下帝不能盡行閏月晦召見廷臣於中左門時姜埰熊開元以言事下詔獄宗周約九卿共救入朝聞密旨置二人死宗周愕然謂眾曰今日當空署爭必改發刑部始已及入對御史楊若橋薦西洋人湯若望善火器請召試宗周曰國家

大計以法紀爲主大帥跋扈援師逗遛柰何反姑息爲此紛紛無益之舉耶因議省撫去留則請先去督師范志完且言陛下開誠布公公天下爲好惡合國人爲用舍進賢才開言路次第與天下更始范志完操守不謹大將偏裨無不由賄進所以三軍解體帝曰朕已知之赦宗周起於是宗周出奏曰陛下方下詔求賢姜埰熊開元二臣遽以言得罪國朝無言官下詔獄者今遽下詔獄終於國體有傷又謂錦衣聽寺人役使即陛下問貪贓壞法欺君罔上亦不可不付法司也帝大怒曰如此偏黨豈堪憲職開元此疏必有主使疑即宗周金光辰爭之帝叱光辰幷命議處宗周革職斥爲民歸二年而京師陷宗周徒步荷戈詣杭州責巡撫黃鳴俊發喪討賊鳴俊唯唯明日復趣之鳴俊曰必待哀詔宗周曰嘻此何時也安所得哀詔哉鳴俊乃發

丧問師期則日甲仗未具宗周嘆曰噫乎是烏足與有爲哉乃與侍郎朱大典故給事中章正宸熊汝霖召募義旅將發而福王監國於南京起宗周故官宗周以大仇未報不敢受職自稱草莽孤臣疏陳時政言今日大計舍討賊復仇無以表陛下渡江之心非毅然決策親征無以作天下忠義之氣據形勝以規進取重藩屏以資彈壓愼爵賞以肅軍情核舊官以立臣紀且謂今日問罪當自中外諸臣不職者始詔納其言宣付史館中外悚動而馬士英高傑劉澤清恨甚欲殺宗周宗周抗疏劾士英王優詔答之而促其速入士英即日具疏辭位且揚言於朝曰劉公自稱草莽孤臣不書新命明示不臣也其私人朱統鑽遂劾宗周欲以罪宗處皇上而與史可法擁立潞王其兵已伏丹陽當急備澤清疏劾宗周陰撓恢復欲誅臣等激變士心劉

艮佐亦具疏言宗周圖晁錯之自爲居守司馬懿之閉城拒君疏未下澤清復草一疏署傑艮佐及黄得功名上之言宗周勸上親征謀危君父與姜曰廣吴甡合謀臣等卽渡江赴闕面訐諸奸正春秋討賊之義疏入舉朝大駭傳諭和衷集事宗周不得已以七月十八日入朝初澤清疏出遣人録示傑傑曰我輩武人乃預朝事耶得功疏辨臣不與聞可法不平遣使遍問諸鎭咸曰不知遂據以入告澤清輩由是氣沮士英旣嫉宗周益欲去之而薦阮大鋮知兵宗周曰大鋮進退係江左興亡老臣不敢不一爭之不聽則亦將歸耳疏入不聽宗周遂告歸詔許乘傳將行疏陳五事一曰修聖政無以近娛忽遠猷一曰振王綱無以主恩傷臣紀一曰明國是無以邪鋒危正氣一曰端治術無以刑名先教化一曰固邦本無以外釁釀內憂優詔報聞

明年五月南都亡六月潞王降杭州亦失守宗周方食推案慟哭自是遂不食移居郭外有勸以文謝故事者曰北都之變可身在田里尚有望於中興也南都之變主上自棄其社稷尚以繼起有人也今吾越又降矣老臣不死尚何待乎出辭祖墓舟過西洋港躍入水中水淺不得死舟人扶出之絕食二十三日始猶進茗飲後勺水不下者十三日與門人問答如平時乙酉閏六月八日卒年六十有八其門人殉義者有祝淵王毓蓍宗周嘗築蕺山證人書院延人講以授學者其學以主敬慎獨爲主嘗與高忠憲攀龍講論以半日靜坐半日讀書奉爲準的又有朱子致知陽明致知之辨其事君不以面從爲敬凡訊大獄會大議斷明旨必却坐拱立移時或謝病徒步家居布袍粗飯聞召就道嘗不能具冠裳學者稱念臺先生祀鄉賢

國朝乾隆四十一年

賜專謚忠介入祀忠義祠明史並府志兼采文集子汋字伯繩少通舉子業宗周不令赴試己巳宗周官京兆遇册立東宮恩補官生曰潛心於經史凡名臣言行聖學宗傳習讀而身體之無餘力自宗周殉節後恪守遺訓布衣蔬食終其身坐卧小樓二十年哀毁成疾卒手輯蕺山遺書數百卷年譜二卷輯儀禮經傳殘次五十三卷春秋集傳十二卷史漢合鈔十二卷歷代文選十四卷文集二卷府祀鄉賢據府志祠祀卷補　宗周舊志府志均志祀鄉賢入理學汋府志儒林　宗周母章氏汋子茂林自有傳

錢象坤字宏載萬歷辛丑進士改庶吉士授檢討進諭德轉庶子泰昌改元官少詹事直講筵講畢見中官王安與執政議事即避出安使人延之不入天啟中給事中論織造語侵中貴詔

予杖閣臣救不得象坤語葉向高講筵面奏之乃免時行立枷法慘甚象坤白之帝多所寬釋再遷禮部右侍郎兼太子賓客四年向高辭位御史黃公輔盧象坤柄政請留向高詆象坤甚力象坤遂辭去六年廷推南京禮部尚書魏忠賢私人指爲繆昌期黨落職閑住崇禎元年召拜禮部尚書協理詹事府明年冬都城被兵條禦敵三策奉命登陴分守祁寒不懈帝覘知遂與何如寵並相明年温體仁入象坤其門生讓而居其下累加少保進武英殿象坤夙負物望及體仁相無附和跡四年御史水佳允遵劾兵部尚書梁廷棟廷棟不待旨即奏辨廷棟故出象坤門佳允疑象坤洩之語侵象坤周延儒以廷棟嘗發其私人臟罪惡之并惡象坤象坤遂五疏引疾去廷棟落職給事中吳執御傅朝祐稱象坤難進易退不當以門生累不聽家居十

案姜鏡餘姚人官禮部郎中廣陵倅蓋揚州通判也此非志體蓋沿其家傳之文不知改正耳此志往往多有不能徧舉

年無病而卒贈太保謚文貞蔭一子中書舍人明史　案明史象坤會稽人今據選舉卷　象坤孫鳳覽字子瑞崇禎末以官生入仕至刑部主事鼎革後讞崇禎太子獄獨上疏證其非僞與故明晉王及大學士謝陞爭甚力下獄被誅南都聞詔贈太僕寺卿謚忠毅明季南略

朱觀字賓國由歲貢任廣東化州同知居官耿介多惠政遷淮府審理正致仕與伯兄乾仲兄坤並以易經名世舊志儒林

劉穀字汝成歲貢萬歷丙午授無爲州同以江防親督練兵擒渠寇周飛雄於揚子江洊值荒旱捐俸頒示斗米官給五錢積者盡出販者遠至米價遂平飢民得活士人勒石記之乙卯以疾歸著有古文斷萃五經覽要綱鑑會編諸書舊志義行府志儒林

姜效乾字玉洲鏡長子與弟逢元齊名效乾萬歷己酉中順天副榜授廣陵倅有治劇才性剛直不阿權要會運使汪某以忤魏璫遭羅織擬贓累數萬嫁禍效乾屬其承追汪貧甚繫獄數載效乾代完八千金莫得少免太監劉某督追汪贓詬詈不堪

蓋即王府長史也不得云相此尤不通

案壬戌在明爲天啟二年在國朝爲康熙二十一年選舉表俱無之琦名攷前明進士碑録姜鏡爲萬歷十一年癸未進士之琦爲鏡曾孫不得于天啟壬戌即能登第志乘之不足信大抵如是

且微示以媚璫效乾正詞拒之劉恚甚飛語密聞中以危法旦晚緹騎至效乾聞之怡然曰與其媚璫生不若忤璫死適崇禎改元璫敗事雪遷某藩相效乾曰得全歸足矣尚何望哉歸與徐如翰余煌輩創舉蓬萊會臨殁誡子孫曰弗以進取爲急惟讀書明道以待時而已子天棟習承父志尤肆力於古文辭性純孝當父病背勢危口吮其瘡夜焚香禱天願代夢神語以參朮糝之遂瘳孫之琦壬戌進士府志舊志府志均入儒林

王揚德字心抑萬歷庚戌武進士歷任廣東總鎮坐營都司瓊崖黎岐叛揚德用間出奇直抵五指山下黎懼乞降陞狼山副總兵築范公隄以防海潮及鎮守廣西以軍功擢南京後軍都督府僉書流寇窺犯江浦晝夜嚴防賊遠遁加署都督同知崇禎辛巳歸卒年八十四舊志義行

陸夢龍字君啓萬歷庚戌進士授刑部主事進員外郎張差獄起時夢龍以典試廣東杜門主事傅梅過之曰人情庇奸而甘心儲皇當上疏極論君能共事乎夢龍曰當力爭之耳乃偕見侍郎張問達時郎中胡士相等不欲再鞫邀問達具疏請旨以疏入必留中事可遂寢夢龍得其情止勿復請衆曰提馬三爺李外父非得旨不可夢龍曰堂堂法司不能捕一編氓須天子詔耶差所供必當訊實問達以爲然明日會訊夢龍呼刑具三無應者擊案大呼始具差長身駢脅睨視傲語無風癲狀夢龍呼紙筆命畫所從入之路必欲得內豎名越數日問達再令十三司會審差供逆謀鄭貴妃宮監龐保劉成名一無所隱士相主筆躊躇不敢下郎中馬德灃趣之永嘉復以爲難夢龍咈然曰陸員外不肯匿誰敢匿獄乃具當是時夢龍與主事王之寀

傳梅馬德澧外無不爲鄭氏地者已而之宋德澧悉被罪梅以京察罷官夢龍賴問達力獲免由郎中歷副使天啟四年貴州賊未靖總督蔡復一薦夢龍知兵改右參政監軍討賊安邦彥犯普定夢龍偕總兵黃鉞以三千人禦之曉行大霧中直前薄賊賊大敗三山苗叛思州告急夢龍夜遣中軍吳家相進擣賊巢擂苗鼓聲振山谷苗大奔潰焚其巢而還尋改湖廣監軍還廣東按察使上官建忠賢祠列夢龍名亟遣使剷去之崇禎元年大計忠賢黨猶用事鐫二級調任三年起副使以故官分巡兗東道盜起曹濮間討斬其魁餘衆悉降遷右參政守固原夢龍慷慨好談兵以廓清羣盜自負七年夏賊來犯擊却之閏八月賊陷隆德遂圍靜海州夢龍率游擊賀奇勳都司石崇德禦之抵老虎溝賊初不滿千已而大至夢龍所將止三百餘人被

圍數重賊矢石如雨突圍不得出二將抱夢龍泣夢龍揮之曰何作此婦孺態大呼奮擊手馘數人與二將俱戰死事聞贈太僕卿明史夢龍官刑部時淮撫李三才之僕盜皇木部罪七商夢龍力爭於朝竟戍三才僕且特疏以折其徇庇爲監軍時黔兵多虛籍點覈聞卽斬弁高拱北衆軍肅然及調固原賊來犯擊之去又犯秦州馳救之秋入靜寧州以兵堵勦隆德本非所轄偵者誤傳賊不滿千戰死踰三日覓得其屍顏色如生給祭葬詔贈太僕寺卿謚忠烈子廕士入立祠祀之著有易畧四書解熬生集黔行錄府志祀鄉賢據府志祠祀冊補

國朝乾隆四十一年

賜謚忠烈入祀忠義祠府志　舊志府志均入忠節　案越殉義傳云陸忠烈年譜死事在崇禎甲戌而成仁錄紀事本末嘉禾徵獻錄皆作崇禎癸酉八月大夢龍以東兗道調任固原在崇禎癸酉八月九月初三日發壽張十

案夢龍戰歿事聞莊烈帝詔贈太僕寺卿謚忠烈見徐東義忠烈紀實及越殉義傳今明史但云贈太僕寺卿

一月抓任則各家紀載之訛不辨可知又夢龍子惠迪記崇禎甲戌閏八月朔日五鼓去隆德三十里日老虎溝前驅海喬斬賊級報功言賊可殺狀公傳令據險爲營分前後爲兩翼未定賊伏突起云云而山西河北諸賊渡河記載他賊以閏八月二十三日圍靜寧州二十九日破隆德縣圍原道陸夢龍來援兵敗死之日復不同歷攷傳記當以崇禎甲戌閏八月朔日遇害爲得其實又明史作會稽人今據家乘並浙江采書目

孫如洵字木山萬歷癸丑進士授刑部主事出守池州土賊盛長等千餘人沿江肆掠如洵令鄉民屯聚守隘親率壯士夾擊一鼓而殲其魁遷山東副使擢濟寧參政賑饑荒以杜盜源境內以安後致仕歸浙江通志　案如洵餘姚人今據舊志選舉卷

王業浩字士完尚書華之裔萬歷癸丑進士知襄陽縣陞御史疏劾魏忠賢擬杖會乾清宮震乃止崔呈秀登台鉉議者僉同獨以爲不可閹黨指爲門戶削奪歸崇禎改元擢右通政時粵寇陳萬鍾靈秀等擁衆肆掠業浩以右都御史總督兩廣集兵擊之梟魁授

案此兩事皆不可信業浩素與東林左當魏閹時雖不與孩兒義孫之列而袖以調停移宮一疏與賈繼春

同落職至天啓四年十二月以御史陳熙昌薦與許宏綱唐世濟等十二人俱准次第推用五年四月以御史蘇兆先薦准復原官六年二月擢掌河南道御史時原擬王志一爲正竟用業浩以其參曹于汴易應昌也崇禎元年正月逆黨御史楊維垣上疏力詆鄒黨翻黨孫黨熊黨而以徐大化王業浩魏應嘉爲正人以上皆見李清三垣筆記吳應箕兩朝剝復錄文秉烈皇小識及明史等書則業浩之爲人可知矣其名雖不入逆案而文秉先撥志始列之逆案漏網中謂其同劉徽春鯨朋謀推轂

首餘寇悉平加兵部侍郎世襲錦衣再晉尚書卒賜祭葬贈太子太保廕一子舊志參祀鄉賢據府志祠祀卷補案按府志本傳業浩餘姚人

吳用宜字南涯萬曆武舉推把總隸總兵劉良佐麾下崇禎十四年六月流賊革裏眼佐金王陷宿松英山二城良佐赴援用宜戰殁贈都指揮僉事廕子百戶據家傳府志府志忠節

薛應聘字宗如萬曆乙卯舉人授長汀知縣歷任東昌兗州郡丞清白自矢多惠政子國福諸生好周卹親黨力行善事孫會龍咸能世其德云舊志孝友參府志選舉卷應聘會稽人

周洪謨字宗稷萬曆進士授延平推官與福州推官周順昌俱負清名時稱二周擢戶科給事中疏劾魏忠賢王體乾等不報璫意欲重困浙東人曰越猶吳也應稅畝衆如蘇松例主漕者已行單徵發矣洪謨曰浙撫疏來吾當死生爭之疏至洪謨駁

崔呈秀之杖下又參馬孟禎韓萬象方有度以致皆被削奪則此志所云者妄也至其削籍之故則先撥志始言之甚詳謂業浩與孫杰吳淳夫霍維華盧承欽等合謀推崔呈秀入相欲攻吏部尚書王紹徽于是袁鯨劉徽各疏劾紹徽紹徽廉知其狀遂於辨疏中發鯨等陰謀恐攤忠賢知之寢其事業浩閉門不出呈秀疑其翻局以它事斥逐為民刻復錄中亦載業浩等合謀事

曰越東北環海又有三江之險義雖嘗輸安所得粟且艤舟踰險越涉風濤種種不便時印在掌科即用白紙抄參上八皆爲之危顧其詞直議遂止明年順昌被逮洪讀嘆曰二周不獨全矣自劾去崇禎初起吏科給事中疏薦劉宗周劾王永光改亂銓法尋以病歸家傳引越州先賢傳並采毛西河集

劉永基字止菴少時見王文成語錄曰久深思又得他氏詮解誦有所悟登萬歷丙辰進士任宜興知縣聲望甚著境内患蝗設法捕之母王淑人哀民疾苦吞蝗入腹病卒於署永基丁艱去士民感泣爲築塋冢臺又建吞蝗娘娘廟以誌母德後補贛縣營兵以缺餉譁逐其主將擁衆刦府獄永基挺身出暫弭其變且私計曰非用倡亂八以定亂不可乃勸一隊長反罪爲功遂率衆入謝督撫縛其首事者七人置之法及邑大饑設六廠

案此謚忠毅三字疑誤永基以監司卒官安得有謚

陰縣志 卷一四 三三

貯賑饑民得甦累陞山西僉事旋削籍後起爲陝西副使卒贈太僕謚忠毅子祭葬廕一子入監祀鄉賢府志

吳從曾字金堂隨父希賢任山東兗州府照磨因寄籍滋陽萬曆丙辰進士由南陽縣知縣歷任川南道癸未移疾歸乙酉江東起義捐軀首事輒被抑丙戌二月用侍郎王思任請補通政司左參議六月朔浙東不守乃野服避居故里而設棺於庭曰有蹤跡我者即蓋棺辛卯年已八十餘

大兵下府山從曾櫛沐衣冠臥棺內命家人蓋之謚襄敏家傳並越殉義傳府志忠節

吳大斌字叔和少孤天資高邁肆力於經史及兵法律例諸書悉窮其奧事母至孝家貧薄游遼左遂寓居焉萬曆丙辰遼左失守大斌浮海至登州孔白（有德）陷登州欲刼大斌以去大斌曰吾

案施鳳來閹黨之宰相也此何足述

案此四字可疑李鐸紹興府志僅言其卒於京邸即必當六左刑拷云云非殉節者

家世清白豈可就辱因集其子姪告之曰今日之事義惟有死而已汝等盍各爲計遂絕食十一日死據家傳府志府志忠節

劉競中字子庸少謂從兄宗周曰吾兩人當各立一幟耳往金陵與周汝登許孚遠講學戊午同成施鳳來試南雍首拔競中許爲天下士有心學旨歸性理析疑蕺山證道諸集子明孝崇禎庚辰進士授浦城知縣府志祀鄉賢據府志祠祀卷補舊志理學府志儒林

王應遴字雲來萬歷戊午以副榜貢閣臣葉向高薦授中書同修玉牒并兩朝實錄晉大理寺評事熹宗朝魏璫亂政應遴輯眞西山大學衍義首列祖宗防近習一款以獻觸璫怒廷杖一百葉向高韓爌力救之免死歸崇禎初閣臣徐光啟薦起原職同修會典諸書遷禮部員外郎甲申殉節子觀昉字子初爲錦衣鎮撫覓父遇賊遭酷刑雙足俱潰匍匐負父屍以歸越殉義傳應

遴府志忠節觀昉舊志府志均入孝行　府志案李志列應遴儒林止稱卒於京邸列觀昉孝行又載父應遴殉節而不言何以死今從殉義傳　案王觀明亦應遴子與張焜芳同時死節見焜芳傳

馬維陛字芝嶠萬曆己未進士授東莞知縣邑濱海多盜賊維陛清保伍嚴斥堠有發立捕民賴以安又屢察寃獄遠近頌神明擢工部主事歷陞郎中以勤慎襄事出守瑞州府郡多逋賦維陛不忍以催科困民身膺參罰鐫級至十餘素羸多疾又以親老乞養巡撫解學龍惜其賢不聽去民懽呼昇還不得已復視事東望泣然曰吾死是官矣父卒趨歸痛弗及含殮哀毀過甚歲餘竟不起舊志　案府志選舉卷維陛會稽人

丁乾學字天行萬曆己未進士以檢討充經筵講官時魏忠賢竊柄乾學抗疏糾參罹禍閣臣疏救降級調外用賢恨其試策訕時政復矯稱偽帖差緹騎逮訊乾學著論侃侃被拷掠尋卒

案乾學未聞有上疏事蓋即由試策事附會之今據明史及紀事本末諸書改

以天啓四年由江西試錄策引汪直劉瑾諷刺逆璫忠賢大怒矯旨降三級旋削籍

指揮僉事高守謙等聚毆之乾學創甚遂卒

案乾學被緹騎捽入其家亂毆致死未嘗逮訊亦未嘗贈謚且其官止檢討安得贈禮部尚書此皆妄造不足信

崇禎初贈禮部尚書案明史贈侍讀學士謚文忠廕一子著有擁膝齋文集舊浙江通志 舊志府志均入忠節 餘見明史 案乾學宏光時贈侍讀學士明史及諸野史皆同惟李清南渡錄云甲申十二月丙子再贈侍讀學士下乾學禮部右侍郎仍命與謚檢子狀謚竟寢據此則當時未有謚也文忠之謚明世亦不輕授

吳泰徵字與交萬曆已未武進士授錦衣衛扇手司鎮撫歷陞河南開封府參將崇禎壬午九月李自成決河灌城泰徵陣亡闔門死在籍妾臧氏守節據家傳府志 府志忠節

馬文賢字仲儒父早亡母六旬病劇禱於神不應割股創甚而沒母愈妻金氏守節終身舊志孝行 舊志府志均入 妻金氏自有傳

鄒士渭家甚貧父死異鄉乃托鉢遠行負父骸骨歸又割股救母奉旨旌表浙江通志府志均入孝行 舊志

張維明貢生例晉太學乃棄科舉一意孝養父母沒皆廬墓三年有白兔來馴之瑞巡撫疏請建坊旌之浙江通志府志均入孝行 舊志

周宥字在三邑庠生嘗館於儀真倪少卿家數年少卿逝其子

被誣殺人將置辟有以計出之子思觀字賓廷有嬰末疾時年七十二醫告脈絕思觀刲股進無起色夜命婦稽率子女侍疾已乃灑掃具香案向天拜祝引刀刺肋下出肝如指許和藥進之病漸平思觀子鳳翙舊志參攷通志　舊志孝友　鳳翙自有傳

姜應奎字星聚事父母孝養備至尋紹台道衛公甲詳三院表其廬舊志孝友

吳文龍字世霖萬曆間知縣楊楷詳旌篤孝府志孝行

余致研字騰雲親沒建一樓以望墓因朔望登之觸有詩曰兒欲養兮風木悲嗟嗟生兒亦何爲又曰不如早死向黃泉孤兒猶得耶孃憐病劇彌留時瞪目視屋梁呼父母一聲合淚而絕里人目爲思親樓樓在浦陽馬院橋或曰在槐園全步瀛思親樓序　府志孝行

唐欽字實菴再中副車教人多所啟迪太史汪淸獻僉事沈伯元俱出其門著有游燕草洛僑吟二集（舊志儒林）

章大吉字惠伯以貢任興化府通判有秦漢文解又以左氏文就史記體名曰左記（舊志儒林）

曾益字謙受多著述有昌谷詩注王思任序之工畫秃筆迅掃太宰寫其胸臆有時細密謹嚴如出二手又有溫岐八叉集注吳郡顧氏爲刻之（府志文苑）

蔣宏濟倜儻任俠有友陳某以過誤罹重罪宏濟破產出之知縣徐貞明知其賢疏言宏濟才堪董涿鹿水田上可之宏濟募農民籍名授田俾種穫三年後輸賦佃人雲集田功告成萬曆間孫鑛薦從戚繼光征倭酋關白抵高麗日巳暮土官受迎宏濟白繼光以我兵方到可出不意襲之即銜枚疾馳自城下囊

此可刪

此上當附其父洪謨傳

士以上賊人駭奔潰軍中酒筵尚未撤捷聞賞賚有差受命撫邊邊人呼爲蔣父後罷歸行李蕭然避雪止路舍聞與甚哀乃逋債而鬻妻者宏濟以裘馬代償之卒之日子弍券髹壁立長學醫亦好施予云府志 舊志府志均入義行 案府志宏濟自諸暨移居會稽今從舊志

施守業字左喬祇行仁厚治家有法禮部尚書姜逢元表稱給事中周洪謨謂有兩漢人遺風萬歷二十八年郡大饑守業捐粟三百餘斛助賑後四年復以粟二百斛捐價平糶[illegible]五府志 府志據墓志 府志義行

包梗泰昌元年恩貢時恩賜正七品服臨江府經歷文行素優服官廉謹有聲舊志

周懋穀字敬伯天啓辛酉舉人嘗集越中名士爲舊雨堂文會松陵創復社推懋穀爲越士冠每綜輯政典邊徼機宜討論切

中時獘値國變遁跡田間當道或造其廬莫能得其蹤跡友愛二弟遇貧交請周恤者輒倒篋爲贈卒年八十八據家傳府志府志文苑

鮑經濟字濟之天啟辛酉舉人任奉化教諭擢海門知縣有惠政丁内艱歸絶意仕進年八十卒舊志孝友案府志選舉卷經濟會稽人

何騰蛟字雲從本山陰人以戍籍貴州黎平衛據府志天啟元年舉人崇禎中知南陽縣破賊安皐山又討平土寇遷武庫主事歷懷來口北道才諝精敏所在見稱母憂服除起淮徐兵備平土寇部内晏然十六年冬巡撫湖廣時湖北地盡失止存武昌屯左良玉軍橫甚騰蛟與良玉交驩得相安明年遣將復德安隨州五月福王立詔至良玉不欲開讀騰蛟曰社稷安危繫此一舉倘不奉詔吾以死殉之卒開讀如禮八月兼撫湖南尋總督川湖雲貴廣西軍務明年良玉反邀騰蛟偕行不可則盡殺

城中人以劫之士民爭匿其署中騰蛟坐大門縱之入艮玉破垣舉火避難者悉焚死騰蛟解印付家人令速走將自剄爲艮玉部將擁去置之別舟以副將四人守之次漢陽門乘間躍入江漂十餘里漁舟救之起則關忠武廟前也家人懷印者亦至相視大驚覓漁舟忽不見遠近謂騰蛟忠誠得佑益歸心焉騰蛟乃從寧州轉抵長沙集諸屬吏痛哭盟誓分士馬舟糧各任其一調黄朝宣張先璧等軍勢稍振而是時艮玉已死

國朝順治二年五月

大兵下南都唐王自立於福州委任騰蛟益至李自成斃於九宮山其將劉體仁郝搖旂等四五萬人入湘陰騰蛟手書招至長沙開誠撫慰搖旂等大悅招其黨袁宗第等皆來歸又撫降李錦高必正等自成亂天下二十年其衆數十萬悉歸騰蛟騰

蛟上疏但言元兇已除稍洩神人憤不言已功唐王大喜拜東閣大學士兼兵部尚書封定興伯令規取江西及南都乃參用舊軍降卒立十三鎮銳意東下拜表出師期大會岳州諸將惟李赤心自湖北至爲
大兵所敗而還諸鎮兵遂罷王數議出關爲鄭氏所阻騰蛟屢請幸贛協力取江西
大兵下汀州唐王死贛亦失騰蛟聞大慟厲兵保境如平時永明王立以騰蛟爲武英殿大學士
大兵至長沙騰蛟走衡州又歷辰永至白牙市
大兵遂下衡永騰蛟走謁王王以雲南援將趙印選胡一青兵隸之八月
大兵下武岡王走靖州尋返桂林騰蛟調劑諸將分扼諸州縣

十一月

大兵逼全州騰蛟督五將合禦五年正月加騰蛟太師進侯

大兵下全州直抵桂林北門騰蛟督兵拒守

大兵乃還會金聲桓李成棟叛

大清以兵附

大兵在湖南者姑退騰蛟遂取全州復攻永州圍城三月大小三十六戰克之又取寶慶衡州常德所失地多復之進兵長沙會馬進忠等內訌騰蛟入居湘潭潭空城也

大兵知之遣騰蛟舊部將徐勇勸降騰蛟入其營勇遂擁之去絕食七日乃殺之永明王聞之賜祭者九贈中湘王諡文烈官其子文瑞僉都御史領父兵擢兵部侍郎大兵克桂林與瞿式耜等同死乾隆四十一年賜騰蛟諡忠誠祀忠義祠明史及勝朝殉節諸臣錄越殉義傳府志忠節

案文烈明史及諸野史多作忠烈惟永林實錄作文忠瞿忠宣集作文節

案領父兵云云據王夫之永林實錄增

吳崇文字允敬天啟初授雲南領兵千總壬戌二月隨征安邦彥陣亡據家傳府志

吳琦以武科授兗西道守備天啟壬戌援勦景州妖賊于宏志戰死越殉義傳府志忠節府志案州山吳氏族譜稱琦於崇禎巳巳以京營都司援遵化力戰死陳伯山作四節傳據之與此異

邢大忠字仲安天啟壬戌進士初授行人行取吏部主事疏劾魏黨崔呈秀母死視事崇禎初丁艱歸與劉宗周陶望齡講證人學又與余煌修三江閘起江西南瑞道武寧奉新之界山寇李癡子聚黨萬計大忠躬冒矢石巨寇就擒去之日士民立祠祀之改四川兵備道相度形勢築堡四十餘與蜀寇張獻忠戰擒爬山虎一翅飛等賊陞廣東按察使寃滯一清會總師宋紀合勦芝麻鮎槎黎諸盜陞本省布政使擢戶部侍郎以老固辭

著有讖人錄諸書舊志

祁彪佳字宏吉天啟二年進士授興化府推官始至吏民易其年少及剖決精明皆大畏服薦司餉稍稽士卒大譁彪佳出諭之期餉以五日給隨計縛數人置諸法外艱歸崇禎四年起御史疏陳賞罰之要帝即命議行又言九列之長詰責時聞四朝遺老或蒙重譴諸臣怵嚴威競迎合以保名位臣所慮於大臣者此也方伯或一二歲臺員或十餘載竟不得遷除監司守令多貶秩停俸臣子精神才具無餘地展布曷有急功赴名之心不勝其掩罪匿瑕臣所慮於小臣者此也國家閑警鼓思將帥苟得其人推轂築壇禮亦宜之若必依序循資胥濫之賞雖可清獎拔之術或未盡臣所慮於武臣者此也撫按則使中官監視會同隙閑水火其患顯潛通交結其患深臣所慮於內臣者

此也忤旨譙責又上籌天下全局疏以策闖寧制登海爲二大要分析中州秦晉之流賊江右楚粵之山賊浙閩東粵之海賊滇黔楚蜀之土賊爲四大勢極控制駕馭之宜而歸其要於戢行伍以節餉實衛所以銷兵復陳民間十四大苦曰里甲曰虛糧曰行戶曰搜贓曰欽提曰隔提曰訐訟曰窩訪曰私稅曰私鑄曰解運曰馬戶曰鹽丁曰難民帝善其言下之所司出按蘇松諸府廉積猾四人杖殺之宜興民發首輔周延儒祖墓又焚翰林陳于鼎于泰廬亦發其祖墓皆捕治如法而於延儒無所徇延儒憾之回道㩁覈降俸尋以侍養歸家居九年母服終召掌河南道事十六年佐大計關遺莫敢及門刷卷南畿乞休不允便道還家北都變聞謁福王於南京王監國或請登極彪佳請發喪服滿議其儀從之高傑兵擾揚州民奔避江南奸民乘

機剽致命彪佳往宣諭斬倡亂者數人一方遂安遷大理丞擢右僉都御史巡撫江南蘇州諸生檄討其鄉官從賊者奸民和之家皆被焚刼常熟又焚給事中時敏家燬其三代四棺彪佳請議從賊諸臣罪而治焚掠之徒以加等從之命設廠衛緝事官彪佳上言歷陳詔獄緝事廷杖之弊乃命五城御史體訪而罷緝事官高傑駐瓜州跋扈甚彪佳宛期往會至期風大作傑意彪佳必不來彪佳攜數卒衝風渡傑大駭盡撤兵衛會於大觀樓彪佳披肝膈勉以忠義共獎王室傑感嘆曰傑閱人多矣如公傑甘爲死公一日在則傑一日遵公約矣共飯而別羣小疾彪佳競詆誣以沮登極立潞王爲言彪佳移疾去明年五月南都失守六月杭州繼失彪佳即絕粒至閏月四日紿家人先寢夜半出赴水子理孫[illegible]夢中似聞闢戶聲

驚起見案上別廟文併絕命詞急向水際求之杳無跡頃之東方漸明柳陌淺水中露角巾寸許端坐卒矣猶怡然有笑容年四十有四唐王贈少保兵部尚書謚忠敏祀鄉賢據府志祠祀卷補

國朝乾隆四十一年

賜專謚忠惠入祀忠義祠明史並府志兼采毛西河集　子班孫字奕喜與同邑朱士稚慈谿魏耕歸安錢纘曾俱以詩名忠惠死節後祁氏羣從之長曰鴻孫者將兵江上思以申忠惠之志魏耕善談兵公子兄弟輒奉之已而

大兵捕得耕並縛公子兄弟去及讞兄弟爭承祁氏之客謀賄釋其兄而戍班孫遼左從兄理孫字奕慶以才藻自豪竟以痛弟鬱鬱死班孫後脫歸祝髮吳之堯峰尋主毘陵馬鞍山寺所稱呪林明大師者也初忠惠夫人商氏夢老衲入室生班孫厥

後癸丑十月某日果沐浴跏趺卒著有東行風俗記紫芝軒集有遺教欲歸祔乃始知爲山陰祁公子於是得歸葬全祖望祁公子墓碣畧　彪佳府志忠節班孫府志文苑　班孫妻朱氏自有傳

童朝儀字令侯天啟壬戌武進士任楚關陞大同副總兵勵精邊務總制楊嗣昌出控三邊有言朝儀擅大將軍權者嗣昌入境首集文武詢邊事莫敢發朝儀乃從容爲言形勢機宜歷歷如指掌嗣昌瞠目曰古名將才人言不足信也屢奏勳與功調征河南流寇獲首捷賜蟒玉擢陞後軍都督府進榮祿大夫殺虎口方開馬市而難其人命朝儀往措置合宜無毫髮擾還京未幾以疾歸卒年四十七朝儀工書譜善詩詞一時推服著有海外湨言玉蟾餘來嘲等集舊志拔　舊志兼人方　子維超自有傳

張鐵字孔時父一坤任江西右藩嘗受業王文成鐵少授書師

啖以取富貴輒怫然曰將以求道耳再中副榜授晉國府長史王蕘乃歸時劉宗周陶奭齡講學陽明書院鐖與之左右劉忠介戢畏愛之著有就正編主山樓諸集舊志理學

朱應魁年十六父病危封股天啟三年知縣馬如蛟旌之府志孝行

朱霞字九光邑諸生父病夜起號泣籲天願以身代病遂瘳習導引術著有離垢集

陸百成字省我孝養維謹及析居惟取敝屋磽田自給悉以美田宅讓其弟好周恤貧乏嘗曰凡人有財當散無事蓄聚爲子孫驕奢淫佚資子舜臣字匪九以明經補溧陽學博歷任南海太平陽武知縣謫積逋均徭役所至輒問民疾苦及歸杜門著書有左傳合傳三十卷以上舊志孝友

朱兆柏字茂如天啟乙丑進士授翰林院檢討歷任詹事府少

詹事小心兢惕閣臣每有大事資參酌焉引疾歸舊志

金蘭字楚畹天啟乙丑進士授婺源知縣婺源故朱文公里居部議禁僞學毀書院以充餉蘭力護之得全陞御史流冠方熾上便宜四事巡按陝西巡鹽長蘆督學應天仲單寒絀請謁以府丞致仕卒府志長子樞字伯星越連歲祲樞傾資以賑全活甚衆仲子機字仲星諸生甫五歲母歿擗踊如成人機子烱諸生煜順治戊戌進士有文名除郯城知縣烜能文工詩賦卒年十七府志兼採舊志孝行烜舊志儒林　蘭府志文苑機舊志府志均入案府志選舉卷蘭會稽人

張明昌字二寢廩生授徒里中門下士多有先掇科第者明昌屢試不售至萬歷戊午舉於鄉年五十七天啟乙丑成進士授工部主事榷清江凋廉靜如布衣時歷陞江西建昌府知府愷悌子惠郡人戴之乞休歸卒舊志　案舊志明昌錢塘籍

吳友仕字西屏天啟丁卯順天武解元崇禎戊辰進士以都司守昌平州甲申三月流賊陷城陣亡據家傳府志府志忠節

壬寅天啟丁卯武舉以父大經征播功襲紹所千戶崇禎初選浙撫守備以軍伍多脆弱仿戚繼光法練之甫一年精悍比節制兵遷龍江都司未任調守泗州竣寢盜屯聚磨盤山麓寅自彼衆我寡當及其未集以擊乃擐甲疾趨盱眙殺賊先鋒七大王自午戰至申賊益集矢盡力竭衝陣死贈鎮國將軍賜祭蔭一子同死者盱眙知縣蔣佳徵主簿胡浦越殉義傳

國朝乾隆四十一年

賜謚烈愍祀忠義祠府志忠節　府志案勝朝殉節諸臣錄寅崇禎十年戰殁

胡煥猷監生天啟七年十月上疏糾黃立極施鳳來張瑞圖李國楷阿附魏璫固位取寵下獄後奉旨擢用辭不就府志義行

案此當在熊佳傳而附於彥佳

祁彥佳字止祥弟熊佳字文載彥佳天啟丁卯舉人以教諭遷吏部司務熊佳崇禎庚辰進士除南平知縣召爲兵科給事中明亡後當事幣聘皆却之性嗜禪日與老衲蒲團相對談世外煙霞間呼伶人奏絲竹親執管和之其軌轍大約相同而彥佳工書善畫往往呵凍流汗以應熊佳杜門枯坐而已當熊佳入垣値國事鼎沸馬士英以王之明詐冒太子欲付法司嚴鞫且因之傾黃道周姜曰廣等熊佳揚言於衆曰太子眞僞未可知若遽加箠掠何以服天下今老成凋落而羅織興大獄此何謂也士英乃止福王又欲選采女入後宮熊佳疏爭反覆千餘言左良玉稱兵犯闕以檄遺熊佳熊佳復書曰國賊馬士英神人共憤僕不難手刃之以謝天下但名義所關將軍悉兵東向恐無解於道路之口良玉不聽天下傳誦之想其風采家居數十

案此當附後余增遯傳

年與家佳俱以詩終府志文苑　案舊志有祁方佳天啟丁卯舉人善書畫檢選舉志並無其人疑即家佳之誤　府志案家佳第駿佳字季貂小楷絶倫然性頗好奇見靜志居詩話及案家佳與董瑒王雨謙陳洪綬趙甸王作霖曾集王亹羅坤張遯菴爲雲門十子

余增遯字清文天啟甲子舉人長兄煌投渡東橋下死次兄增遠遯跡東郭門外灌畦終身增遯入顯聖寺爲浮屠往來爐峰若耶之側毎天寒夜午霜雪凛冽誦佛號聲如鐘吼林木振響誦未終或繼以哭聞者驚愕及知爲增遯乃共憐之且勸毋夜行增遯曰吾今復何求所求速死耳後雨夜至望仙橋死於虎府志隱逸　案府志本傳增遯會稽人今據選舉卷

何國輔字紹寧舉天啟丁卯鄉試案選舉卷甲子武舉與劉蕺山主證人社性純孝居喪哀毀踰節公車入都給諫姜埰以劾權要下獄國輔委曲救護之府志祀鄉賢據府志祠祀卷補子天寵貢仁貢仁字宜

此亦附會或在受業之列耳

中敦孝悌重然諾排難解紛爲人推重舊志　國輔舊志義行　府志儒林　貢仁舊志孝友　天寵自有傳

胡員臣字翼明光祿卿文靜孫幼穎異九歲通五經中副榜從周汝登陶望齡講學游成均名譽彰著有四書詩經古義廣四十八孝諸書府志儒林　新撰宜自有傳　子懋

陳穀字五樹博學爲郡諸生幼孤事二兄如父弟穀有將略天啟間從巡撫朱燮元討奢崇明擒其子寅時留鎮成都卒於官穀聞悲痛不食者累日即從裴奔喪至成都扶櫬歸以其次子繼昌爲之嗣瞻穀婦王氏終身而成其節焉舊志祀鄉賢　據府志祠祀卷補　舊志孝友　子繼美自有傳

劉深字士宏父殁事繼母王甚謹力農自給年十八術鍾開窯積數歲成田五百餘畝家稍稍起會有構深者輒投牒訟不孝

此當刪　歷任鴻臚寺通政司何官耶　明制官王府長史者遷轉甚僻　離官惟教宗舉除命以興府長史世宗入去宗舉鄉從至大學士家明入京旅本以終大學士此乃無同者　是志所云由中官傳樹會而云俱有聲云不避權貴皆何所見耶

郡守樹深曰汝何言深曰深固有罪亦復何言守爲感動徐察其母子年齒相若知爲繼母泫然曰殆爲是矣深惟請罪不已轉詣王王亦默然乃各諭以孝義而遣之遂爲母子如初

包希聖字克繹天啟間以拔貢授藩府長史歷任鴻臚寺通政司俱有聲言事不避權貴晚年歸里搆梅花書屋以詩文自娛以上舊志孝友

吳孟明字文徵承廕爲錦衣衛千戶進鎮撫司理刑時魏忠賢盜國柄將殺異己者鎮撫司許顯純掌刑豢附忠賢會中書汪文言下獄忠賢欲假文言嫁興大案會訊時顯純刑掠文言十指盡拔其甲且曰高攀龍楊漣左光斗等必是汝黨時文言昏絕似有應聲顯純卽書高攀龍等四十餘人姓名將具獄孟明不勝憤呼文言曰汝昏絕矣何得隨口妄承文言甦而方甦

急索名單曰諸人實無交涉以手碎之孟明嘆曰殺人媚人吾不爲也故縈龍傳中謂賴吳錦衣力得免自是爲羣小所忌借他事逐之罷歸嘗乘小舟出游有僧邂逅來謁詢其故卒曰特遣伺察周汝登劉宗周輩耳孟明曰昔夏門亭長知憐李固長安石工猶賢司馬今爾曹寧獨無心耶卒唯唯而去崇禎初晉錦衣衞掌衞事先是文選郎李彬職方郎鄒毓祚繫獄數年彬病死承問時毓祚贓少上怒對曰鄒毓祚原參三款已承其二臣安敢法外苛求且臣果有骩徇何不坐贓於已死之李彬乃坐毓祚耶得報可掌篆不及二年卽解任進榮祿大夫卒年八十舊志子邦輔襲職亦理北司刑崇禎末給事中姜埰行人司副熊開元以言事同日繫詔獄帝欲置之死邦輔故緩其獄帝怒稍解令嚴訊主使者邦輔乃畧訊具獄上詔予杖百一八由是

此宜并于父道等同為一傳

獲兒明史

劉壎以父謙遠戍貴州甫新婚妻有娠卽垂泣曰父代祖戍吾不能代父戍乎若孕生子宜名鎬竟往不顧至黔屢遣歸輒慟哭會謙以運糧溺死壎弟圻字居賢痛父死戍求骸萬里之外數年未得朝夕慟哭行道爲之悲傷已而所司行原籍勾丁壎長子鐩謙之冢孫也當行圻子鑌挺身願往曰吾父求祖骸未得吾將徧求以成父志力辭鐩鐩不可曰吾得見祖若叔死戍遺跡足矣遂偕行所至哀思題詠舊志壎祀鄉賢據府志祠祀卷補府志孝友

案萬歷府志載謙弟謹攜其兒子壎以往而卒於途此云至黔則已至戍所矣謙溺死而不復及壎父似壎先父死者或壎歸而卒於途歟前後情事微有矛盾

周方蘇字君謨延澤孫性至孝偶因事外出聞父病作連晝夜疾馳時六月酷暑汗徹於頂及釋冠而髻脫代償兄弟逋負數

千金族姪誾洪謨以劾魏璫被譴擕眷數人無所投止方蘇掃室留之歷仕燕齊吳楚有聲績家居每救飢濟貧力行不怠嘗新錢清石橋人謂克繼祖志云祀鄉賢據府志並采家傳

沈懋簡崇禎戊辰七月海嘯居民淹沒浮屍蔽江懋簡募人掩埋以數千計甲申郡大飢創義賑濟全活甚衆冬月煮粥以餉獄囚春秋封土以培荒塚遇夫婦離異者爲之完聚終身樂善不倦壽九十卒舊志　舊志府志均入義行

張焜芳字九山案府志稱會稽人今以後裔入籍山陰有呈報事實故補此傳崇禎元年進士歷南京戶科給事中十一年春疏薦黃道周惠世揚陳子壯金光宸爲督輔文震孟請卹帝以沽名市恩切責之又糾太僕少卿史𡎺爲𡎺所訐遂罷職十六年正月詔起焜芳官舟次臨清遇

大清兵從者請退舟南下不許曰吾奉命而來聞警而返臨難苟免斷不爲也遂捨舟入城從者請易服混齊民亦不許與諸生馬之騆馬之駉俱被執死之同時死節者焜芳中表王覲明僕王謚亦與焉事聞贈焜芳大理卿予祭葬祠祀廕子後黃道周至越焜芳子請傳道周曰此吾事也就素繒作徑寸書娓娓竟幅而卒

國朝乾隆四十一年

賜謚忠節入祀忠義祠子名翰從魯王爲司餉主事亦死節於家之騆之駉並

賜祀忠義祠府志及越殉義傳參攷明史　府志忠節　妻金氏自有傳

周鳳翔字儀伯崇禎元年進士改庶吉士授編修遷南京國子司業靈璧侯奴辱諸生鳳翔執付法司歷中允諭德爲東宮講

吏侍乃鳳翔

官嘗召對平臺陳滅寇策帝爲悚聽軍需急議稅間架錢鳳翔曰事至此急宜收人心何可括民財搖國勢耶亡何京師陷有僞傳駕南幸者鳳翔不知帝所在趨入朝見魏藻德陳演侯恂宋企郊等魚入而賊李自成據御坐受朝賀鳳翔至殿前大哭急從左掖門趨出賊亦不問歸至邸爲書三一奉父母一寄兩弟一訓子玉忠囑姪泰曰汝歸善慰我親我死所以報親也棺用黑勿錦衣糯汝歸吾骨吾目瞑矣遂沐浴更衣再拜投繯死有句云碧血九原依聖主白頭二老哭忠魂著有奏牘詩文諸集後贈吏部右侍郎諡文節

國朝順治九年追䘏諭祭贈吏部左侍郎諡文忠通志兼攷明史餘見毛西河集及邵據府志祠祀卷補舊志府志均入忠節思復堂集祀鄉賢越殉義傳案別本賊入逼書名鳳翔擬削髮爲僧而賊令削髮者服上刑遂賦詩自縊

葉汝葙字衡生〔選舉表作汝葙府志作汝箍亦作汝蘇勝朝殉節諸臣錄作汝蘅越殉義傳作字蘅生〕由舉人爲兵部主事聞變與妻王氏出居桐塢墓所並赴水死〔明史〕

國朝乾隆四十一年

賜謚節愍入祀忠義祠〔府志　府志忠節　案越殉義傳丙戌六月　大兵渡江與妻同投阮家灣一云投湘湖死　又案陶及申筆獵汝葙家會稽之若邪溪今據舊志選舉卷〕

程應琦〔一作王應奇〕爲永平道標中軍守備〔一作中軍都司〕崇禎三年與兵備道程國昌同守永平

大兵臨城猶巷戰勢不支自殺妻亦殉節

國朝乾隆四十一年

賜謚節愍祀忠義祠〔勝朝殉節諸臣錄　府志忠節〕

嚴起恒字震生崇禎四年進士歷廣州知府遷衡永兵備副使十六年獻賊躪湖南吏民悉逋竄起恒堅守永州賊亦不至唐

王時擢戶部右侍郎總督湖南錢法永明王立令兼督湖南軍
餉
國朝順治四年王駐武岡拜起恒禮部尚書兼東閣大學士仍
領錢法王走靖州至柳州起恒間道往從之南寧李成棟叛
大清以廣東附於王起恒從王至肇慶與王化澄朱天麟同入
直無何化澄天麟相繼罷黃士俊繼何吾騶為首輔起恒次之
時朝政決於成棟子元允都御史袁彭年少詹事劉湘客給事
中丁時魁等五人附之人目為五虎起恒居其間不能有所匡
正然廉潔遇事持平與文安侯馬吉翔司禮中官龐天壽共患
難久無所忤而五虎憾起恒競詆為邪黨王在梧州尚書吳貞
毓等十四人合疏攻五虎下湘客等獄欲置之死起恒顧跪王
前力救貞毓等並惡之乃請召還化澄而合攻起恒給事中雷

德復劾其二十餘罪比之嚴嵩王不悅奪德復官起恒力求罷王輒留之不得放舟竟去會鄖國公高必正入覲力言起恒虛公可任請下勅邀與俱還文安之入朝起恒讓爲首輔桂林破從王奔南寧先是孫可望據雲南遣使乞封王天麟議許之起恒持不可後胡執恭矯詔封爲秦王可望知其僞遣使求眞封起恒又持不可可望大怒至是可望知王播遷遣其將賀九儀張勝等率勁兵五千迎王至南寧直上起恒舟怒目攘臂問王封是秦非秦起恒曰君遠迎王上功甚偉朝廷自有隆恩若專問此事是挾封非迎王上也九儀怒格殺之投屍於江時順治八年二月也起恒既死屍流十餘里泊沙渚間虎負之登崖葬於山麓乾隆四十一年

賜謚忠節入祀忠義祠明史並採府志 府志忠節一 案舊志起恒至南寧悲國祚已亡遂赴水死無

賀允儀銘敍事趣稱義傳謂張明志銘叙之

王雨謙初名佐後更今名更字白岳明末海内大亂諸名士皆掉臂談兵雨謙亦受沈將軍刀法揮霍起舞悉中程度倪元璐戒雨謙藏鋒鍔爲蕭入敵遂折節一意讀書崇禎癸酉舉於鄉南都再破雨謙跋涉入閩中後潛身歸家

國初網羅前代遺逸雨謙同年生王三俊開於律要以監司聘婉辭之鍵戶與友夭命公較其輯厎詩若干卷年九十卒雨謙善書規模黃巨清遠脫俗與王作霖號爲方外交與蔡子佩輩爲詩友結同秋社年八十餘猶能舉百二十斤大刀子嶧字山眉老於諸生以繪事名于越中府志隠逸

姜天樞字紫環崇禎癸酉丙子副榜以廕授都察院檢校陞工部主事遷郎中督視北河時亢旱累年河渠盡涸漕艘衍期天

樞相度搠刀泉堰引濟漕呈請於河使疏濬之而躬自啟閘甫三板河流洶發重艘遂行於是疏請衞河設專官以濟漕其法自天樞始而搠刀泉爲衞輝一郡水田所賴紳士謳詠騰謗有侍御張某者以天樞專任發賑又以爭館驛故具錦入告輒付於理值旱火㿈獄遣閣臣同法司鞫理歷訊前事無一實乃得釋由此絕意仕進徜徉山水間逾三十年子希轍爲給事中封天樞如其官府祀鄉賢據府志祠祀卷補志祀鄉賢天樞餘姚人今據舊志府志義行希轍自有傳府志

胡士諤字一士崇禎癸酉副榜與兄師錫同私淑王文成甲申歿選借師錫至燕都城破爲賊將牛金星劉宗敏所拘勒授僞職且曰若願仕步從東不願步從西二人皆西丞師錫過告士諤被禁會監守少疎得脫足被夾傷瞋目伺作跛態舊志忠烈府志選舉卷士諤會稽人

錢以敬字德輿貢生嘗刲股以療親疾授雲南府通判署新興州猺土寇猖獗州無守兵咸欲棄去以敬授計刼賊營賊懼乞降擢建昌府同知甚得軍民心肖像祀之及歸里時三江閘歲久頹圮方議增修以敬躬涖其事節濫汰浮當道倚重事載[illegible]諭余煌記又議修城垛甫竣事許逆難作民獲安舊志義行

沈煃晃字叔子崇禎甲戌進士授中書事父以孝聞力爲昆季營婚娶座主薛國光權傾中外凡速化者多倚附之煃晃元旦一投刺外絕不私通薛每憾之十年不調後薛敗煃晃獨不與冊封閩藩封千金餽移銓部乞假歸占馬塢山鑿戶著書終焉府志舊志府志均入儒林

朱光熙字濟明崇禎甲戌進士歷任揭陽南海樂安諸縣累著政績尋召對條陳利弊上嘉之手錄所奏將擢以諫垣值閩變

因變服出都城日夜號慟成疾卒妻周氏聞之哽咽廢飲食未一月亦卒舊志祀鄉賢據舊志及采主補

黃鼎元字臚先內行淳至歷游燕趙韓魏間者二十餘年地理形勢悉識之胸中崇禎七年赴山西北樓副將李秉春之招八月大兵至大同宣府境下城堡數十直至北樓秉春問計鼎元曰我兵寡戰必無功惟刼營或可圖存宜傳集紳民商賈諭以利害令借兵餉事平申奏給還即戰死沙場不猶愈束手待戮乎秉春曰善乃權委鼎元守備秉春造轉線木炮數十鐵炮九選死士三百人八月十二夜乘大雨火攻又設伏力戰城僅獲全是時提督山西諸路監軍內臣劉允中擁重兵敗歪慚且忌乃誣奏秉春冒功不俟報械繫之秉春憤懣氣塞而死鼎元歪擊

都督府何官須補載

但云年母明出歸矣

登聞鼓代訴冤因俱下獄三法司會讞遂斬允中贈秉春都督同知釋鼎元仍以近邊守備用補宣府鎮朔標中軍守備中軍故有兵千人崇禎八年改營制盡以其兵撥入左右二營九年大兵入塞中軍以無兵獨留守城洋河大戰明師敗績大兵四面攻城鼎元復用火器守禦明年陞萬全衞操捕都司在任三載屢擒劇盜兩定兵變十四年張獻忠蹂漢江特陞湖廣掌印都指揮使司加都督府銜時城堞不完軍器悉腐爛鼎元見巡撫宋一鶴條畫甚悉一鶴大以爲不然鼎元嘆曰事不可爲矣遂佯狂病歸十五年城陷屠戮無子遺鼎元杜門絶客不復言時事著有樵牧野談府志據向璿撰傳

周崇禮字敬生少有奇氣通經史奉繼母至孝仕滎陽縣典史崇禎八年冦薄城知縣楊節越殉義傳作楊守節棄城丞崇禮死守不去

賊攻小西門崇禮率眾飛石擊之有傳而登者輒斫死賊稍退復駕樓車逼城城上矢石如雨賊傷甚夥又稍退六日乃用大砲擊南門崇禮力戰殺賊無算賊將老回回恨甚刀斧齊下猶罵不絶口死於南門下事聞

賜祭建捐軀報國坊祀名宦

國朝乾隆四十一年

賜祀忠義祠據家傳並府志舊志府志均入忠節傳

金應元舉人太湖知縣崇禎八年二月流賊犯太湖應元據城東大濠以守奸人導賊渡濠執應元斫之未殊自經死孫兆嘉甫九歲亦罵賊死家人俱罹難訓導扈永寧亦死之贈太僕少卿康熙府志贈光祿寺丞

國朝乾隆四十一年

賜謚烈愍入祀忠義祠明史並江南通志祀鄉賢據府志祠祀卷補舊志府志均入忠節

案康熙府志及越殉義傳應元會稽人今據明史及舊志

李廷宇字鳳山家貧事母色養備至任騰驤衛經歷遷廣西泰義州判官以母疾乞養歸刲股療母建義學行誼爲一邑景仰舊志孝友

張汝嘉元慶次子熹宗朝歲薦壬戌廷試第一授詹事府府丞魏璫用事汝嘉疏論上覽奏不懌汝嘉知時弗可爲遂解綬歸好賑貧乏多義舉著有大學行義詩易宗旨心遠堂稿舊志

茹鳴鉞字揚芳與崇禎丙子北直隸鄉試授蕭縣知縣己酉寇至死之繼室葉暨四子初泰初昇初薦初登皆及於難據家傳府志

府志忠節

府志案茹敦和稱野史載崇禎八年有稱繼孔王道善張方造三賊破蕭縣焚徐州杭人孫之騄言江北賊陷蕭縣在九年而公之鄉舉以九年丙子則此時未經仕也其後袁時中以十四年之三月陷雷邱又突入蕭縣與其令以去似矣

而譜云公死在十六年則與十四年不合又云駡賊死堂上則與篡去一不合當再攷

陳潛夫字元倩家貧落魄大言以駭俗崇禎九年舉於鄉好臧否人望人惡之十六年冬授開封推官大河南五郡盡爲賊據開封被河灌城虛無人有勸潛夫弗往者不聽馳之封邱乃以十七年正月奉周王渡河居杞縣檄召旁近長吏設高皇帝位歃血誓固守聞西平寨副將劉洪起勇而好義躬往說之五月五日方誓師而都城失守報至慟哭令其下縞素洪起兵萬號五萬潛夫兵三千俘杞僞官遂渡河而北大破賊將陳德於柳園福王立南京潛夫傳露布至朝中大喜卽擢監軍御史巡按河南潛夫乃入朝言汴梁一路臣聯絡素定旬日可集十餘萬人誠稍給糗糧容臣自將當荷戈前驅諸藩鎮爲後勁河南五郡可盡復五郡既復畫河爲固南連荆楚西控秦關北臨趙衛

上之則恢復可望下之則江淮永安此至計也當是時開封汝寧間列寨百數洪起最大欲效忠潛夫請予挂印爲將軍馬士英不聽而用其姻婭越其杰巡撫河南潛夫過諸寨皆鐃吹送迎其杰過之諸寨皆閉門不出其杰譖潛夫於士英士英怒召潛夫還明年三月給事中林有本劾御史彭遇颽並及潛夫士英獨令議潛夫罪逮下獄治之未幾南都不守潛夫脫歸聞魯王監國紹興渡江往謁命復故官加太僕少卿監軍乃自募三百人列營江上尋進大理寺少卿兼御史如故順治三年五月晦江上師盡潰潛夫挈至山陰化龍橋偕妻妾二孟氏同赴水死年三十七明史

國朝乾隆四十一年

賜謚忠節入祀忠義祠府志　府志忠節案明史及勝朝殉義錄俱云潛夫會稽人崇禎丙子同年錄

潛夫仁和入原籍山陰小搽　全祖望鲒埼亭外集謂陳公鉞唐産非越人也今其後人尚居杭

劉獻之字叔獻以東鄉縣主簿轉新安衛幕會流寇猖獗百姓攀留不就尋陞上猶知縣被圍乏援冠帶墮城死越殉義傳府志忠節

章自孝金山巡檢海寇橫刼率鄉勇拒之不克死

國朝乾隆四十一年

賜祀忠義祠勝朝殉節諸臣錄祀鄉賢據府志祠祀卷補府志忠節

魯元錫字晉侯崇禎丙子科武舉以廕爲錦衣衛經歷母病篤籲天願代甲申遭闖變被執不屈意氣激昂賊尋釋之値水旱全活饑莩無算次子廷由中翰任松江府知府王會新編官至通政司右通政封元錫如其官舊志祀鄉賢據栗主補府志元錫會稽人入義行舊志孝友案

何宏仁字仲淵崇禎丁丑進士歷知建平高要縣事授御史監江上軍越破追魯王不及過關山嶺作詩書衣帶間末書宏仁

間關奔行在閩台又失守已矣無復可爲身非吾身吾何家爲
爲吾子者食貧守節可矣明御史何宏仁絕筆投台之白峰下
死而復甦有土人負入陶介山倒髮苦行遺命暴骸三日野火
焚之越殉義傳浙江通志府志忠節
田嘉生府志選舉卷及通志均作嘉年崇禎丁丑進士授知縣甲申後足跡不
入城市家貧授徒以終舊志
潘同春字皆生父機自餘姚徙居郡城孝友甚著嘗倡築海塘
慮潮汐時至工無所施望而禱之濤息遂得竣郡饑鎔卮帶散
給之卒年九十同春少嗜學父課之勤而母惜之昏令就寢同
春用木斗蔽其燈俟母寐乃起誦崇禎丁丑成進士初守蒲州
父著六諭衍義及勸懲錄示之庚辰大祲倣監門爲圖請命設
法行賑民獲全活晉工部郎韓象雲郊餞之曰此州三十年無

此亦可疑明制各省督學以部郎科道外授布按兩司官者爲之非推知所得與亦非御史所得薦且督學八閩亦不辭

滿秩使君矣府志同案府志選舉卷春餘姚人今據本傳

唐九經字紱一崇禎丁丑進士知長洲縣有惠政擢淮州府推官監鎮軍事御史王應昌以督學八閩薦九經九經辭不赴會歲大祲倡議施賑全活甚衆工書所勤師子林藏石小楷世爭寶之舊志隱逸

劉穆字公岸貌修偉善大刀及射崇禎丁丑武進士南京兵部尚書史可法知穆才由上海把總檄補江南水師營參將南都破募兵五百人歸越爲魯王守潭頭以功開府晉爵移鎮舟山丙戌六月十八日王航海去穆聞一夕暴卒目不瞑子肇勳字子膺以游擊將軍隸穆軍與諸弟祖跪腹刺盡忠報國字湼而誓之乃瞑子肇勳先穆戰死肇勳字子讓短悍有胆義幼隨穆在江南水師營參將識大盜畢昆陽於獄昆陽善用槍世傳畢

山陰縣志　卷十四

家槍肇勷與兄肇勳募之日賂守者飯崑陽一年不息崑陽出遂授以槍法由是劉氏槍名天下及㊀父穆移鎮舟山令以一軍守江干順治乙酉七月同兄肇勳渡江戰騎而據嶺連殪七人矢盡控弦作霹靂聲皆反走會伏兵起萃射之矢蝟集猶僵立不仆肇勳號而上者三弗應馳而下視則死矣抽矢出鏃斗許負以歸同死者義士王允賢陸建夔郡吏印玉及掾史壯士十六人越殉義傳府志忠節

王貽杰字熊占年十四母病禱於神刲股爲羹以進長舉崇禎丁丑武進士廷試二甲第一授江西都㊀使司同知時無爲教倡亂巡撫解學龍檄勦之貽杰曰此可諭而解也在官以輯盜安民爲任四方多故而境內帖然擢掌本司印回至鄱陽得疾卒諸暨驛之喪始得歸東山志　案東山志貽杰餘姚人今據選舉卷補

朱邦闓湖廣房縣主簿崇禎巳卯獻賊破城死之贈鴻臚寺寺丞越殉義傳　舊志　府志均入忠節

王紹美字子輿少英俊崇禎庚辰進士授肇慶府推官不事刑威不爲表襮出寃獄却餽羨及去官家無留物至不能具棺殮云子用悅康熙乙卯舉人府志儒林　案府志紹美會舊人今據舊志選舉卷補

吳從義字裕強宏治府志字歲清見時夢一人拊其背曰歲寒松柏其在斯乎以諸生劾魏忠賢崇禎十三年成進士任長安知縣居官耿介闖賊壓境從義佩刀擐甲晝夜巡守適內親送繼室胡氏至誓不成婚志在以死殉國及叛兵開門納降從義曰嗟乎豈非天哉吾惟昔夢是踐矣乃從容釋戎服襲冠裳望闕叩頭引刀自刺不殊遂投於井賊暗引出之輒大罵賊怒推石擊死贈按察司僉事明史　大清一統志　越殉義傳　府志祀鄉賢據府志祠祀卷補

國朝乾隆四十一年

賜謚節愍入祀忠義祠府志舊志府志均入忠節

盛國政字寰宇虎項駢脅長八尺洪鐘聲目睫有光兒時渡瓜瀦湖溺水數鸕鷀銜其衣出之崇禎庚辰以遼陽籍舉武進士第三除福撫後營守備陞延平參將精訓練覈代冒軍政肅然移鎮杉關汀州大帽山賊子洞賊閻王猪婆等猖獗巡撫張肯堂檄國政往討并約江西及潮州軍國政請假便宜按兵與汀人講肄賊所出沒山林深阨道里回遠咸得實乃召村父老與一鼓一旗賊至則入保鳴鼓舉烽他村應之其有旗之衆皆爲良民兵毋得入約定乃親率百人夜犯一村村鳴鼓舉烽填刻百里傳警皆徧知民可用乃拔壁廻賊恃險不虞民鋤棒爭先師乘銳入燒其二十砦猪婆出搏戰親射殺之令投刃者勿死轉

相呼招賊大解散又以大炮橫擊洞石壓碎餘賊悸不敢出數日縛閩王以獻遂平庚子乙酉率所部赴南京馬士英以不先謁已沮弗達唐王入閩國政建議當稱監國俟出關正號不從及議戰守請出衢信以號召三吳若畫地而守備多衆分卽彌川厓山之覆轍衆不聽又議曰計見兵二十萬人月給銀一兩待明春進取今年秋冬便需餉百萬此爲坐而自盡又不聽鄭芝龍專國方築安平鎭據郡塢乃退嘆曰時事不可爲卽日決去隱於醫後三十年而卒

王師之入閩也貝勒遣浦城副將招之不應去之西鄉固山金礪貽書譬曉百端復書曰僕所欠一死所以不死者以上有七旬老父又三世單傳膝下甫呱呱一子將轉溝壑并斬吾祖後耳若相迫不已豈眞不能死哉固山言於貝勒而陰護之竟免

國政於天官奇遁歷代陣法九邊海防皆有圖注尤深好大學衍義手錄辨訂四十卷恥伐費績或偶舉及輒不樂而罷閩都督王進功故麾下嘗被檄剿同安惠安漳浦龍巖沿海居民之通賊者以聞國政曰盍先馳騎令内徙令而不聽兩不恨矣進功如言全活甚衆出思復堂集

王萬祚字修仲知弋陽縣寬厚仁恕刻有養老保赤諸書弋西芳源山谷險峻鄰郡流寇多竄入其中陰結貴溪萬年樂平等縣不軌之徒將爲民害撫按檄各路兵會剿萬祚恐却之緣鄉勇互相連絡截流寇餉道并焚各塢巢穴寇遂平尋遷四川道監察御史弋陽民祠祀之

徐世儒字鑑吾光祿寺丞居官廉介多行善事子士偉官西蜀軍民皆愛戴之孫兆宣兩淮運判歲大旱闢龍港至石堰溱川

一百八十里鹽擁不能行兆宣設法輓運不滯次兆寧定與縣教諭曾修葺學宮力興文教以上舊志義行

胡若琦字與予以貢任富陽象山學博獎引士類文風丕振府志

倪文道字紹拙化州同知居官清慎病歸賑粟施棺有鬻妻者傾貲以贖俾得完聚嘗建橋於螺山大江費千金往來稱便

單一貫字五芝諸生崇禎時大饑與倪淵寶創一命浮屠格全活千餘人又賑粟百五十石戊子大疫復延醫施藥療救之

劉匡之字繼來邑諸生嘗捐千金葺學又置義埇築官塘收遺孩完骨肉所行善事無算以上舊志義行

賞奇璧字元亮郡廩生崇禎庚辰歲廷試對策稱旨特賜進士出身授乾州知州有政聲值闖變棄官歸舊志儒林

姚遠字鳴臯家不甚富性好施爲人贖妻者三贖女者一崇禎庚辰辛巳間歲饑饑捐貲賑濟有飢戶某家累溫至日絕炊遠齎行餽遺不受日大怒曰吾雖貧豈受人粟耶人益義其有隱德云 舊志義行

沈懋庸字季平紹季子五歲母卒哀毀如成人弱冠補諸生讀書務舉大意不沾沾章句之妻父姜逢元勸之仕辭曰吾志不在軒冕砥行飭躬以貽後人足矣親黨中貧不克婚葬者貸通將鬻妻者悉委曲周恤之崇禎辛巳大飢且疫鬻產賑濟施醫藥棺櫬鄉稱德焉 府志義行 舊志府志均入子允浥自有傳

張景華娶明經病且篤語其妻董曰吾逝矣家溫食厚而不永年先世簪纓其何賴焉後人敦善行庶幾慰吾泉壤董誌其言有貧不能殮者給以棺且廣義塚修圯路焚貸券及贖難民悉

殫力行之歲饑屬其子陛鬻産得所直賑米五百石全活萬人府志入義行　舊志府志均陛自有傳

朱炯性慷慨重然諾宗族有不能婚葬者力任之崇禎辛巳間歲饑賑粟存活甚衆

倪復字七來事嫡母極孝入成均恩授錦衣衛經歷分貲産與兒及姪崇禎間歲饑賑米至二百餘石有司給扁旌之

孫文煥字振東妻陳氏賢而早亡誓不再娶崇禎十四年鬻産賑饑明末婦女避賊匿山中文煥爲分途煮粥以待及寇革出父母巾舄置棺中曰吾雖死見此如見父母也其孝思如此以上舊志義行　案舊志王擘臣字欽懷篤學多善行年三十喪妻誓不再娶亦不納婢時稱其義戴杙字星池妻滕氏婚三載生一子而卒亦矢志不娶徐時暹字玉宇性至孝年二十五妻陳氏卒遺二子誓不續娶

韓倫字五完四歲喪母晝夜號泣骨立幾殞及長偶游楚以星

者言父某年月當死歷推七十餘家不爽乃齋沐借齡於武當山眞武帝前叩四十里是夕夢神曰嘉汝誠賜汝父壽一紀倫好施予凡有告者無不應崇禎辛巳饑時御史祁彪佳家居嘗雪夜徒步至倫家籌所以賑之者倫條指得宜存活無算

諸福生字敬霖家貧父教授東嘉病卒福生徒步負骸歸葬崇禎辛巳夏大旱福生齋禱刲股於城隍神甘霖四霈知縣汪某申請旌之以上舊志孝友

王志學字成吾事繼母孝繼母弟四人各以坐食廢貲產志學分所有畀之又廢則又畀之崇禎十四年大饑御史祁彪佳方家居與推官陳子龍定議倡諸縉紳及富室畫坊里而賑軒亭以南力於賑者首觀巷金樞軒亭以北則推志學金發粟萬餘石志學亦數千石賑垂竣又曰古有以工代賑之法吾所居微

境何不及此時修之於是大治其居執鍬畚來者雖老稚必倍與之直諸縉紳言相與慕效之以千食者皆大濟先是志學卜葬其父於樵風涇未至葬所百餘步大雪紼斷不能行有老人扶杖來相之曰於法吉壤在此不在彼紼斷天也雖然不利長子奈何言訖而去志學曰神告我也苟利諸弟可矣遂卽其地窆焉其後諸弟皆殀絕惟志學子孫最繁（府志 行義）

馬維燮字芝寥讓維陞弟以貢監授河南布政司理問闖賊李自成圍汴維燮守北門鄉民數千皆號慟求入城守者不可維燮請於藩司陸之祺啓門納之之祺將以遏寇爲於朝會維燮丁父艱歸未及補官而卒（舊志 義行）

鄒光祚河南商邱縣主簿崇禎辛巳闖賊入寇光祚守西門城陷罵賊死（一作 戰死）姪宗道亦被殺（通志 殉義傳及勝 朝殉節諸臣錄）

國朝乾隆四十一年與宗道俱
賜祀忠義祠府志舊志府志均入忠節

孫一經號濟我襲祖蔭累陞中府經歷時流寇往來内地灑之參以賄放一經具疏痛言陳防諸弊必貽後悔部覆不行遂解組歸母卒哀毀逾禮廬墓三年舊志孝友

錢元宰字六徹以太學生授蘄州同値檜惠瑞三藩就封同次蘄境蒞期治行殿州守倉皇解組去元宰乃諭父老以不獲已故躬入山伐竹不旬日而殿廡宮寢俱備衣以襍繪龍鳳錦繡狀三藩相顧色喜旋因親老棄官歸服闋後入長安凡所遺產悉以貽弟弟性豪侈輒散去畧無慍色府志義行

劉三達字文孟嘗建別業於龍山之麓[illegible]氣落落自喜不窺戶外事及佐東流縣不少徇私卒以直忤乃歸里隱居著有

此等皆當刪然不得已則姑入附傳可也

希陶集梅仙步韻諸書府志舊志義行府志隱逸

姚萬全字嵩嶽爲曲周丞郡守命造廣平外城數月告竣開濬城壕遍栽蒲藕郡守器之時修文廟估費踰千金守因以丞之才董其事費應不至是遂以百金經始不兩月落成且以餘貲復命守益賢之時白蓮教黨徧山左直隸往往混襍里巷官府不能捕萬全設間擒之賊遁歷南昌衞幕不赴解組歸府志義行

沈方初任常熟丞邑饑以所儲秋糧賑之歷天津衞經歷撫臣劾其擅發落職歸里適太監崔琳清理兩浙鹽課奸民以鹺獘陷方子國珂諸生赴闕訴寃詔撤琳還兩浙得安寖及罄産賑郡之饑民及完鄉鄰之鬻妻女者人以孝義稱之府志義行

姚逵字纖霄有介操爲郡諸生及門多佳士又能周恤宗黨之不給者子祖振諸生性穎敏博極羣書尚氣誼人以得與交游

此當見之志稿門

爲榮晩辟湖西學圃以著述終府志舊志府志均入義行

沈㬎修字四如邑庠生樂善好施日以詩酒爲樂有鷓鴣集舊志

隱逸

王朝式字金如從沈國模學篤守致知入嵊賑饑全活甚衆與

蘇元璞鄭錫元管立姚江書院卒年三十八府志餘見思復堂集府志文苑

朱士稚字朗詣廢孫與同邑張宗觀朗屋交㝡善號山陰二朗

遭亂散千金結客宗觀死於盜士稚往來吳越以詩古文稱於

時卒年四十七朱彝尊集府志文苑

張宗觀字用賓一字朗屋以王霸之畧自許朱士稚坐事繫獄

宗觀呼號於所知斂重貲賄獄吏得不死既而論釋宗觀大喜

夜渡江爲盜所殺其詩瓌奇磊落樂府古風尤絶倫品靜志居詩話府志文苑

此與前之姚逵姚祖振父子及後之陸一桂俞紘等皆當以類附傳之

王應鴻字天逵家呂山以仁讓化一鄉精醫學與陸曾煜秦宏祐諸君子爲忘形交遇之絶傾瓶粟遺之病則躬爲調藥殁則賻之府志子三傑規復呂山社倉義聲甚著舊志　舊志義行府志隱逸

何嗣義字吉諸生以孝友稱性及樂（靜）豪華嘗卽其居後雙山之小山構而境之曰息椒息椒者志隱也著有息椒詩草居家法言集陶及中耐久　補遺

何治仁字文洽天性孝友樂施予居父母喪七日水漿不入口三年不茹葷生平未嘗道人短著史衡太平金鑑易解鑄閣草消病集藝吟逸編領歲薦卽絶意仕進樂虞西里山溪之勝攜妻子家焉府志祀鄉賢攜耍主補　舊志府志均入隱逸

葉茂蘭字綠亭本姓何性孝友與弟茂桂入成均茂桂登賢書任登州推官而茂蘭數奇不偶陶然卷子弟之秀傑者教育繼督

風雨寒暑勿輟以子獻章得封年九十卒府志儒林

陸一桂字月生醇謹好學補諸生從游甚衆晚更困約處之怡然府志儒林 舊志府志均入儒林 府志一桂會稽人

俞毓字彥和貧且孤老授經家塾坐臥手一編著有白鷗集耐久

集

補遺

傅列斗字中元父賓萬歷辛丑進士列斗八歲能文爲郡諸生沉潛經學著有周易參解日鑄牀頭錄義經鴻寶浣溪集舊志儒林

姚允覲字大來博極羣書著有孝經類解舊志孝友

劉昌學曾明諸生爽參力學文有奇氣父病刲股愈之居喪疏食三年笑未嘗見齒事母亦如之著有大禮纂說嘯堂詩集舊志

隱逸

劉世鵾字北生郡諸生博學好古沉酣翰墨有以詩賦及臨池

于耆輒揮毫忘倦母喪搆廬墓側以隱遯終著有軍徵集兵廬論才子警心集圃餘洽聞紀元攷儒識集舊志參攷府志舊志府志均入隱逸

王鑾字載阜母歿築室墓傍九載不歸親友勸之應試辭曰得守父母之墓足矣至老築數椽於墓右八稱王氏風木庭子望久望大事祖母亦以孝稱浙江通志舊志孝行府志一行

袁自立崇禎間父貫豢皮島値大兵至死於鋒鏑逾年計聞自立奔至死所覓父屍不得旅舍主指以瘞處遂掘地心疑他骨混之乃嚙指血瀝骨血滴見血滲焉解衣裹骨負以歸徒步五十晝夜始達附舟及抵家終身不茹葷不衣帛囑其子曰爾祖喪於異鄉我不能視含我死當掘土而埋勿用棺衾初娶妻九載妻死自立痛父誓不再娶又四十餘年卒府志舊志府志均入孝行

柯國楩字震暘年十三父病嘗穢崇禎間母年七十餘登樓失足墜地鼻衄如注氣垂絕國楩籲天請代同妻朱氏割股進藥遂痊

蕭燦父母病醫禱備至晝夜不離側及篤未辨安危輒嘗穢崇禎間建坊旌之以上舊志孝友

陳長吉字履謙諸生聰敏多技以易數射覆多奇中祖母性素嚴偶以細故出其母長吉稍長知之嬉戲百計謀所以過省者母死長吉私自哭歸若居喪者而見祖母輒收淚如常嘗作懷舅詩十章日諷之以見志毛西河集　舊志孝友

諸彥儒字爾瑞號□台鴻臚寺卿希夔子慷慨好施念父耄年在京邸不克奉養即束裝抵父所父乞休歸舟至中途而父母相繼卒時寇盜猖獗競入舟掠所有疑有黃白藏於兩柩持巨斧

而前彥僑慟哭不止曰寧碎吾身勿傷吾柩盜欲刃之一盜曰此孝子也乃舍去

何嘉琳字玉林讀書敦行誼母病亟刲股至再呼天嘔血願以身代居喪毀瘠廬墓所每食必哭奠期年而歿

孫泓蚤失父母家貧每自忍饑而事祖母馬甘旨無缺適柱傾中馬額泓以身抵柱幾斃馬脫得不死

唐大燈字孝屺德藩典儀因母積病求遂辭職歸養子全斌值父病刲股和藥飲之立愈母病復割臂獲瘥以上舊志孝友

莫之永監生歷授州同爲伯父可京後父可尚爲靖江王府掾挈家同往時之永六歲號泣不忍别及長事繼母以孝聞念未事生父母居常鬱鬱一日慨然曰生我育我兩不可忘吾已有子獲延伯父嗣矣因決計尋親舟至七千里外至平樂府詢知

生父已殁而母又隨外氏横州任時鼎革初南寧未闢不可往號慟成疾死而復甦猶冀獲見生母姑扶疾負遺骸歸未幾生母從廣西回遂一家歡聚克遂孝思云舊志孝友舊志府志均入案府志之孔會稽人

屠景俊字泰晨諸生事嫡母四十餘年人呼梅里孝子值闖變隱居七賢橋以詩書自娛子世勲克守父訓孫復隆貢生有吾鼎堂詩集舊志孝友

蔡天福字心蟾宋愍孝公定十六世孫九歲喪母慟哭失明父憐之命習數術及長賣卜竭力以供甘旨父病劇潛封股進藥遂瘳崇禎朝有司上其名賜冠帶建坊配享愍孝廟舊志祀鄉賢據府志祠祀卷補舊志孝友

陳士俊字顯明少孤事母潘色養備至生平不類人過雖横逆

至亦和顏而解昆弟親黨終身無間言祀鄉賢府志舊志府志均入孝行

子可畏自有傳

史宗垣字維城父文炳諸生篤志經史每祭墓未至輒先流涕宗垣亦至孝郡邑俱表其閭任夏津丞尋擢京衛經歷後游寓白下遇歲歉傾資賑恤長子在鑒爲仇家所陷次子諸生在鑾義不反兵更姓名入大巡幕思得當以報復爲仇所伺搆陷之齋志以歿在鑾妻嚴督紀撫孤其後仇以逆黨伏法在鑾弟彩官江左親讞定其案焉宗垣子九人官司馬合倅者五在鑾之後科名最顯蓋孝友之報云府志舊志府志均入孝行

姚宏以孝稱

吳朝俊家貧不娶事親孝崇禎間知縣汪詳旌

施光顯字文模幼喪母父客吳遘病光顯挈後母弟走詣客館

侍疾衣不解帶五十餘日既瘳乃奉父以歸逾年父又病劇名醫束手乃刲股和藥翌日霍然後遭父喪饘食廬墓者三年事後母力先諸弟愛後母弟如後母之愛其子歲洊饑倡捐施粥復聯里族爲貸粟糶粟兩法自鬻其田幾盡工詩古文藏書數萬卷足不入城市定省外惟詩書相對而已郡縣上其事得旌賜八品冠帶以上府志孝行

陸偉字望雲性端介好周急事母以孝聞舊志義行

何兆三馬塢里人弟出採薪虎銜至銜其首兆三呼號奔救以篠擊虎虎舍之去弟得生兄弟爲樵十餘年稍有所儲兆三曰吾老矣爲弟娶婦以延宗祀焉府志舊志孝友府志義行

虞室字思齋父兹生室及冠而冠無子以室次子撥道爲嗣室曰姪繼叔祀非利叔產乃盡以所有贍族祀生平謹厚足不履

公庭子敬道因征閩功授　溪知縣乞養歸舊志敬道祀鄉賢據栗主及府志祠祀卷補　舊志孝友

王朝燦字玉鉉年十四通五經綱目諸書授衡藩相時妖賊徐鴻儒倡亂青兖騷動朝燦上書魯德二藩捐餉募兵爲守禦計及鴻儒平朝燦之功居多以疾歸府志儒林

張燿芳爲諸生時有文名中副榜爲魯府右長史時嘉祥知縣趙二儀死欠庫銀一千八百兩撫軍以燿芳署縣事抵縣見二儀妻子轞廣柳車中哭泣乃出己橐代償復以百金贈獄有死四七案悉爲平反得減死舊志義行

吳希文字五岳崇禎間授魯府工正子從鵬字象先武舉授兖州營守備孫元鏞武生次元亨壬午十一月

大兵下兖州府城從鵬元鏞俱陣亡希文元亨及元鏞妻張氏

案是科進士吾越有兩李安世一山陰人一餘姚人

案忠節公煌籍會稽

等闔門殉節據家傳府志府志忠節

陳箴言字賡卿崇禎壬午舉人受業董懋策之門博學敦行年百歲郡守歲給廩餼府志祀鄉賢據栗主補舊志孝友府志儒林案府志選舉卷箴言會稽人

周有鳳字仲翔崇禎壬午舉人任錢塘教諭著有評左韻言舊志

評左韻言書名已屬可笑本不宜收即欲見之載入書籍可矣

理學

吳友義字際宇崇禎末流寓松山壬午二月大兵至城陷自縊死據家傳府志府志忠節

李安世字泰若崇禎癸未進士性豪爽初爲泗州學正登第後饒有清節舊志案乾隆府志選舉志癸未進士李安世山陰人尚寶司卿鄉賢傳李傑字用甫餘姚人萬曆庚辰進士官湖廣承天府推官陝西鎮原縣知縣子安世字泰若先以舉人爲泗州學正癸未舉進士即歸布衣蔬食然則此志云云乃餘姚之李安世也全謝山鮚埼亭外集跋崇禎十六年進士錄有云會稽余增遠山陰金建韶

余增遠字謙貞煌之弟也父性嚴子雖貴爰楚不少貸一日令諸子各言志增遠曰願如司馬君實生平無不可對人言父善

之崇禎癸未進士除寶應知縣見時事搶攘掛冠歸棲郭外數椽身荷錢鎛與老農相往還齒讓而坐人亦忘其貴所戴皂巾廣尺五寸寒暑蒙其首衣皆重綻食惟脫粟設繩床擁敗絮以寢冬月手足皸瘃意常灑灑或念其貧欲餽以脯糜束帛比入見坐語移時不敢言而去故人有官監司者屏車從訪之與室人避入帷帳中故人留白金投贈麾之門外終不得見預知死期年六十五卒鄉人私謚孝節先生府志及靜志居詩話並采思復堂集祀鄉賢據府志祠祀卷補舊志府志均入

餘姚李安世皆同守殘山賸水之節以終其身是志收入者誤也但進士題名碑錄是科補有一山陰之李安世而其人無攷府志僻官尚寶司卿大同鎮罡卿為京堂清秩癸未求年即明亡國朝順治初即裁此官安世或仕為監國時浙授而諸野史中絕不載之當再攷

隱逸

金廷韶字二如崇禎癸未進士福王時知贛縣時南北岌岌贛當五嶺衝一以保安百姓爲急撫標兵譁監軍道慰諭至屈膝不聽廷韶單騎諭之罷去南都亡江西望風靡前南昌指揮郯希賢賫招降文至廷韶痛杖之斷其足尋縛送楊廷麟劇盜張

案王予安爲工部尚書恭簡公舜鼎之子恭簡會稽人

案栖潭已污僞命且所傳佳時文耳不必立傳

安受唐王官淫虐民斃其兵安怒攻城廷詔率民堅守二十餘日始解會應遴誣奏殺禁軍華職歸父殁巳數旬廬父墓巳遂爲頭陀數年卒弟廷夏知輝縣以循良稱舊志參政府志並采思復堂集舊志隱逸

王自超字茂遠父豐字予安萬歷癸酉舉人博學有重名自超生而聰穎髫年即日就五藝父奇之崇禎癸未進士授應常一時文譽蔚騰雖窮陬僻壤無不誦習其文甲申流寇陷長安自超負時名冠尤物色之乃間道歸里隱居窮約未嘗少改常度年三十卒著有栖潭集府志舊志儒林府志隱逸案府志選舉卷自超會稽人

俞璧字二如崇禎癸未進士授知黟縣調宣城歷著政績值盜起晝夜捍禦推彰德府推官

余德龍字雨霖父某客蔚州慷慨好施及卒移櫬歸蔚人號泣舟次者千餘德龍淹貫經史歸里日檢逋券數千金悉火之癸

未歲饑捐貲賑給晚年以詩自娛有野居詩集二刻以上舊志義行

章繼超朝儀子崇禎癸未武進士任福建汀漳都司城破死之越殉義傳府志忠節

趙嘉煒字景愚四川郫縣主簿崇禎十七年到郫甫三月獻賊至蜀有都江大堰不在郫而在灌灌去郫二十餘里簿職宜守堰嘉煒謂是蜀人生命所關晝夜巡守或告天社間可避弗聽賊將之降不從赴水死堰卒應泰知其沉於安家口封土以葬

國朝乾隆四十一年

賜祀忠義祠府志及越殉義傳　舊志府志均入忠節　子慶麒自有傳

吳懋忠字君諒崇禎末授都司子朝楫從孫一元俱授守備同守盧瀝橋甲申三月流賊破橋懋忠朝楫一元俱陣亡據家傳府志府志忠節

陳宏先字士任九歲補諸生人呼小秀才甲申聞變悲憤死越殉義傳　舊志孝友府志忠節

何育仁字禾育貢生歷官兵部職方司員外郎崇禎末致仕家居聞李賊陷京師巫村中之南明庵慟哭自縊僧徵澄急救之不得死遂爲僧每晨興必盥櫛北望拜叩哭聲震山谷如是者數年卒自縊死越殉義傳祀鄉賢據府志祠祀卷補　舊志隱逸府志忠節　越殉義傳案育仁弟法仁字布庵官天台教諭明亡亦爲僧或曰育仁兄弟六俱逃方外宏仁別有傳

周卜年字定夫父孝子文郁以入水負母屍出得疾死越殉義傳卜年弱冠通五經子史甲申聞變痛哭數日不食餐作五絕命歌與弟卜麻書緘之潛詣白洋之濱遇漁者授之曰我安昌周定夫也有跡我者與之乃往立磯畔待潮至躍入卜麻從漁者得書號於水濱募網撈之三日不獲忽屍從躍處浮起顏色如生

冠角弗折觀者如市咸驚嘆後立祠東郭門外渡東橋據家乘通志

國朝乾隆四十一年

賜祀忠義祠府志忠節　案府志及明史藁毛奇齡西河集王會新編俱載此事互有異同今據家傳通志訂正

倪文徵字舜平字舜年越殉義傳通醫術性頗狂人或憎之避居勞家塢墓側日烹市酒餚飲里中諸年少相隨至墓所命掘坎自瘞衆駭欲散文徵恚甚曰此何事可誤我乎或尼之曰死義也令某某俱不死汝小醫何自苦文徵曰人各行其志惟諸公玉予於成也旁一人曰土侵膚恐不可增二盎置坎中坐其內前樹木榜自題五湖有恨逍遥客四海無家浪蕩天盎既覆旋命啟之衆疑欲出文徵曰吾入時南向未正爾因語人吾死毋合兵至復命掩覆泥固其罅衆環坐竊聽呼之飄應微聞其聲踰時寂然死未浹旬衆傳兵及僅隔一衣帶水一人曰倪先生靈豈無

恙已而果然無子每遇寒食里人爲掃墓焉蕭山來蕃記其軼事

國朝乾隆四十一年

賜祀忠義祠府志忠節蕭山志作蕭山人分據府志本傳入山陰

朱瑋字鴻儒績學數奇甲申避家梅里尖墓所六月兵潰人皆竄伏瑋痛哭不已書絕命詞於几上潛往礁石躍水死父索之不得逢野父叩之曰頃見望墓而拜者少年也假遂此水矣水深廣出之無具及旦父號於塘曰明將徙家項里吾守汝則及於難去則捐汝骨也三號屍踊而出爲巾危立稍引之並岸不仆年甫二十四人爭異之爲立碑死所郡人與王濬諸君子合祠於渡東橋布衣董垣慟哭三日自沉橋下死初殯祠側遷葬棲凫

案先通當宏光時壯謝祀武臣之列明史及諸野史皆謂其被賊拷死而南京諸勳戚為

國朝乾隆四十一年

賜祀忠義祠府志及越殉義傳　府志忠節

陳三謨字友芝崇禎間以太學生授中牟丞河南旱蝗遍野民相食三謨罄貲賑之多全活者時闖冦滋蔓民聚為盜三謨集丁壯築堡立寨以支旦夕幕府奏為儀封知縣仍兼中牟及封邱原武數縣率民兵往來繕禦者四載甲申冦陷都城偽使者以招撫至同官或勸出迎三謨感憤引斧盡碎所佩印不屈死

國朝乾隆四十一年

賜謚節愍入祀忠義祠府志　舊志府志均入忠節　越殉義傳崇禎壬午儀封城陷三謨不屈死中牟志又稱壬午獮儀封簗冦決河灌汴梁城垂陷三謨守益嚴冦憤議屠城百姓懼殺三謨以降俱與此異　子必成自有傳

王先通字則陽守仁曾孫襲爵掌前軍都督都城破先遁下城巷戰手刃數人被執大罵賊怒割其舌含血噴賊剖其心已復

之勝張請卹則此所備殉節之烈必妄也葉太亦熟言其必節者壽宜可附上朱少師燮元傳

殊之福王時附祀旌忠祠府志兼攷明史子業泰字士和福王時襲封新建伯後被執於杭州不屈死之餘姚志府志忠節

朱壽宜字壺巖少師燮元次子明敏練達下筆數千言立就以蔭授錦衣衛指揮使掌南鎮撫司釐姦剔弊法紀肅然季弟兆憲字叔起俊偉工文章隨父宦黔蜀父卒庫中貯餘金八十萬兩兆憲遵遺命立召藩臬以籍付之一無所私少補諸生甲申變後杜門不出壽宜居常涕泣發為詩歌悒悒而卒兆憲種花畜魚詩酒自娛尤精岐黃言為人治病務在必痊終身不倦舊志參攷府志府志隱逸　舊志義行兆憲壽宜子用礪自有傳

葉良玉字君琳事母以孝聞從劉宗周講學宗周亟稱之甲申聞變涕泣悲憤屢欲自刺其母止之曰汝死子將誰依良玉乃攜涕奉母避居深山自號今非子舊志孝友

李乾龍字太初少有文名事親至孝甲申後杜門不出緇衣羽服自號寂一和尚手錄法華經至數百部徧施名僧浙中古刹多有之

祝湯齡字寰瀛與倪文正元璐交最密元璐以少司馬入都強之與偕不可逮都城垂陷元璐致書曰内有老母外即翁兄我思悠悠獨此而已其見重如此

魏方炳字大方父陳邸由歲貢倅江右多善政方炳八歲能屬文十三為諸生甲申闖變遂奉親入山侍養之暇惟著書自娛兼諳醫理著有任懷問霞二集以上舊志隱逸

張騏字瑞徵長於京師十八歲遭闖變手刃其妻負母逃妻死復甦已而避難天津養其親以天年終妻終身不怨為置妾亦賢府志

孝行

柴世盛字襄明援河間縣丞署阜城縣歷陞天津屯田推官值闖變掛冠歸後以奔兄喪入都創義塾鑿放生池募造乳房百間雇乳婦收養遺孩卒年七十五子應遠浙閩督標守備繼子應辰平陸知縣應遠府志選舉遠卷作應宿滄州學正並舉人府志儒林

裘全隆字隆道諸生究心理學甲申後寄情山水著有溪隱集子孔武爲東莞知縣建學宮興文教嚴保甲緩催科當事嘉其廉能批讞重案甚繁涖任一載以勞勩卒舊志義行

俞大綬字思溪讀書手不釋卷每嘆曰范文正公做秀才時便以天下爲已任大丈夫不當如是耶甲申後絕意仕進嘗夢父爲冥府判官因至酆都見神像酷肖號泣不忍歸居鄉直率多善事年八十一預知死期沐浴而逝舊志儒林案舊志義行卷有俞良臣字繼泉力行善事敦睦親族子大綬亦以撫解爲懷疑卽此人俟攷

戴國宰字繼南少失怙居母喪哀毁骨立歲旦對遺像痛哭父母淚如泉湧至老弗輟兄國士耆年嗜學國宰敬養如父尊禮寡嫂病中隱几問嫂杖履聲頭伏身輒起偶嗜粉團命先進嫂而後食甲申三月縞素慟哭幾不欲生平居聞說遺事輒淚下醯鹽酒茶別貯供祭祀自滌器陳設好施予日行利人事錄以告天嘗語人曰爲惡者經醮可禳何憚勿爲吾果自信無煩二氏年八十五無疾而逝子應耀讀書隱跡事親得其懽心應兆嘗遇寇時隻身救父被縛欲殺武憫之得釋歸以教讀終府志

鎡字璧雲諸生甲申後絕意進取逍遙雲門間與陶履平爲友無妻子終身淡如善畫山水得雲林筆意嘗修顯聖寺志府志並採書畫譜徐昆毛西河集舊志方技府志隱逸

劉爾郊字子野與弟京仲並有文名稱大宋小宋崇禎丙子舉

于穎時爲分守道非知府

應天鄉試從閣部史可法守廣陵

國朝順治乙酉四月二十二日城破可法闔家自焚死爾郊與

其難越殉義傳府志忠節

薛允勛字子勣諸生崇禎間年十九以參將從征流寇屢立戰功福王立命鎮采石隸左良玉軍良玉稱兵犯闕焉士英盡撤下江兵令阮大鋮親督以禦左允勛爭之不得發憤扼腕引所厚士轉驅至紹興魯王授總兵轉左都督同知以忠勇爲同事者所忌害之時年二十九正直不阿時人有鋼鐵之目越殉義傳府志忠節

劉光世字覲明少有絕力職言勢副魯藩建國以劉穆爲威北將軍穆用光世爲左軍都督在軍與士同甘苦戰必先登憤渡江無期致殘於紹興知府于穎陳時事得失江上敗穎歸金壇穆病死光世晦迹家居王翊起四明聞其宿將具禮來聘辭不

邵思復堂集補遺

劉景堯字定一居邑之三江所世襲指揮職乙酉倭寇突犯景堯被獲不屈欲驅爲前導復不許倭怒射之中背墮河死時六月一日妻沈氏守節撫諸孤（越殉義傳　府志忠節）

陸建夔字芳侯少有胆畧膂力絕人嘗截竹埋地中者七一矢劃然而解與劉肇勳兄弟姻連盡得其槍法魯王時授總兵官每戰身先士卒一軍倚重後守江干值沙漲卽率兵涉淺而渡思爲掩襲計距營數百步

大兵先已准備矢如雨注建夔持槍奮鬭矢不能入轉戰至萬松嶺上失足仆地遂不支家僕負之歸氣猶縷縷相屬出鏃斗餘踰刻始絕時

國朝順治乙酉六月廿四日也子曾昇襲爵痛父慘死不數月

亦卒無子以從子維垣爲嗣據家傳府志　府志忠節　府志案此與越殉義傳所載年同而月稍異並仍其舊

吳邦璿字睿王父孟登永昌知府邦璿少自負學兵法崇禎乙亥出塞數千里縱觀九邊阨塞聞母訃奔歸福王立朱少師大典薦授參將又薦之魯王授都督同知守金衢魯王航海大典約偕之閩邦璿曰受命守此存亡與俱他何知焉謂其妻傅曰若奈何傅曰君能死予獨不能耶乃益修戰具登陴捍禦以身先之相持二十日勢孤食盡因至城隍火藥局南向拜舉火發炮與大典及陶劉二將同死之傅聞出廳事再拜投繯死後一年子懿禎於灰燼中得一履濟血負骨歸葬府志忠節　案朱少師本傳與此頗有異同詳見越殉義傳注

趙文鈴字二有修髯偉貌善射好讀書能鼓琴書學董思白喜

作大幅山水又精雕刻奏疏翰牘持盃立就明季時受聘往山左途次聞北都破傾貲募旅勤王幾爲賊害南歸圖再舉與張鵬翼駐守衢州魯王授爲職方員外郎參衢州軍務

王師南下與鵬翼同死於衢（府志忠節）

潘集字子翔少有文名初與王毓耆友善後有隙及聞毓耆自沉死嘆曰吾不死負國且負吾友矣袖石自沉渡東橋下年二十五（越殉義傳）著有葩經解詩文二卷

國朝乾隆四十一年

賜祀忠義祠（府志　府志忠節案府志集會稽人今據越殉義傳）

張國紀字羽儀官左都督同知掛襄毅將軍印南都潰馬士英挾母后奔越國紀力請誅之不聽嘆曰壞天下者此人也慟哭而退丙戌江干兵潰不食死女翁俞茂斯爲治殮事歲時祀之

此字與下張梯存諸傳

案遵謙監國時封義興伯入海後晉爲侯

越殉義傳　府志忠節

王文字丙戌六月江干師潰挈妻妾投井死越殉義傳　府志忠節

張楞字季方與兄梯字木弟杉字南士並善詩古文詞稱山陰三張丙戌六月王師下浙定郡邑赴江死越殉義傳　府志忠節　梯杉自有傳

鄭遵謙字履恭籍會稽諸生山西僉事之尹子喜結客及扛鼎擊劍之徒因與合兵號義興軍表迎魯王以海監國詔遵謙爲義興將軍守小亹衆號數萬江上兵潰攜貲挾所嬖姬金四姐入海戊子國師鄭彩遣兵追擲沉於福清海中越殉義傳

國朝乾隆四十一年

賜謚節愍入祀忠義祠府志　府志忠節　案明史及康熙府志俱云遵謙會稽人勝朝殉節諸臣事蹟亦云世居臨山父之尹徙居會稽所紀參互異今止據越殉義傳入山陰餘不備載

顧玢字玉盤與同邑江中沁陳所學顧行俱官中書舍人
國朝順治辛卯九月舟山破相向慟哭各聚妻子於一堂舉火
焚死越殉義傳 府志忠節
高勣字無功事永明王歷官光祿少卿馬吉翔龐天壽搆殺吳
貞毓等李定國奉王至雲南捕吉翔將殺之已爲其所諛遂免
死且薦入閣遂得盡握中外權而天壽亦用事定國與劉文秀
時詣二人家定國時封晉王文秀蜀王也勣與御史鄔昌期患
之合疏言二人功高望重不當往來權倖之門恐滋奸弊復蹈
秦王故轍疏上二王遂不入朝吉翔激王怒命各杖一百五十
除名定國客金維新延告定國曰勣等誠有罪但不可有殺諫
官名定國即偕文秀入救乃復官及定國敗孫可望兵自謂無
他患武備盡弛勣與郎官金簡進諫曰今內難雖除外憂方大

伺我者頓刃待兩虎之斃而我酣歌漏舟之中熟寢蘩薪之上能旦夕安耶二王老於兵事胡泄泄如此定國怨之王前頗激王擬杖二臣以解之朝士多爭不可移時未能決而三路敗書至定國始逡巡引謝二臣獲免簡字萬藏勳鄉人後王入緬甸二人扈行並死之明史

國朝乾隆四十一年勳與簡同賜謚節愍入祀忠義祠府志 志忠節 府

葉道士性嗜酒飲不過三合襆冠布袍對客無一語人曰癡也或呼曰葉道士故嘗參江上李帥幕北兵潰從張視師於海視師疏薦忠孝廉能可任者四人道士名居首視師駐兵鹿頸頭館道士於島之鐵局已而隨之林門經大漠洋南田諸島道士因言恢復之計在於用人今宜就海上諸島並立館舍各以所

知徵聘賢豪庶足集衆思鼓士氣天下事不難爲也會有沮之者不果用未幾海上兵敗視師亦潛跡安廬間間道歸海與道士圖再舉自視師被執不屈死道士轉徙海上返故居或乞食於嘗所知者不一二日輒謾罵去里中所善某一日從大雪中叩其門索飯酒半環柱歪呼有大窮不得雪拖杖疾歪去舟師下中左議攻鹿耳大帥聞道士名以詩招之道士答書畧云漢文勤使於尉陀蠻祖緩兵於北漢此在方域猶且如是況區區絕島必欲黷武窮兵蹈入版圖恐非萬全之算敗軍之將不可言勇幸毋溷我遂病不起曰事至此吾已矣不如死也遂死年六十七終身不娶所善某視其斂收其所作文藏於家道士官授給事中死時檢其敕知之許尚質釀川集補遺

章望之諸生鼎革後遭白頭兵亂鄉里以望之兼武畧推主團

練擒劇賊誅之賞千鈔所著春秋紀傳至老不衰 耐久集補遺

錢鼎臣崇禎間諸生明亡杜門不出會賊肆掠鼎臣率鄉人禦之紀律肅然賊遁去有故交爲大吏勸之應試鼎臣泫然涕下終不出以壽終 府志隱逸

張梯字木弟九歲能屬文從游於劉忠介之門嘗入市有武人私詆忠介理學梯直前批其面武人初斂手避既而銜之然卒畏梯名不敢前祁中丞殉後里豪侵其寓山莊田梯挺身爲理之其人惶恐謝還所侵去鄉遭謙犯兵素與讓詹王氏不相能將以是報籍其家梯抗言乃止 王西河集

陳剛字小集性嗜學善屬文嘗問業於劉忠介忠介殉難遵遺訓絕意進取歲大祲捐有餘以賑孤寡力能生殖者與資本嘗事設粥廠爲盡心經畫全活甚衆 陶菴集補遺

案一洪餘姚人萬曆丙辰進士崇禎時官至太僕卿唐王時擢戶部尚書野史言其奉唐王命赴贛至木椰菴投江死而明史不載

周之璿字敬可世襲指揮百戶之璿少入武學劉宗周聚證人講會之璿從之明亡宗周殉節其子汋竄避山中之璿棄其家負宗周遺集與汋同行至山中遇邏卒謀縛汋獻當事以邀賞之璿貸之他奔流離困瘁相對怡然嘗謂人曰此吾師之子趙氏塊肉耳死則俱死臨禍難而偷生狗彘行也遂寄跡興福寺詭爲僧事定歸家其先世田宅盡爲他人所奪乃至無一廛或勸訟諸官之璿曰吾不忠不孝投死他鄉爲世外散人何顏復履公庭與惡少年對簿耶竟寄食於人而卒 府志義行

姜廷梧字桐音一洪次子姿度絕異陳子龍司李越郡一見相器重一洪死國變日放林皋絕意仕進配祀忠惠文賢而有文每相與倡和廷梧詩久益工將卒倚賦長律二十餘篇有文集行世 府志兼採浙江通志 舊志隱逸 府志文苑 案廷梧府志餘姚人

董暘初名瑞生字叔迪後更暘號無休世勲籍七歲畢讀五經十歲能文陳子龍見其文奇之喜言兵研極攻戰事聯結壯夫爲生死交欲以功名奮蹟會國變遂隱於僧暘少時從學劉宗周預證人會乃較録其遺集自作記日書與人譜相表裏暘雖爲釋氏不喜讀佛書亦不居禪室夫妻父子骨肉聚處獨蔬食終其身年七十八卒府志　餘見思復堂集　子艮梴諸生奉命蹤故人從上歸途聞父訃沿道哭泣勺水不進比到家門卒於舟中艮楠字克封

國朝康熙丙辰武進士以守備從福建巡撫吳提督萬恢復海壇湄州崇武南日平海臭塗洒洲潯尾廈門金門十處捷聞議敍功加二十等授左都督管廣東萬州營游擊歷陞廣東虎頭門副將未赴父憂歸服闋補雲南援勦右協副將致仕卒於京

年六十府志　府志隱逸　案府志瑒會稽人據蕺山配享神位則山陰人

錢士璋字章玉仁和籍諸生有經濟才隨父宦於京公卿爭薦引會鼎革遂隱西湖赤霞山屢徵不起每放舟孤山酣飲後吟詩數章歪筆作雲林畫見者目爲神仙中人馮仙湜圖繪寳鑑　補遺

趙鎮字定卿諸生善導引術鼎革時年八十餘屏處一閣辟穀惟茹柏葉水數年卒府志一行

案明以後名人傳作例得徵引但時人現有裒輯舊集題爲邑志補遺邑志廣畧者此志亦並采數條各標補遺廣畧字樣以別之而不著姓氏蓋自憲頒官書而外凡今人著述未經論定之詩文槩不列名徵引所以杜濫遠嫌亦未始掩長掠美也

右鄉賢二

陰縣志　卷一上

山陰縣志卷十五

人民志第二之七

張尙　楊懋經子國柱　姜希轍子垚　王明臣

潘朝選子翊清姪翊君孫運昌　駱復旦　張岱

張星　陳景新子日讜日哲　張陛子鏞

陳理　吳拱宸子應龍　高文傑子學斌孫遇

陸國安　胡明憲　朱鼎新　呂師著

金朝聘　張杉子燧　徐化龍　王士驥子永俁永俶

胡兆龍　范仍　唐允思　祝紹烶

胡昇猷子仁濟　王之鼎子紀　茅生蕙　王重光

吳執忠　胡鶴翥　周國奎　李宗

馮肇楷　韓大能　俞永芳　傅臚

王之佐　戴光陛　周茂覺　嚴尚權

姜圖南　王慶章　童欽承　柴雲耀子應陛

吳興祚孫奕曾　徐緘　趙廣生　胡必尹

陳繼美　秦長春子宗洊　朱用礪　唐慶堯子咨伯

陳可畏子大經　陳炳親　戴斌　陳必成

黃尹哲從弟奎齡　何嘉祜　馮宗浣子肇楠　陳景仁

李平　周之麟　傅爾申孫巖　巖子延芳

張國勳　劉茂林　金日璉　秦廣漢

姜明作　王業法兄業偉業洸弟業澄　朱用調

祁曜徵　何嘉瑋　趙美新　章尚絅

宋時化　徐沁子楷　周大受　盛時驥

陳毅倫子則都　金璐　胡拱軫　劉殿臣

祝紹爖子宏坊　呂興道　胡行晟　沈季昇子世懋世用世

顯元鑒　何光紳子天爵天培　許大信

朱達子培均圵　趙萬福子宗業　濮萬邦子奎　聞嘉爵子在上

盛守寧　薛萬昂子匡之　李元豐　沈礫

吳雲翊子錫祉　薛化龍弟化麟　胡一治子宮宣　薛維泗子如燦

章琢　陳際春　俞一理　葉振名

余國瑞　余立政　洪其清　屠一鴻子仕祿

孟繼美子時雍　嚴爾介　章天寵子陞　王化秀子允志

余允麒子光祚　曹九成子遵道孫學雋　朱鵬

陸天祐　包燦　陳大綬子世斌　王士璘

朱之烜子啟隆　張培　史宗成子紹曾　吳三壽

王應魁　鍾同春　王光美孫錫模　鍾萬傑子國義

鍾鎬　沈選　何洪惠　戴易

姚啟聖　姚祖振子宏仁　金臺　俞光基

謝昌明　錢廷枚　趙慶祺　祁震雷

楊德浩　王燦　沈允范　胡懋新弟懋宣

何天寵　朱阜　周文英子開緒　徐晉

包萬策　余應霖　徐元禹　姚儀

錢志泗　吳師貞　酈國楨　王大道子慶元

林鼎新　俞宗斌　潘錫金　余允鵾

沈寅范子五鳳　薛昌　曹琦　戴泰征子超

張文選子英　楊賓　周樂　諸來章

郁謚澄子文光　韓紹芳弟以誠　曹萬美　金仁燧

聞士琦子檉　秦宗游孫啟娗　楊之范　金步瀛

王質子嗣忠　薛八鳳子文獄　俞鳳章　張慧才
向璿　余泰來　田軒來　李發枝
陳廷綸　葛繼孔　黃遂　王霖
諸朗　傅日子廷鉞　李光昭　倪宗賢
朱洪謐　盛文美　吳乘權弟乘業　楊恢元
王鼎　周鑲　李求齡　劉廷棟
陳扶九　金以成　潘國枚　何師儉
胡國楷　高尙禮　邵灌　陳光祚
傅汝翼　陳簫　朱霖　鍾之樞
羅廷儀子震鬯　周長發　周開捷　夏兆豐
趙獻猷　高啟燮　潘用槐兄用楫用楷子廷煒
潘景義　沈嘉徵　吳一默子兆甲　施繩武

錢師義　劉光錦　韓彥　孫公瑜子昌鑑
周中鋐兄中鐸　陳齊襄　何百鈞　徐廷槐
何嘉珝　任應烈　葉薇祚子學儒　章倫
王廷祐　朱乾學弟乾英　丁玨　何焻
胡天游　潘乙震潘星附　王元愷孫本　劉正諠子文蔚
劉鳴玉　沈冰壺　王冠雲　童鈺
金士芳　邵煥麟子光祖陳憲附　張天如
張麟錫　周應宿　周鉞　聞人棠
徐垣　沈彩　魯懋　孫大夏
金傳世　宋祖昱　朱霞　王瀛
吳起鳳　王武彬　史義遵　丁有尚
張德淋　俞昌祚　沈士鳳　章奕銈

王濬　王煜弟煒炯　田福茂　鍾夢熊鍾紱附
陳學敬義子　朱雷　徐燮均　徐衔
朱奎揚　吳鳳翥　余廷襄　吳璜子安祖
何裕城　馮啟宗　史謙　陳聖傳僕顧景附
孫毓敏以上國朝

國朝

張倘字仙羽父廷璧教授西山人多從之倘游淩河時當城破前夕感異夢次日即受皇朝知遇廷試第一人出知平陽府陞寧夏糧道平王馬亂擢巡撫寧夏再調甘肅左遷濟南參政歷山西按察福建右布政陞僉都御史終鄖陽巡撫治皆有偉績府志祀鄉賢據栗主及府志祠祀卷補廷璧傳志理學

楊懋經字九有年方齓左右輔牙長寸許啓弗蔽毋使醫截之有老僧詫曰惜哉此封侯相也及長長八尺智勇絶倫時浙東初定餘寇逃入山海者數十屯盜首王三張飛者遣所部傅羅葛刼安城村懋經往救斬之賊稱掠鮑瀆假道於懋經佯許之設伏殺賊百七十餘王三張飛鶩竄入海懋經游京師適張忠元出撫江蘇延與俱歲甲午湖賊錢應魁聚黨焚刼乃署懋經爲太湖營總巡乃募死士百五十人造雙櫓船五十餘募善操者三百人分給之每船拔一黠者厚其食使覘賊水道及湖濱之爲賊耳目者先捕殺數十人乃率衆入湖賊出則與戰賊退則盡築諸隘口日將暮則分兵守隘數月賊憊甚獲賊妻及戰具僞敕劄斬賊先鋒唐四等而密令人伺海口遂俘應魁於黄浦之豆腐濱忠元以聞

賞銀五十兩改署平望營守備歲已亥署蘇松鎮標中軍守備
屯崇明時海寇鄭成功衆數十萬欲犯金陵由崇明而北總兵
梁化鳳所部兵少未敢攖其鋒懋經率所募死士乘風縱擊殺
數百人奪船十餘艘遂委以左前後三營守備事鄭成功陷鎮
江逼江寧懋經與化鳳率四千人馳入江寧成功圍城數重江
路絶援兵莫至化鳳部兵屯較場總督郎廷佐以其兵少不足
當敵置不問會積雨没脛懋經謁化鳳請決一死戰化鳳難之
既謂曰盍往謁軍門乃疾馳謁廷佐請戰廷佐允其請遂勒所
部三百八人蓐食分列於儀鳳門内自與死士十八人背旗躍城
下既摩敵壘乃大呼奮擊生擒其將張順還六月十七日爲鄭
成功生日會將佐飲懋經偵知之神策門臨大江自明初已塞
懋經乃獻策化鳳請穿塞乘其醉擊之不破賊甘斬化鳳起揖

曰非君不及此請同李廷棟先嘗賊吾統衆卽至約束定日巳昳度賊已醉先諸將穿塞直搗其中奮呼力戰化鳳兵亦至夾擊之賊潰丞亟扼之江復大破之成功僅以數千人遁去乘勝復鎮江是役也懋經獲僞都督二總兵二副將三大纛一首級無算李廷棟無所獲分所獲都督二總兵一讓之成功既敗還率餘衆復困崇明懋經馳救至七了港值賊船百餘一鼓破之殺賊無算圍解追奔三十里懋經功第一

御賜袍帽靴韈刀帶等物以旌異之陞崇明鎮左協左營都司世襲拜他喇布勒哈番遷廣東惠州游擊康熙初歷陞山西平陽鎮總兵未赴職傷發病且革猶呼曰大丈夫未罄生平奈何死耶嘔血卒年四十五子國柱襲府志

（明禮部尚書逢元孫）

姜希轍字二濱世居郡城工部郎中天樞子明崇禎壬午舉順

案新昌學無教授國朝亦未有由廩貢生為國子監博士者蓋由新昌訓導遷國子監典簿耳

天鄉試

國初授溫州教授遷知元城縣值鄰郡饑流民蝟至時逃人令嚴無敢收者希轍悉留之令墾荒地受雇得食全活以萬計卓異入爲戶科給事中轉兵禮二垣辛丑分校會試家居數年復起爲工科至奉天府丞引疾歸希轍名家子曉暢廟堂典故時諫官皆著丰稜侃侃爭是非希轍所論列獨持大體及還家修士大夫居鄉之禮凡郡中利害必自當軸者不以嫌怨少避年七十八卒府志兼采大清一統志祀鄉賢據府志祠祀卷補　子垚字汝皐由廩貢生教授新昌縣學遷國子博士著有蒼崖詩草樗里山房文稿耐久集補遺　案通志希轍餘姚人府志會稽人今據舊志選舉卷

王明臣字枚仲順治初貢生授山東日照知縣四年土寇入城死之廕一子入監府志忠節

潘朝選字世衡順治乙酉任盂縣知縣攝壽陽篆兩邑並建生祠丙戌授御史辛卯巡鹽兩浙累陞河南左布政使所至丕著績慎丁酉陞禮部侍郎賜一品服轉兵部侍郎巡撫直隸後上疏乞休以原官回京築圃西郊陶情詩酒卒年八十四子翊清永定知縣陞蘄州知州有賢聲姪翊君孫運昌以叅領從軍恢復雲南各著偉績舊志

駱復旦字叔夜九歲能文以拔貢授推官改知縣除陝西三原以事罷官事白補江西崇仁縣再以逋賦落職復旦性忼慨善交游越中當順治初年好爲文社每會集八邑髦士觴詠盤桓復旦必爲袖領嘗率越人赴十郡大社迎舟數百艘集嘉興之南湖太倉吳偉業長洲宋德宜等數十人爭於稠人中覓復旦既得環而觀之皆歎息復旦長於詩落筆有才氣博大卓朗越

中爲詩者推之兩竿劇邑日與部下士及四方文人鉛槧倡酬娓娓忘晝夜稱雅吏焉府志餘見毛西河集府志文苑

張岱字宗子明廣西參議汝霖孫年六歲汝霖攜至杭州時華亭陳繼儒見之命屬對奇之謂汝霖曰此吾小友也及長好結納海內勝流園林詩酒之社必頡頏其閒家累世通顯服食豪侈畜梨園數部日聚諸名士度曲徵歌詼謔襍進及閒以古事挑之則自四部七略以至唐宋說家薈萃瑣屑之書靡不該悉明亡避亂剡溪山素不治生產至是家益落故交朋輩多死亡葛巾野服意緒蒼涼語及少壯穠華自謂夢境著書十餘種率以夢名而石匱書紀明代三百年事尤多異聞後谷應泰提學浙江購得之爲紀事本末年六十九卒府志文苑

張星字茂仲明崇禎庚辰進士授編修順治間任滁和道巡按

鹽鹺二御史交章合薦簪筆赫然著有法華刪解楞嚴注疏準提學果諸書舊志

陳景新字泰熙明萬歷舉人祖舜仁九江通判以清廉稱景新銳志經史兼習刑名錢榷河渠諸書歷游山東山西撫臬幕值姜瓖煽亂惟太原堅守不下景新晝策畫為恢復時勘問脅從官吏纍纍就道悉置輕典多所保全生平好施與雖千金無吝色子曰謨肥縣典史曰哲順治丁酉副榜舊志

張陛字登子邑庠生明崇禎庚辰大饑陛請於母董氏發稟得米千餘石活八萬餘考授內閣撰文中書順治乙酉補鎮江推官適金沙湖寇跳梁大將軍將發兵屠城陛跪烈日下哀請得免遂單騎至縣悉焚從賊文冊戊子母病告歸辛卯補廣東巡撫李瑞吾命署四會縣事旋調博羅康熙丙辰授延平府同知

理宜附其子允恭傳

署邵武府適攝沙邑令卒於官祀名宦子錆以隨征敘功授知縣舊志　舊志府志均入義行

陳理字厚菴順治初官廣西平樂府司獄孔兵之亂救釋被掠婦女數百人悉送還家恐不能脫遂先自燬其居子允恭廷綸並進士其後登第者二十餘人咸謂積善之報云府志義行允恭廷綸自有傳

吳拱宸性孝友遇人患難必力救之年近百齡子應龍年七十餘孝謹不衰

高文傑字德芝父洪明末以孝義稱順治初東南未靖文傑嘗以事至東關逢賊挾之行曰從我則生舟過曹娥江文傑縱起躍入江中賊錯愕歎息去文傑泊中流憑浮木得不死家貧甚與妻子節食養親及幼弟子學斌孫遇以孝友世其家以上府志義行

陸國安字君衡順治初浙東新定白頭兵聚刼村落國安父夢告被掠至賊寨索餉國安挺刃入賊巢連斬葉伯惠陳玉環二賊首餘黨犇散負父歸夢告前孝子何質之猶子也府志孝友

胡明憲字澄宇幼穎異喜讀書善事父母事無巨細必稟命後行兄弟不析爨者數世及兩兄相繼逝世視嫂如母撫其孤如已出年八十七卒妻故錦衣衛官李雙泉女雙泉罹不測李伏闕申救子昇猷順治丁亥進士府志義行 舊志府志均入昇猷自有傳

朱鼎新字爾建幼沉敏有文武才順治初授祕書院遊隨經濟王征閩參預帷幄料敵多奇中閩平超授左藩時海寇鄭天才等陷郡縣福州被圍糧絶鼎新設粥廠日給兩麥糜全活靡算賊既退猶或縱姦入城鼓樓廨寺月十餘火鼎新行保甲法建柵邏點有竚柵外者狀稍異輒捕之得姦黨七千餘人又

此可附入下胡昇猷傳

按祕書院何官 國初亦無經筵 王左藩又是何官

搜獲妖僧石田軍師散其衆四萬閩人擬爲小范老子舊志

呂師著順治二年授江寧通判與守忤罷去三年

王師渡績溪將下浙東師著姻家徐準在軍中謀所以全浙東者

王師抵錢清師著率父老詣軍前乞哀遂許封刃授師著三衢教授準死師著徒行求其屍殮之遂棄官護之歸師著三子皆有異才師著又名王師工詞曲毛西河集

金朝聘字鳳山父病聾瘖朝聘跽進飲食儼若神明四十年如一日順治乙酉兵方肆掠父被刼朝聘挺梢大呼刺之賊驚却得免舊志孝友

張杉字南士明晉府左長史鎡孫少負才名與其兄梯弟楞號三張子王毓蓍以詩文會天下士三張子席末席諸士聞其名

爭起問訊見其年幼大驚順治三年征南兵下浙江樗死於江濱梯佯狂游澤中性不嗜酒至是劇飲成疾杉事梯如父不脫衣履晝夜坐梯所梯死杉歸家日詠詩數章與蕭山毛奇齡相倡和奇齡有作必呈杉杉以爲可乃收之奇齡嘗以事爲人所陷倉猝出丞杉匿之於家一年事漸露徙天衣寺後奔汝寧及禍熄杉親至淮蔡挽奇齡歸明崇禎己卯杉寓蕭山知縣維明祖集文士於河陽館課文課畢復揭一籤於卷末曰漢人有諸賢名曰顏子曰曾子曰仲弓曰子路子游子夏者何人也坐中無應者杉從容書其下曰顏子黃憲仲弓陳寔張曾子張伯饒城頭子路者東平爰曾子游張騫之孫猛也漢同時有兩子夏一杜欽一杜鄴明祖避席揖之問其年方十九子燧字星陳康熙庚辰進士除欒城知縣入爲吏部主事卒於家梯字木弟樗

明及國朝皆有兵馬司正副指揮拱樞蓋推兵馬司副指揮也若兵馬使則惟闖賊有之

字季方府志 餘見毛西河集舊志隱逸府志儒林

徐化龍字在田順治丙戌進士任河間府推官多所平反卓異授兵部武選司主事轉河東鹽運司運同尋陞福建鹽法道商民感其德立祠祀之涖任一年乞休歸嚴絶干謁足跡不入城市年九十四卒舊志

王士驥字千里順治丙戌進士授庶常改侍御史慷慨陳言有骨鯁直聲督理兩淮鹽課釐奸剔弊常額外解羨餘以充兵餉當事惟有囑托不徇所請飛章糾參立置之法旋解組歸子十八亓僕陽山知縣有惠政亓倣蘭溪訓導講學課士爲一時最舊志

義行

胡兆龍字子褒父拱樞初授山西陵川丞攝高平篆兩邑民戶祝之擢兵馬使發姦摘伏力持大體舊志 兆龍順治丙戌進士以

案蔣良騏東華錄載順治十五年二月刑部左侍郎杜立德劾内院學士胡兆龍罔上行私甲午中一弟兆麟今科中一弟兆鳳都中有一龍當道麟鳳齊諧之謠旋吏部察議言杜立

庶吉士習
國書及典史籍凡吏禮兵刑徭賦所有沿革損益無不洞然典
楚試黜浮崇雅號得人
世祖皇帝御試稱詞臣第一以侍講學士纂修
太宗皇帝實錄歷學士凡
幸瀛臺
駐南苑多預扈從充會試副總裁所取皆名士爲日講官纂修
聖訓教習庶吉士署吏戶二部侍郎晉禮部尚書贈
上眷有才品端練之諭予告歸卒年三十八府志並祀鄉賢據府志祠祀卷補拱樞舊志義行

范仍府志選舉卷作祁字祖生順治丙戌舉人授南康府推官絕苞苴清覈滯書有審京編秩滿遷廣信府同知兩攝郡事巳亥秋海

德參款不實應免立德官還赦免是年十二月召受督撫餽遺革學士胡兆龍尚書銜並所加之級仍留任孜國初止設秘書宏文國史三院號內三院有大學士及侍讀學士侍講學士等官至是年七月始去內三院改爲殿閣大學士設立翰林院兆龍蓋召內院[illegible]學士加尚書銜者今志來或言

寇犯石頭城屬邑永豐去賊窟不遠仍帶僕役數人疾馳至縣居民已竄盡爲之招徠復冒險入賊營諭令解散賊皆感泣願降後攝縣歲餘去任士民泣送四十餘里著有冰玉事紀郴灃枕言蕭邛譫述各數卷舊志祀鄉賢據府志祠祀卷補舊志儒林府志選舉卷祁會稽人

唐允思字伯文父圭嘗刲股療父疾允思甫有室遭母病足不履房幃者踰三載及卒淚盡繼血幾於滅性歲時伏臘念及父母輒涕泗交下順治丙戌舉於鄉生平慎交游不欺然諾有客如厠失金欲主者償主有死而已或勸客已之客有死而已允思即爲代償歲歉允思量口授食寇警誡守勿派窮民人咸德之謫選得慶符知縣命甫下而卒著有周易傳義詩經圖解府志祀鄉賢據府志祠祀卷補府志儒林府志允思會稽人今據舊志子賡堯自有傳

視緒煃字文葆性孝友順治丙戌舉人任常山教諭明倫課士

兆龍爲吏部侍郎式言爲吏部尚書皆非也此志亦未明晳

爲時所稱舊志孝友　舉卷紹興府志選

胡昇猷字允大順治四年進士授行人遷戶部郎中授江西南瑞道調湖東十七年轉福建興泉道山賊李月高許子敬糾黨二千餘應海逆鄭成功掠福延漳泉四郡昇猷偕提督馬得功進勦遣游擊陳天玉擣洋坑永春等寨捕斬月高子敬餘黨悉伏誅又率叅將張應詔勦泉西賊斬渠王貴及其黨百餘人十八年勦泉南賊擒柯瑞等十一人山賊劉瓦陳鎮聚衆勾海寇踞黃肚寨遣陳天玉奪險奮擊誅之海寇黃昌船二百餘窺黃崎崇武等處以兵一千馳勦合游擊郭懷守備王承印協攻賊敗走諸役皆昇猷與得功合謀督戰功爲多康熙元年遷江南江寧道十二年補陝西漢興道逆藩吳三桂反漢中當川陝咽喉昇猷調度輸將芻糧備足十三年八月經略莫洛奏改漢興

道爲關南巡道專理漢中事是年冬王輔臣叛於寧羌莫洛被害逆黨阻截棧道漢中糧絶十四年七月鎮西將軍錫卜臣撤漢中兵赴西安昇猷隨行至馬家溝迷路墮馬折指被賊執掠治無完膚又械回漢中七日不食不死就縊復不死與妾焦氏同囚五載十八年十月奮威將軍王進寶恢復漢中昇猷始得脱時

大兵進川

上諭胡昇猷陷賊數載備遭困辱守義不屈可嘉授四川按察使二十二年補大理寺少卿累遷左副都御史戶部侍郎調吏部尋擢刑部尚書二十六年降補太常寺卿授左副都御史卒賜祭葬如例子仁濟知縣據家傳府志幷國史館傳祀鄉賢據府志祠祀卷補

王之鼎字公調順治丁亥進士知祁縣祁爲汾潞要衝流寇以

來井閭殘廢之鼎冉至值旱蝗徒跣虔禱雨降蝗滅歲轉稔邑人頌之在任二載繕城郵獄課士勸農諸務畢舉姜瓖叛之鼎殫力守禦時出奇奮擊多所斬獲賊悉銳來攻援絶城陷被執罵賊死家僕民壯皆感激不屈以殉時己丑四月二十六日也贈按察司僉事子紀諸生任山東陵縣不事追呼課完盜息卓異遷徐州牧兼理徐倉篆務剔蠹漕弊監修險工以詿誤解任總河靳輔檄委監理徐屬河工未幾以目疾告歸據府志并大清一統志

之鼎祀鄉賢據府志祠祀卷補舊志府志均入忠節

茅生蕙順治四年授狼山總兵素著威略八年征粵勦賊以糧盡矢竭被擒不屈死舊志忠烈

王重光字是嶽順治戊子倅浙東鹽運歷遷常州知府剔除姦弊大有政聲陞衡永道改擢雎陳時方多事經略洪承疇以

邊材特題改江西臨江道陞陝西按察使釐決大獄寃滯一清遷山西右布政廉聲益著奉

諭旨畿輔重地必得廉明才畧始可勝任特簡巡撫順永河保等府尋晉秩兵部尚書舊志

吳執忠府志選舉卷及清一統志並作執中大字匪公少從父某游遼東受知親

王特簡總理參與政務其時親舊散失者多方收䘏之仰食者幾百家迨扈從入關值開科取士執忠欲辭職就試親王慰留之遂與出身初知豐潤縣報最召拜御史備兵漳泉輕舸入險宣布恩威招海澄黃梧歸順再備兵懷隆三遷湖廣糧儲參政值李孽倡亂三省會師征勦執忠跋履行間多方措置

朝廷嘉其績封父如其官後謝病乞休撫三孤姪俱成立優游林下者數十載府志祀鄉賢據府志祠祀卷補子輿祚自有傳

胡鶴翥字翀之順治戊子舉人知揭陽縣邑故濱海會奉文斥民地居民咸苦播遷號泣請命鶴翥跪請大吏稍展界限弗許繼以涕泣乃如其請民至今尸祝之適安插投誠以數千計城中岌岌弗自安鶴翥爲陰結渠帥歡遂嚴束不敢逞巡撫盧某薦陞工部都水司主事奉差南河相視要害清水潭茶亭翟家壩高堰悉爲鳩工堵塞以疾卒舊志義行

周國奎字燦然父應聘以拔貢知郯城縣有廉平聲蹟伯兄國璧除昌平同知國奎往依之會賊薄州城國奎曰賊亂而不整若挑精勇多張旗幟隨所向襲擊彼謂京兵大出必遁如其言賊敗順治五年張承恩補鎮江協鎮陞總兵與譚太固山南度仙霞入福建用國奎前部抵羅陽圍其城大破之遂入羅陽固山大喜上國奎功第一尋進攻寧德抵福安下福寧州所向有

功七年春陳倉鐵羅漢等帥衆二萬圍城羅漢善用被陳用紅布畫虎豹漬水左右短兵翼以長鎗步卒四人鬪卷舒鎗矢不入馬亦驚怖常以此取勝國奎用鉤鐮注視鐵羅漢鉤定滚被長鎗皆爲木杷所制鎗矢齊發立殺鐵羅漢餘衆俱潰陳倉自縛乞降制府李某提延平副將旨旣下而國奎以苦戰致疾力乞休承恩移鎮台溫從至溫久之返紹興卒年六十五邵廷采撰傳　補遺子文繼自有傳

李宗字伯因性穎異明敏諸生時逆闖勢張甚宗密爲彈文以抒憤懣父侍御懋芳見之驚嘆曰孺子乃能是耶吸取稿删潤之忤璫被逐璫敗從父督學三吳分司校閲如張溥包爾庚輩皆所首拔士及從父撫山東登孔子廟堂講習禮樂攬泰山形勝爲文詭奇古雄灝不可一世已而痛父以直道見黜草疏萬

言伏闕訟冤事竟穫雪順治戊子貢入成均以子平貴封宗如其官遂不果仕舊志義行 平自有傳

平字秩南云了

馮肇楷字民則諸生性狷介足跡不入公門生平以詩酒自娛舊志義行

此等自足傳自來郡邑志藝雜陳殊乖法為例此志稍為於悵也亦應摘著多略刪抹之以欠體裁

韓大能字敬南早失怙事母極孝兄弟最友愛戊子歲饑煮粥以賑兼製棉衣分給掩骼施棺久而弗倦建義學以教育成童及子祖蘄屢立戰功諄諄以戢兵惠民爲誡贈驃騎將軍祀鄉賢府志義行

此等皆宜依類立傳達按云云

俞兆芳字鼎卿諸生九歲卽刲股療祖疾順治戊子父爲寇執去號哭請代昆弟皆哀乞從之遂得釋父病衣帶累月不解歿後廬墓三年比卒有白雉翔於庭競傳其仙逝云舊志孝友

傅臚字雲史順治戊子拔貢任敘州府通判有政績左遷福建

按察司經歷值耿逆叛被脅不從拘於幽室耿逆内潰乘閒脫歸巡撫陳秉直上其事

特命來京慰勞備至以忠貞可嘉四字錫之舊志義行

王之佐山西臨縣典史順治五年十二月逆鎮姜瓖叛陷臨邑知縣張燿祖死之之佐度巷戰不克率民兵攻上趟賊壘土欲殲其渠魁力戰被執罵賊不屈死

贈卹如例府志引欽定昭忠祠列傳入忠節

戴光陛順治五年任龍南縣典史值閩寇侵境光陛統鄉兵剿賊奮勇力戰歿於陣府志引昭忠祠列傳入忠節

周茂覺任山西絳州垣曲縣典史精吏治順治六年叛鎮姜瓖來攻茂覺與知州李榮宗協力固守城破不屈死之府志引昭忠祠列傳入忠節

稱布政司參議為少參此沿明代俗稱必不宜入志記載文字

嚴尚權字巽行少倜儻有奇氣長游燕趙閒總督楊鶴羅致之禮爲上客以軍功授武階三品順治閒土寇竊發有守道州者本儒生不勝其任尚權爲謀戰守之宜土寇突至同州守與於難府志 舊志義行 府志忠節

姜圖南字滙思順治已丑進士選庶吉士改御史巡視陝西茶馬吳三桂鎮撫秦州軍伍多踰制圖南劾其無人臣禮巡按兩淮鹽務革梔封革關橋廳稅革餘鹽羨政肅清浙江通志

王慶章字有慶順治已丑進士授少參備兵海南每向藩府參决機宜總以安撫爲重一時將士亦憚其嚴正尋攝全省學政文風丕振慶章生平慷慨不事生產以勤勞烟瘴中而卒舊志

歷官至布政司參議

童欽承字在公順治已丑進士知祁陽縣時楚氛未靖土寇肆行刼掠經略洪承疇欲盡殲之欽承哀請得免即單騎詣賊營

諭以禍福遂平歷任兵部武選司主事

榮雲耀字涵宇順治初因軍功題授都司御史秦世禎涖浙擢爲中軍時東南甫定尚多伏莽雲耀指授方略所嚮有功子應陞亦慷慨有志節以上舊志義行

吳興祚字伯成漢軍正紅旗人順治七年由貢生授江西萍鄉知縣再任山西大寧遷沂州知州降補江南無錫知縣康熙十四年漕運總督素聆延保列疏薦舉十五年剿平耿逆超擢興祚福建按察使先是朱統錩自稱故藩盤踞江西福建錯壤山寨興祚涖任後輕騎至光澤招降僞總兵陳龍等諭令投誠僞總兵蔡淑偕同賊營爲內應繼遣陳龍導大軍直搗賊巢獲統錩子義灒姪義質勢窮蹙僞總兵馮珩等縛統錩率衆降十七年擢福建巡撫時海賊鄭錦踞臺灣僞帥劉國軒等犯泉州府

城興祚率標兵由興化赴援抵仙游奪取白鴿嶺關口復永春旋復德化劉國軒自泉州遁仍集巨艦數百於赤澳黃崎諸處興祚遣總兵林賢等出海焚沉賊船六十餘殪賊甚衆擒僞總兵章元勳吳朝綱等晉秩一品十八年正月劉國軒率賊兵六千至郭塘歐溪頭欲犯長泰興祚會師擊丞之尋招降僞總兵蔡冲琱等八十餘員兵民萬餘獲船六十有奇十九年克廈門餘賊悉竄臺灣予騎都尉又一雲騎尉世職二十年擢兩廣總督時左都御史徐元文奏請革除逆藩私增諸稅而御史祝鍾靈奏粵省鹽課太少恐有侵蝕情斃並下督撫詳察興祚疏言粵東自藩下分駐於稍可獲利之處徧布爪牙橫行剝掊尚之信每歲所得約計不下數十萬皆從小民剝膚椎髓而出未可因利孔之多從而節取伏讀

恩詔有云逆賊盤踞地方橫加錢糧稅課督撫察明悉行除免則粵東一省

睿照所必周矣疏下會議凡尚之信苛政悉飭革除二十四年請於廣東廣西二省設爐鼓鑄二十八年降調三十一年授歸化城副都統以撥送馬匹不即察收降調三十六年

大軍征噶爾丹興祚坐沙克舒爾塘

命復還原職未幾卒興祚好晉接交游海內名士皆厭飫其心暇則詩文觴詠往往傾囊餽贈之其在廣載萬金散於族屬曰何用齷齪為子孫計耶以故常困乏及罷官乃不能給衣食至死人皆痛之著有宋元聲律選史遷句解粵東輿圖孫奕會襲世職據府志並國史館傳

徐緘字伯調諸生初擅制舉業為雲門五子之一復以詩古文

爭長海內中丞祁彪佳愛其才使二子從游移緘家居梅市彪佳死與宣城施閏章交最相得嘗著讀書說歲星堂集府志文苑

趙廣生字公簡從學蕺山為文高古曲折有集六卷舊浙江通志府志文苑

胡心尹府志選舉作必尹字德懷順治辛卯順天舉人以延慶學博遷芮城知縣課士多所成就決獄頌神明卒於官立祠祀之府志儒林

陳濟美字子冠順治辛卯順天舉人知鹽城縣時頻患水災濟美陳請蠲賑得免正賦二十餘萬其有因災鬻妻女及不能婚配者悉為追給并捐俸助之渠魁袁天保蔡三保率眾聚寇繼美以計擒之旋釋其罪或唱為參盜繼美笑曰長吏不事撫循富豪惟工朘削饑民為盜可盡殺乎二人感泣盡散其黨繼美誠於愛民不事刑罰以整漕致鬻產償正帑及卒民為罷市舊志

仕之官而已

此宜附之前明朱少師傳下我父子于臣宰表未可如此傳

義行

秦長春字伯晦以明經授河南輝縣輝被流冦蹂躪民多逃亡舊額三萬匱缺六千有奇前令雖嚴加鞭扑終於無濟長春履畝覈別手書冊籍陳請臺使具疏蠲免時方墾荒臺使難之長春痛哭力陳得盡邀

恩豁又河決開封行臺貢院咸設於輝供應浩繁乃力請量移郡城民困得甦解綬歸一無長物子宗游康熙巳未進士選庶常授編修封父母如其官府志儒林　舊志孝友府志　宗游自有傳

秦用礪字若一錦衣衛指揮使壽宏子順治辛卯援例授國史院中書舍人任松江郡丞丁繼母憂服闋補臨洮調永平俱有惠政舊志孝友

唐賡堯字載歌順治壬辰進士除工部都水司主事奉

命南旺治河陞郎中丁酉典試山西外艱服闋以事降補光祿寺署正

特旨管禮部精膳司郎中事出爲江南寧國同知遇大祲力襄荒政榷蕪湖關除折水扣牙等弊三逆搆變徽寧鼎沸

王師莅境承檄隨征總糧儲督造沙唬戰船風雪中克期告竣陞山西大同府知府值亢旱請發司帑二萬以賑民困少甦徒跣禱烈日中甘霖立沛課績爲天下第一授山東督學副使秩滿以母年近九十患目失明告歸日以舌舐母目三年復明遂不復仕庚子卒子含伯字宗臣官江寧府知府據府志及家傳祀鄉賢據府志祠祀卷補　案府志賡堯會稽人賡堯父允思舊志有傳且爲宋山陰義士珏之後例得立傳

陳可畏字伯聞順治壬辰進士司李廣信時當兵燹後獄訟繁興可畏曲爲撫循民賴以安擢吏部稽勳主事遷驗封歷考功

郎改御史視鹺兩淮巡東城值歲大饑俟賑者雲集都下可畏特疏展期自冬迄秋全活數萬庚申冬上親試臺垣擢居上等掌京畿道卒於京著有思補堂集十卷西臺疏草十卷三山放言八卷子大經官吏部司務府志案府志可畏

陳炳諸暨人寄籍山陰親廣東羅定州吏目順治十年西寇吳子聖率賊攻城城破被執不屈死之昭忠祠列傳府志忠節

藏斌字聖孚父大圜世襲領運漕糧爲運丁侵蝕缺額計無所出斌在京師素豪俠士大夫重之咸爲醵金完額戶部移文兵部令斌承襲同衛盤姦剔弊共頌廉明掌衛印有惠政立碑白馬山麓順治癸巳領運後帮嚴禁侵蝕旗丁十餘人乘夜入舟斌拔刀禦之遂被害後十餘人恍惚見斌乘馬掩面親來捕捉

無一人得脫事聞贈卹如例舊志孝友

陳必成字德子順治乙未進士除戶部主事權崇文門稅羨餘悉輸於官遷刑部郎中平反甚衆己酉典楚試甄拔皆異才督學雲南袪歲貢陋習宿儒爲之感激報滿還諸生號泣追送還里杜門不與外事與物無忤恂恂如儒士府志祀鄉賢據府志祠祀卷補府志儒林

黃尹哲選舉卷作允哲字雋子父疾刲股者再寄籍昌平中順治丁酉舉人善屬文著有古今帝王將相論次十餘卷從弟奎齡崇禎壬午舉人知高安縣禁淹溺子女爲捐俸給養多所存活舊志孝友

何嘉祐字子受方國安潰兵東掠嘉祐奉父以避追及刃揮其父嘉祐承以膊號而求代俱得免僑居上虞父病再刲股順治

丁酉舉順天副榜授江西奉新知縣自金聲桓後亂者相踵嘉祐度險易分建四部鉤連屯陣縣界遂安抑豪右清占田招流亡給牛種不一二年戶口殷集丙午旱饑出俸貲以賑全活萬計又相土宜購良種樹桑麻桐漆栽溉皆著成書刊示鄉遠仍立法董勸漸成富饒故例民漕輸縣倉由縣解省奉新十二都近省遠縣因令里各置倉徑解省民大稱便擢戶部主事白尚書免江南民欠百餘萬尚書梁清標賫

詔撤平南王請與俱行甲寅正月三日尚可喜拜

詔且逡巡次日可喜又見議遣其子先發而已以三月行其子攘袂大言曰急亦作鄭國姓耳何以行爲藩下諸將皆洶洶五日夜半督撫提鎮交至告湞南變清標顧嘉祐曰奈何嘉祐曰制倉卒勿辱軍國責在公設守衞俾他日不橫決則封疆有主

者今日獨可使緩發以需朝命清標俯首良久曰更爲我詳思嘉祐曰此無庸思不速斷便爲人制卽起然燭草疏詰明可喜從數百人擐甲入兩階夾戈刃坐定清標對衆言曰王無爲行計且具疏留王非王孰可拒滇逆者可喜愕然曰僕不識尙書何謂也清標搖癭開曰疏已具努力答恩厚可喜氣頓緩手疏傳示諸將皆相顧散事遂定其秋可喜子終叛而以先有備亟伏誅嘉祐陞員外郎督蕪湖關晉郎中改湖廣道御史巡視河東鹺政鹽池水漲嘉祐禱之水遽退卒官年五十九嘉祐殫心時務凡兵刑農穀地理官制有用之事靡不周暢據府志及思復堂集祀鄉賢據栗主及府志祠祀卷補　舊志孝友

馮宗浣字淨子諸生天性孝友喜周人急難遇事不平則危言正色以爭之子肇楠順治戊戌進士知永豐縣爲政清廉邑人

既無一事附之其父家傳可矣不必特立

尸祝焉舊志義行　府志選舉卷肇楠會稽人

陳景仁字子殷順治已亥進士選庶常旋補驗封又遷禮部巳西典試粵東所取皆名宿時河南二程後裔請如例襲博士當事者以久廢頗難之景仁獨建議上宗伯得報可出知臨洮府値久旱景仁車轍所届甘澍隨之民稱爲太守雨渭源縣向苦包荒親履往勘悉爲蠲免凡數十萬畝卒於官老幼皆炷香泣奠日滿戶外先是署有一鹿常出入侍景仁輿比逝鹿哀鳴不食七日而死又有三白雉翔集柩前環視而雊如不勝其戚浹旬迺去府志

翀平字秩南順治已亥進士選庶常授編修會試同考充實錄館纂修官年三十六卒府志　舊志儒林府志文苑　案府志平上虞人山陰諸生

周之麟字石公順治已亥進士改庶吉士授檢討歷國子司業

侍讀少詹事左遷太僕少卿復晉僉都御史太常卿通政使卒賜祭葬如禮之麟謹慎詳密不激不隨以恬和導迎善氣平生嚴取與服官雖久田宅不及中人見人則握手斂容非素識不知爲朝貴嘗語子弟曰我居處服物較諸生時不敢一分增我意氣襟懷較諸生時不敢不十分減人以爲名言據通志兼採府志祀鄉賢據府志祠祀卷補　案之麟山陰前梅村人府志蕭山人

傅爾申字謝侯順治庚子舉人幼拾遺金候失主還之遺金者因妻以女家在鄉墟東西村自漁瀆連青田湖中界大河遇風舟多覆沒爾申捐貲築堤至今賴之孫巖字掄一有鄰舍孀婦戴氏哭甚哀詢其故曰家貧姑老伯叔輩逼我改適耳巖惻然按月給粟養之終其身子廷芳乾隆乙酉舉人府志義行

張國勳字鼎齋襁褓失恃事父以孝稱康熙辛丑武進士案康熙當

作順治先是大父母繼父母三喪藁葬南北國勳於數千里外奉櫬合葬甲寅山寇竊發國勳與當事力籌守禦又單騎往招撫隨督撫恢復紫閬康親王特疏題敘因樂清衝要授以城守卒於官府志義行　案府志國勳會稽人今據選舉卷

劉茂林字子本汋子祖宗周殉難時茂林年十四既長移居證人書院靜驗獨體闡明絕學與外父黃梨洲雎陽湯潛菴復與證人社講學不輟因取先世遺書一一考訂之著吾也子微言內外六十四篇分上下十二卷禮經考次正集十四卷分集四卷又著九經翼原府志儒林

金日璉字鷺盤邑增廣生孝友嗜學明末時嘗陳條禦十策招撫三策於本府縣海寇犯越上守城八議於朱守憲皆救時碩畫著有寶樹堂四書講意諸集舊志儒林

秦廣漢字沛生少攻苦能文續修山陰邑志府志舊志儒林府志文苑

姜明作字秀宇素行端方談古論文雖終日不倦舊志義行

王業法字二皆性孝友晨昏定省必肅衣冠以進兄業偉業洸弟業澄皆有文名不急急於仕進與徐廷玠諸人爲詩酒之歡子燦康熙甲辰進士府志文苑燦自有傳

宋用調字子彛有囘亭遺稿靜志居詩話詳思復堂集府志文苑

祁曜徵字旣朗邑諸生忠惠孫有臥士詩稿府志文苑

何嘉瑋字偉生長於詩古文著有玩意集博覽編等書

趙美新字可孫幼從徐熙受毛詩及長補郡諸生益肆力於詩古文著有彤管集

章尚絅字賓華拔貢生建始知縣奉公潔己以德化民告休歸民爲建生祠於縣東以上舊志儒林

宋時化字燕菴性孝友有幹濟才初仕巡檢歷任至登州郡丞廣平守皆以循卓稱舊志孝友

徐沁字埜公號水浣博學能文推官陳子龍目爲國士性恬澹弗慕仕進著作甚富亢慷慨好施子楕諸生父疾刲股

周大受字子任郡廩生性孝友好學康熙庚申授宣平訓導時遭閩逆變後學署頽廢大受猶聚徒講學朝夕不倦

盛時驤字逸千幼穎異嗜古由貢科選授知縣歷郡倅嘗建怡園別業

陳毅倫字孝植邑庠生著有夜光集子則都順治乙未武進士

金璐字孟美幼工舉業名著士林事父母以孝聞以上舊志儒林

胡拱軫父母年並八十值夜火拱軫趋救方負母出火愈烈復入救父櫌傾與父同斃明日出其屍拱軫以身蔽父體手障父

面儼然如生巡按王元曦具題大清一統志舊志府志均入孝行

劉殿臣字公桂甫七齡母卒哀慟幾不欲生舊志儒林　案此傳文有脫誤無從查補姑載數語餘闕疑可也

祝紹熾字文龍早孤事孀母至孝生平言笑不苟常以古道自持子宏坊康熙庚戌進士舊志儒林

呂興道字藏虛父病瘻拮据奉養數十年無倦容叔父無嗣終身贍之造石梁於橫山荷湖以濟涉長子市麻若溪舟人溺貨將鬻子媳以償令貸而弗校臨終謂其子曰吾嘗爲族弟某代書借券解其紛今爲代償以完吾志子廷雲康熙己酉經魁舊志

胡行晟家貧幼喪父未葬日撫柩而泣嘗減已食以供母飽母忝歿祀鄉賢據府志祠祀卷補府志舊志孝友府志義行

病瞽行晟每晨起以舌舐之如是者三載忽夜夢神授藥開瞽

明日母語夢相符人以爲誕未幾目果復明

沈季昇父九龍端方好學有怒時季昇必跪於庭援古史遺跡問父俟講畢命起乃起如父已就臥餘愠未釋季昇必跪牀側手摩父腹至覺命去乃去惜季昇早卒其子世懋世用世顯元肇俱有父風

何光紳字見其性孝友兄弟未嘗析爨喜周恤雖罄貲不吝也同姓有產女而亡其母者貧不能覓乳時光紳方以數十金爲其孫購一乳嫗聞之惻然命輟其孫乳乳之子四人天爵天培同登康熙丙辰武進士天爵字子修任廣東大埔營游擊勦撫兼施巨寇葛登標等皆傾心歸附天培楞眼御前侍衛任浙江提督中軍叅將戢兵愛民有輕裘緩帶風

許大信字樂信孝友誠篤古君子風

朱達字道行毋蚤卒終身以不獲事爲恨語及輒流涕事繼毋以孝稱授豐城縣典史未涖任父大圭卒終喪遂不仕伯華初無子以達爲嗣久宦游卒於長沙叔乾初亦卒於任達俱跋涉扶櫬歸撫二弟成立養寡嬸終其身好施與親族多待以舉火者長子培貢生次子均平遙知縣坒瓊山知縣

趙萬福字攸同母疾篤萬福同妻丁氏刲股和藥飲之遂愈後卒廬墓三年墓前產芝九莖子宗業亦以孝聞

濮萬邦字寧陽性至孝樂善好施子奎長安知縣清廉自矢民咸頌之

閆嘉爵字實甫父病劇刲股和藥而瘳兄弟終身不析箸事寡嬸如其母足跡不履公庭鄉鄰有爭訟者恒出片言排解之長子在上任眞定府經歷擢嘉定知縣有賢聲民爲建生祠

盛守寧字禎甫由明經領州郡甚有賢聲致仕歸歲饑捐賑數次全活多人

薛萬昂字驤仲諸生甫十歲繼母病危每夜籲天求代因刲股遂痊子匡之亦篤於孝思

李元豐字茂先光爵仲子孝事父母與兄朱爔弟元坤友愛甚篤性慷慨無私財最好排解值嶺表初定縣令以由單踰期應處分元豐適在粵爲語當路曰軍興旁午宰百里者急芻糧一由單遂致誤何以勸勞吏且地方新附不宜數易除一官經萬里至其境亦良苦於是得免議

沈禪字思甫以孝聞嘗爲昆季代償逋負以數千計義舉甚多

以上舊志孝友

吳雲翱字飛旟兄弟四人既析箸貧乏幾難自存雲翱復以已

通判加正一品恐亦事所必無

產子之無難色子錫祉字子桓諸生十歲能文父母疾衣不解帶授郴城縣古眥鎮鹽務巡司值馬承蔭復叛錫祉不甘從逆攜印潛逃步行七百里遇病卒妻金氏悒鬱數載亦卒舊志雲翔孝友錫祉義行

薛化龍字雲從孝友純樸嘗返遺金拒奔女父將歿瀝血告天願以身代弟化麟亦刲臂以進父七日復生

胡一治字伯正樂義好施尤篤友誼寒士多受其惠號稱貧孟嘗長子宮字殿仙任漳州通判素著清廉以平定八閩督餉有方加正一品次子宣字文生授安平知縣嚴絕苞苴刑清訟簡母疾二子俱刲股進藥卒廬墓所

薛維泗字清之世居松林輕施與重然諾海內之士爭與結納已而江南布政使招致幕中爲一時推重長子如璨字孟玉負

經濟才康熙甲辰詔

闕陳時務

上嘉之聲名大起生平樂善不倦賴其施者不少焉

章琢字天球貢生幼有文名慷慨任義市有貧糧鬻妻者琢如數代償俾完聚蒿壩船埠爲居民四十家衣食所出提督田某置營艘奪其利民訴於琢琢令上籲督撫判歸民田不得已以所設營艘變價值千金琢傾囊償之以上舊志孝友

陳際春字覺迷精於春秋好施與稱貸者不計息鄉里稱之舊志

儒林

俞一理字仲繩任博野主簿民逋租將鬻妻子一理代償之獄四十八餓且死乃捐俸每人給月米三斗攝縣篆八閱月邑大治遷宣府右衞經歷所掌馬稅痛絕乾沒歲溢額千餘緡舊志義行

葉振名字介韶奉母至孝居壞室藉鄰火煨柏葉代茗皦餅啖客不廢酒客不飲則自盡之張蒼水死杭州持隻雞黍酒登越王嶺哭祭爲文六千五百餘言天下聞其風而高之思復堂集補遺

余國瑞字涵赤邑諸生十餘歲母遭劇疾祈禱籲代生平操行端方每戒其子曰制行不可作第二等人落筆不可作第二等文及從子應霖康熙癸丑成進士諄諄以杜浮交絕私援爲誡性好施于遇有鬻女者贖之貧老無依者贍給之築官塘建禪院置放生池力行諸善事悉本至誠著有畏菴文集舊志義行

余立政字華南賑貧乏施棺櫬好行善事事親以孝聞府志舊志府志均入義行子維孫泰來自有傳

洪其清字鑑如由明經任清江知縣捐俸重建縣學搆瀟江書院築清龍潭堤以障吉贛二郡激射之水擢瑞州同知陞順慶

府知府所至有聲

唐一鴻字定喬性正直子仕祿嘗倡捐三百金修錢塘江十餘里遂成坦道以候推都閫居京師忽心動欲還抵家數日卒

孟繼美字懋昭博學能文由成均選授興化府幕攝仙游縣篆單騎至賊壘諭以恩威賊就撫陞滑縣知縣清宄獄墾荒土增科二萬兩有奇捐俸葺學宮設義學治滑十年異政甚多子時雍以貢授常山教諭飭行誼勸課士子因軍功除崞縣知縣

嚴爾介字以和性耿介日以濟人利物為心里黨稱之

章天寵字君錫毋疾瀕殆封股得痊嘗焚數千金劵不責其償貧病無依者為捐田贍養子陞諸生康熙十三年許奕文等寇上虞陞率練兵殺賊復親至大嵐山招撫黃世霖等數千人受都司銜後改授知縣

王化秀字純厚守約樂道喜周急子允志任端州通判遷守粵西勸農課士整飭邊備以母老告歸著有廣樗集

余允麒字九區孝友敦睦常以正氣自持子光祚順治辛丑進士事母以孝養稱

曹九成字少愚諸生性好施操行廉介子遵道隱居梅山博覽經史隣族多賴以舉火爲遵道子學雋囿始知縣循良之聲溢於中州未幾卒以上舊志義行

朱鵬字際飛少孤事母孝九歲時姊爲賊刼去鵬號泣隨之賊欲加害鵬不爲屈偕之寧波賊閉之樓中鵬自窗下樓鳴於官賊逃去鵬得奉姊歸府志義行

陸天祐字維德任豐縣典史丁艱服闋補西寧復補樂昌所在俱有政聲

士璘乃樹重光侍中

秋曹從事者蓋刑部書吏也

包燦字紫含生平無疾言遽色有貧乏者輒捐助弗吝嘗作蘭竹蕭疎有致

陳大綬字靖明性誠樸子世斌字爕銘敦篤實行有置義冢育棄孩諸美舉

王士璘字夏卿少孤因母持齋終身不飲酒食肉弟重光由常州府知府歷任陝西按察使及撫順天有讞牘士璘必代爲按卷察情且秉性仁慈好施與鄉人藉其全活者甚衆焉

秋之垣字赤城郡諸生嘗游京師兄爲秋曹從事一夕閱成案急語兄曰此獄可出勿輕殺不幸兄悟白當事具疏請釋全活數十人事後母以孝聞子啓隆任金州州同歷遷雲南鹽課提舉

張培字伯凝性好施遇人急難揮千金無難色

史宗成字青史從弟梓任山西靈邱守將遭姜逆之亂爲仇家所誣繫刑部獄將置重辟宗成費千金力救獲免兒子秉直亦因詿誤陷獄中同事者二十四人皆將擬辟且多所株連宗成奮身傾產救之俱免死嘗以百餘金置二妾皆有技色憐其流離悉訪其家遣之子紹曾康熙丁巳舉人

吳三壽字鳳橋樂善好施鄉里皆爲所化當道聞其賢折節下交往往避匿不見以上舊志義行

王應魁孝義好施年九十餘與弟應斗應辰友愛尤著巡按王元曦旌之府志舊志府志均入義行

鍾同春性至孝刲股愈母疾母年八十餘同春年六十依依如孺子秉好施與賑族之貧者又創義學以鼓後進人以孝義稱之府志義行

王光美字君實貢舉不仕居家敦孝友好施予捐田二百畝以贍族之貧乏者孫錫模捐義學田二十畝世傳高義府志舊志府志均入義行

鍾萬傑字九如郡諸生篤於爲善子國義進士知萊蕪縣再遷兵曹封父如其官府志舊志府志均入義行

鍾鎬字元美諸生性孝友母沈極嚴厲鎬每先意承志處鄉里多義舉行之不少倦

沈選與會稽田大諨同學相勉爲善多隱德皆早卒妻陳守節課子成立

何洪惠字子吉性孝友礪名節痛怙恃早失每忌辰含淚承祭分田以卹孤寡或稱貸不能償欲以屋抵還焚劵不取妻早卒誓不再娶其子爲置侍婢洪惠備奩貲以義女嫁之以上府志義行

戴易字南枝初名冠字袞仲明諸生康熙初流寓吳門滸墅關工八分書日賣數錢以餬口所書皆自作吳門遺老徐枋没貧無以葬易賣字爲妥葬之兩人初不相識也年八十餘卒漁洋精華錄注　餘見思復堂集　府志文苑

姚啓聖字熙止父時可自幼力學不喜仕進以名節自勵舊志啓聖附族人籍隸鑲紅旗漢軍由康熙二年舉人授廣東香山知縣以擅開海禁罷十三年耿逆叛康親王統師進討啓聖捐貲募兵赴軍前效力叅署諸暨縣勦平紫閬山土賊授溫處道隨都統拉哈達勦平松陽宣平二縣十五年勦賊石塘焚其木城斬獲甚衆乘勝復雲和縣十月耿精忠降以啓聖爲福建布政使時海賊鄭錦踞漳泉興化大軍進勦啓聖籌備軍用自募兵千餘令其子儀統領隨大軍勦賊屢捷擢福建總督值賊陷海

澄長泰同安惠安平和等縣啟聖條上十疏一請調福寧鎮兵會同八旗及浙江提標兵勦賊泉州調衢贛潮三路兵勦賊漳州一酌給投誠官兵俸餉以安反側一願自捐糧增募督標兵五千一薦舉浙江賢能文武官二十員請令赴閩調遣一增價糴穀備軍食一分兵守要路設站運餉一請復設漳浦同安兩鎮一請增設兵一萬八百名俟賊平裁撤一嚴禁管兵官冒佔兵額一申明臨陣賞罰以振軍心七月啟聖遣兵由永福進復平和漳平二縣九月賊帥劉國軒等犯漳州啟聖同將軍賚塔進勦大破賊於蜈蚣山復長泰縣晉正一品九月遣其子儀率兵抵同安賊棄城遁追斬僞副將林欽等十月啟聖敗劉國軒於江東橋又敗之於潮溝十八年正月劉國軒糾黨吳淑何佑等踞郭塘歐溪頭欲斷江東橋以犯長泰啟聖遣兵邀擊大破

之先後招降僞官四百餘員賊兵一萬四千餘名五月劉國軒吳淑等率賊萬餘謀奪江東橋榴山寨啟聖擊敗之追至太平橋潮溝殺賊千餘十九年二月同賚塔等督兵攻復海澄分兵七路竝進破賊十九寨又別遣將乘潮渡海克取金門廈門招降僞將軍朱天貴楊彪等晉兵部尚書太子太保予騎都尉世職加一雲騎尉時鄭錦已死子克塽仍僞爵稱延平王二十二年提督施琅擊取澎湖啟聖經理糧餉是月施琅定臺灣鄭克塽劉國軒等皆降啟聖還福州十一月卒年六十府志引國史館列傳

啟聖性爽朗用金錢如糞土嘗念越州父母國修郡邑庠及三江閘西江塘鄉人稱之康熙府志　時可舊志儒林　案國史館列傳啟聖會稽人今據舊志子儀自有傳

姚祖振字越士郡庠生博學能詩篤於孝友嘗辟湖西學圃以

著作自娛有叢桂軒文集子宏仁康熙辛酉經魁舊志儒林

金臺字章孫郡諸生誕週歲母卒稍長每痛念母氏嗚咽流涕性沉靜好學雖有疾猶讀書不輟卒年二十三著有鶴林集舊志儒林

俞光基字鎮南父大進遘疾光基侍湯藥累旬目不交睫已而疾轉劇乃刲股以進遂愈

謝昌明字完我邑諸生事繼母以孝聞弟昇明早卒撫孤姪成立里黨義之

錢廷枚字梅臣性孝友好學不倦卒年二十

趙慶祺父嘉煒以鄞縣主簿守都江大堰殉難時慶祺甫襁褓及長未知遇害之由并未知殉於何所歿於何時不勝哀慕乃背書黃紙沿途號呼徒步萬里之外備歷險峻者凡三年遇都

江之故堰夫吉以故始知父死於安家口爲甲申八月三日也慶祺遂於三復口招魂壘土以葬焉以上舊志孝友

而震雷字子長邑諸生性敦樸好施嘗捐腴田二十畝於冬夏之季以給餓者康熙甲辰見郵道傾圮出五百金倡修癸丑工未竣又鬻產助之舊志義行

凡刲股稱孝子者俱宜于一傳中連敍之

楊德浩字百行貢生康熙辛丑年十三父病革刲股進藥病少閒逾年父卒哀毁如成人事母裘先意承志以孝稱好施予歲杪率賙其鄉遇歉歲視不能舉火者酌濟之據府志並家傳府志孝行

王燦字子美康熙甲辰進士授陝西甘泉知縣偉軀幹長八尺初至甘泉人皆懾謂爲武健吏然燦故文儒見百姓煦煦若家人已而吳逆反滇南四方無賴蜂起鄰邑有王士成者亦聚衆數千劫掠郡縣燦倉皇撤車輪門扇補城垣之闕壞者料丁壯

飭兵仗韡冰窖之犴鑿井十餘處爲城守計尚未備察左右胥皂多目動言肆者知其爲賊內應城必不可守乃日朝服視事曰吾辦一死待賊矣無何賊僞爲難民至城下內應者果啟之城遂陷燦方坐堂皇遽擁至賊營見其狀貌大駭有老賊曰此甚似孫尚書蓋謂明督師孫傳庭也皆羅拜請爲帥燦大罵賊怒欲手刃之賊中有甘泉人謂燦好官代爲乞命乃械其手足納之獄先是燦朝服待死至是遽爲賊篡去未及死而朝服故在身逾數月

王師至賊竄丞主兵者出燦於獄衣雖破敝縷縷尚朝服大嘆異之檄署延安府靖邊同知後羣逆剷平上官欲以燦抗節狀聞於

朝燦頓首謝曰某所領縣城池倉庫獄囚無完者且併所佩印

失之於律當致法得免死足矣敢邀賞乎卒受靖邊同知以歸府志據茹敦和撰傳案府志燦會稽人今據舊志選舉卷

沈允范府志選舉卷作允範本傳作引范字康臣康熙丁未進士授中書與修實錄進秩受賞壬子典試江南所拔皆知名士歷官刑曹每有矜疑終夜不寐獄是以不冤病卒於官著有朵山堂詩集奚囊隨筆稿府志餘見毛西河集

胡燦新字敬燦博通經學著有說漁澄心堂初刻諸書弟燦宣字純燦康熙丁未進士布衣蔬食教授如常從兄二安遭寇變客死於晉燦宣徒跣奔赴覓數日得之扶櫬而歸母卒幾滅性水漿不入口者三日後考授中書卒於京師舊志儒林

何天寵字昭侯康熙丁未進士以母老歸侍十餘年母終始授戶部主事旋改吏部晉文選司員外丁卯典試廣東生平慷慨

仗義有故人下獄禍且不測獨毅然經營之及出常主其家事之謚恭殁卹其妻子著述甚富有紫菜閣集及海岸山人詩鈔府志義行　子嘉琊自有傳

朱阜字卽山康熙庚戌進士由庶吉士散館授檢討主戊午順天鄉試遷中允試

保和殿授右諭德歷侍講學士戊辰充武會試副總裁纂修

太宗

世祖兩朝聖訓告成轉侍讀學士擢詹事府少詹事兼翰林院侍講學士入直

內廷

命賦七言近體詩

賜膳南書房越數日復

召對賜
御書督順天學政引疾歸次年春黃淮告警
諭在籍諸臣分任監修阜至淮陽督役既而沙淤不能奏績部
議悞公與河員同限完帑咨追
特恩免毋憂哀毀骨立卒年六十八生平於經史百家靡不披
閱手輯勤學嗜古老而彌篤府志文苑
周文英字公望父國奎從張承恩入閩破賊有功授延平副將
文英占籍溫州舉康熙庚戌武進士十三年耿精忠反於閩文
英以武弁從征屯遇連破之逆賊張元亮屯壽溪文英率兵力
戰賊敗逃燒其營一八既而徐尚朝與馮公輔合兵謀復雄屯
積道山衆號五萬文英與游擊王世望率師從中軍奮擊自己
至午裂木城乘勝盡殲之明年復永康縉雲又復處州城處之

嶺曰桃花其舖曰沿泉者要地也文英慮不取道將梗言於總戎據桃花沿泉兵單弱賊率衆來攻文英以百餘人救之賊大敗又擊賊半渡救下河窺連登雲寨斬賊十六八而以巳兵易賊服充瞭望巳亦換賊衣乘高偵探盡得其實又奪括蒼山先據山上夜用火攻石坂營以南戰石塘壘大溪灘陷陣生擒僞總兵林福拔江山城於是大兵長驅入閩矣巳未擢登州游擊陞潼關參將丁卯陞延綏神木副將神木邊鄂爾多斯民盜種河套地累刑累犯文英憫之與監司懇疏開邊撫軍難之文英再三懇曰苟有便於民曷爲而不破例章上得請初斗米三錢從數年石米一錢

聖祖仁皇帝親征噶爾丹駐蹕五原朝見

行在

賜御書

御箭擢松潘總兵絶苞苴禁私稅立常平倉捐米儲糶又興建衛學以教士卒之子弟番夷無敢騎馬戴帽入城者在鎮十年以老乞歸卒年六十八松人建籌邊樓於城南祀唐李衛公以下名將有功松潘者而以文英祔文英勇而有謀愛民邸士所在有聲居鄉恂恂仕宦三十年所居猶先人蔽廬薄田不供饘粥以父母卒時皆在行閒不得盡禮遺命毋請祭葬毋干求貴人銘子三開緒官知縣據章大來撰神道碑

徐晉字斐成年少舉於鄉工六法深自祕晦其書亦罕傳府志文苑

案府志選舉卷晉會稽人今據本傳

包萬策字笄包諸生數奇不偶肆力於詩古文書法出入黃米而丰致自成一家著有字學說文詩删疑詮諸集

余應霖字澍生康熙癸丑進士除內閣中書擢池州府同知丁內艱歸里清介性成嘗未第時雖執友多貴顯未嘗干以私以上舊志儒林

徐元禹磊落多碩畫大僚爭延致幕府康熙十二年吳三桂煽亂滇南據上游勢吞江漢川湖總督蔡毓榮悉力拒敵元禹爲之運籌薦授華容知縣凡湖南七郡安輯宂兵墾荒鼓鑄諸大政皆由擘劃華容當岳陽孔道兵燹流亡元禹躬省農桑興學校安善良治行甚著遷河間同知卒於官

姚儀字長文啟聖子從父籍於旗捐納知縣康熙甲寅耿逆亂閩中康親王率師剿之啟聖散家財募兵率儀至軍門請自効王壯之命率所部自爲一軍進擊紫閬山賊破之又擊破楓橋賊進破石塘奪楊梅岡收復宣平縣丙辰耿逆驍將曾養性至

溫州儀以步騎五百逆擊大破之連復雲和松陽慶元景寧龍
泉松溪六縣丁巳
大兵入閩精忠降以功授知縣仍從征進剿餘黨會同安縣山
寇竊發王劄授游擊銜統兵千餘名進攻破其衆招降偽總兵
王化龍等千餘人又隨海澄公黃芳世剿何祜於水晶坪等處
連克十三寨戊午統兵千餘攻觀音山福滸值賊艘九十七號
斷其歸路儀設伏橋畔伺賊方登岸掩擊之殺其副將郭天李
應斬首三百餘級時鄭經據臺灣勢甚張取石馬入鎮門又陷
馬洲丹洲壁壚諸堡儀與芳世暨副都統瑚圖合軍攻之師次
灣腰樹賊將劉國軒率兵五萬餘驟至諸軍駭散儀被圍自卯
至午以所部兵千餘奮力衝突潰圍出乘勢復奪灣腰樹單騎
為衆殿六月國軒陷海澄下長泰同安七月圍泉州儀分兵救

泉敗其水軍於定海九月國軒乃解泉州之圍并力攻漳州大會二十八鎮兵為十九寨列烽相望時城中兵不滿萬咸相顧失色啟聖授儀方略率諸將出其不意奮擊之連破十六營斬其梟將鄭英劉正璽等生擒千餘人斬首四千級溺死者數萬遂乘勝復長泰同安國軒丞海上閩土悉平儀雄偉魁岸千夫辟易嘗驅駟馬駕奔車自後掣之躑躅不能進挽弓四鈞百步之外洞轂札收壯士張黑子鍾寶王三癡等十八人置左右令募兵而教之無不以一當百賊望見前鋒曰姚公子旗也皆引去閩平

召為刑部郎改知河南開封府未幾

詔以京官用儀以少長軍間請効力從戎許之不次擢江南狼山總兵官歷湖南沅州雲南鶴慶諸鎮陞鑲紅旗副都統未至

卒

賜祭葬子法祖龔職事載閩頌彙編并全祖望傳以上府志

錢志泗江西興國縣典史康熙十三年屯弁石昭倡亂六月虔撫遣兵勦之志泗饋餉至江背峒寇猝至遂被害是年郡丞顧岱來諭降始歸志泗首

贈如例廕一子經歷府志引昭忠祠列傳府志忠節

吳師貞字雨吉武生康熙十三年閩寇煽亂檄授守備有勇敢能以少擊衆屢以捷聞誤陷耿逆伏莽中大砲死次子某卒十餘騎衝殺覓父屍亦死之長子某以駕舟供母未獲題敍女適胡早寡守節撫孤忠孝節烈出於一門府志引昭忠祠列傳舊志府志均入忠節

案府志師貞會稽人今據昭忠祠傳

鄺國楨字子瑞康熙十三年山寇竊發國楨捐貲募兵挺身破

賊總督達某擢用守備十四年隨征金華羣盜陣没

王大道字麟齋端方仁厚子慶元康熙甲寅土寇煽亂鄉村悉遭焚刼慶元挺身冒險諭以禍福賊遂降事聞授守備

林鼎新字子凝邑諸生少貧力學康熙甲寅土寇圍城發粟賑濟并捐貲贖回難民百餘口以上舊志義行

俞宗斌字長卿博學好古父宏舜疾刲股愈之家居動以禮法至贖難婦賑水旱皆鬻產為之府志義行

潘錫金字作辛工吟咏奉母甚孝散所蓄給其兩弟各千餘金業師潘价老而貧生養死葬賙給甚厚舊志儒林

余允鵾字闇君錦衣衛指揮使遇人貧乏之輒解囊相贈尤喜排難解紛鄉人咸高其義舊志義行

沈寅范字曙生工部主事懋先季子諸生繼母鄭素善病寅范

案假府銜者有矣未有假西安府銜者

侍疾常衣帶不解鄭固官家値凌替寅范爲之分室授產子五鳳康熙丁巳舉人舊志孝友

舒昌字濬父博學能文居獨山鄰里待以舉火者數十家戊午以拔貢考授訓導舊志儒林

曹琦字文韓拔貢生母病三年衣不解帶及卒哀毁骨立琦戚陳某有孫秀彥遇歲而孤某臨終以萬金付琦琦出入登記教養其孫年二十餘悉還所付無絲毫染指舊志孝友

戴泰征字彙吉廩生敦行力學授徒里中從游者甚衆子超康熙戊午舉人舊志儒林

張文選字萬青幼孤母鄒守節及長官陝西西安府知事康熙戊午十月奉檄假西安府銜招撫逆鎮王輔臣被執不屈遇害臨死仰天泣曰臣事盡矣柰母恩未報何

贈府經歷者有矣未有然慶陽府經歷者蓋皆不可信今姑以志書其所書等字而已

案春華姜宸英為作墓誌見湛園集及西溟文鈔

贈陜西慶陽府經歷

賜祭蔭一子英績溪濠寨司巡檢府志忠節

楊賓字可師年八歲能作擘窠書工詩古文康熙戊午舉博學宏詞科時賓僑居吳門巡撫張鵬翀欲以應

詔賓聞之逃去初賓年十三父春華坐友人累偕妻流寧古塔

聖祖南巡狩賓與弟寶叩

御舟求代父戍不許遂閉關侍養父既没例不得攜骨歸賓丞京師哀籲不得達日搏顙於貴人輿前有知之者爲奏更例遂迎母奉父柩歸凡戍死者咸得歸焉著有晞髮堂詩文十六卷金石源流六十卷藩鎮考四卷柳邊紀略四卷府志孝行

周樂字覲六監生家貧力學父洪寧疾篤與妻金同割股以進疾乃瘳遇族黨有貧困者多方賙邮鄉里稱之浙江通志府志孝行

諸羽章字叔文監生年十五母卒哀毀骨立善書法孜孜好學不倦尤篤於友誼士林咸推重之舊志儒林

郁謚澄母徐病革醫皆不肯立方謚澄哭求不已醫佯應曰得人心食之或愈耳謚澄入厨下持刀剖心割少許密令母啖之而謚澄暈絶於地其長子文光在側即拾刀刲臂肉傅其父創復延醫急治血遂稍止母病愈謚澄及文光亦無恙郡守李鐸邑宰盧緯表其閭

韓紹芳字紫蘭弟以誠字千之幼孤母胡矢志守節紹芳擔負供親至肩傷流血母病篤以誠年十一刲股投藥服之即愈

曹萬美字掌綸母病數年不起萬美乃籲天默禱刲股和藥以進病即愈以上府志孝行

金仁燧字時徵從親客游於楚十三歲父卒扶柩奉母以歸抵

鎮江中流舟覆仁燧先得守汛者援載小舟時母尚溺號泣復投江負母衆救益力乃免旋里仇爇其居母居樓仁燧冒火直上救母梯焚不得下衆引以兩竿大呼曰事亟矣可速下仁燧號泣曰倘母死何能獨生須臾反風火熄母子俱無恙府志引徐廷槐集府志孝行

聞士琦字湛清父赤城與弟霞城友愛甚篤終身不析箸赤城嬰羸疾士琦割股以進及卒哀毁逾禮康熙十八年授涇陽知縣解滌煩苛愛民如子子樫諸生篤於孝友舊志孝友

秦宗游字逸少父長春知輝縣有惠政宗游康熙己未進士改庶吉士授編修請急旋里庚午典試河南有權貴邀以私不得幾中以不測賴豫撫閻興邦力持之大學士王熙昌言於朝曰今科典試公正以豫省為第一事乃解擢國子監司業晉侍講

李孫啟煐字振炎諸生嗜學年九十猶執卷不釋府志儒林

楊之范字海文博學工文康熙己未以鴻博徵不赴善畫有水竹居圖

金步瀛初名墉邑諸生性耿介肆力於詩古文詞著有隨州草韻石山房稿初學指南以上府志文苑

王賓康熙十八年以高陵縣典史隨王進寶入川平賊有功陞渠縣知縣以事赴會城爲賊所執囚繫數十日不屈死之贈僉事給葬祭廕一子嗣忠大清一統志四川通志府志忠節

薛入鳳字仲輝諸生援例授縣丞効用四川康熙十九年通判夔州解餉赴榆州道經萬縣值譚宏叛被縛至天成山迫令降不從遇害贈僉事給祭葬廕其子文嶽絳縣知縣據家傳及大清一統志舊志府志均入忠

節

俞鳳章字九儀以貢授鑲黃旗教習仕河東運判鹽池綿亘百餘里多鹽盜鳳章悉得羣盜名籍捕無或遺然多從未減翻覆慰諭令自新既而裁河東關康熙十九年改補山東鹽政大治乃以復攝河東事至蒲會蒲臺歲災催課嚴急民有竄者鳳章捐金代輸而以焙虐責蒲臺令令慚謝後以他事歸著有余菴集毛西河集

張慧才字定生康熙庚申歲貢爲人長厚習春秋精究四傳家貧授徒戊戌進士金煜壬子舉人金灃皆出其門舊志儒林

向瑢字荆山以前朝勳職世居三江所五歲母鄭口授四書即了大義母喪哀毀踰禮聞郡城陽明後裔闓良知學即糾同人爲輔仁會沉酣其說者六七年後得高忠憲薛文清遺書反覆

玩味乃漸覺向之疎脫確然以居敬窮理之旨爲不可易自是奉程朱爲圭臬待親族有恩誼與人交眞意盎然卒年五十著有四書記疑志學後錄府志儒林

余泰來字子閎康熙壬戌進士選庶常改御史巡城時泰來疏請增設番役編立戶版夜必躬率坊司營弁分途稽戢盜乃漸弭壬申泰晉饑流殍載道泰來特疏於本省中選能員調補悉心籌畫爲給口食勤勸課量助牛種

上嘉納即舉行旬月之閒歸者如市尋

命視長蘆鹺政未入境即飭所屬吏及商毋供億毋餽遺賈人毋得私覿一時莫不凜遵約法適當初度僚屬及諸商醵金帛爲壽泰來屏不受且禁諸商朘削貧戶冒濫正額居積奸利私負抵課獘竇盡絶及報績課羸常額什之三長蘆由海道可達

遼左值奉天歲饑高麗告糴發太倉開海運費不貲泰來謂饑者待食如解倒懸若奏請展轉必須旬月則皆塡溝壑盡捐所有以運陞大理寺丞再陞奉天府丞泰來兼能騎射嘗與諸官會射五發皆中的復馳射亦然會聞兄泰徵訃一慟幾絶卽請告養母時幼子生甫三日不顧馳歸拜慰母寢門曰兒在矣頃之出臨兄喪恐傷母心涕泣不出聲撫其孤喪葬悉躬治之旦夕侍母食息無須臾離卽外務稠襍必開入視安否或戚友高會每數起入視趨入宴未有竟席者己卯三月至無錫迎

駕忽念母心痛神色頓變急召醫視之謂肝腸已斷裂不可治矣惟北望南望者再一歎而絶毛西河集

田軒來字東軒康熙辛未進士選成都縣知縣甫下車盡革陋規究悉地方利弊邑多荒土招徠勸墾俗輕生多自戕以誣人

軒來嚴禁之有犯卽單騎親驗三日之內立行斷結邑爲通省首縣凡有典章率引同僚陳之上官必得請乃已上官亦以鐵漢目之陞戶部主事進員外郎皆清勤供職授河南道監察御史康熙甲午順天鄉試副考官年老告歸卒府志

李發枝字鹿友康熙丁丑進士選江南上海知縣上海賦繁而戶版多庽名徵發則不知誰某好意錢之戲亭戶私販者滿街俗又囂悍小則交捽大則刀槊相摩故號難理發枝先教後威歲餘一切衰止一日坐堂皇有驚告海寇至者居民波迸守將至欲闔城扉發枝曰是驅之亂也治事自如而閒遣一隸語民海舟中洋賈耳或問令何爲則應之曰方有公事未退食也居民乃稍稍還尋安堵

聖祖南巡邑當助挽卒發枝念期尚遠人與之傭錢約日以待

發呼則麇至色第目別無一錯立亂行者監司高其能并移旁縣事屬之爲青浦完城堞屬役賦功數日而畢有以衣杵擊人額死者匿其械血痕僅濡縷囚狡不承發枝取他物類杵者醮以墨而試其擊痕亦如之獄立具五通神祟一村婦溺死其夫負之以訴發枝命隨至神所鞫之婦指朱衣者曰是矣立摧燒之祟絕而婦病亦差後二十年知深州治如上海嘗勒禁歲輸公使錢千緡曰吾何忍以百姓賣兒貼婦者飾苞苴也用是逆大吏指改臨海教職踰三年移病歸發枝孝弟純明與人交相終始出無僕輿鈔書滿屋年八十卒府志據方椉如撰傳

陳廷綸字孚遠廣西籍少與伯兄僉都御史允恭仲兄國子諸生廷禮有三陳之目康熙庚辰成進士選廣東仁化知縣絕加派革陋規息訟安民署清遠縣時有礦民聚眾爲亂乃亟請發兵親

出慰諭而洞開城門通往來第密爲盤詰使不得逞賊疑有備不敢逼官軍至悉伏法又署香山大盜胡鬚五私稱將軍肆刼海洋計擒之斃於杖下歷吏部主事郎中屢充文武鄉會同考官所得士文則任蘭枝等十八人武則金崑王廷梅宋如柏等若干人康熙五十四年二月

御試六科及部員等文藝於

暢春苑澹寧居擢廷綸第一

賜松花石硯

御製詩旋授陝西鞏昌府知府初至郡適散賑未畢請補散一月并親督之民沾實惠又設義學厚餼廩士皆興起會隴西大風不得雨廷綸爲文禱風伯是夕甘霔大霈每冬置棉絮布衣給人銀米各有差五十七年五月地震通渭一城皆陷有山飛

歷伏羌永寧鎮居民千餘戶寧遠秦州被災相屬廷綸馳勘立發賑給晝夜靡息咯血不顧治廬州如治鞏時性至孝終身以師禮事其兄卒於官郡人奉木主於育英書院祀之著有慎餘堂集十餘卷據府志並家狀

葛繼孔字繩武由恩貢授內閣中書遷戶部員外郎再遷刑部郎中康熙四十一年

御書讀書堂額賢丈夫屬有志事業無窮年一聯賜之出知江西袁州府再遷江蘇按察使雍正元年授內閣侍讀學士明年卒府志宦蹟

黃遠字義甫詩多奇氣與何鐵龍若齊名久客泰州後死於蘇康熙壬午其友蘇學教授朱端偕貢士金輪買地葬虎邱半塘寺內號玉壺山人墓蘇州府志府志文苑

王霖字雨豐號弇山康熙乙酉舉人己丑考授內閣中書博學洽聞爲越中前七子之一雍正中預修浙江通志壬子乙卯應聘分校江南福建兩科鄉試乾隆丙辰薦舉博學宏詞旋宰南宮以清節著修建文廟及紫微書院教授生徒給以膏火重立養濟院入冀志名宦傳嘗於龍山六君子祠集諸名士爲詩巢會每歲祀放翁鶴詠竟日著有弇山集杜弇山集陸寒山詩鈔歸田集弇山全集據府志並家傳府志文苑

諸朗字良月少孤苦性復落落寡合僻嗜吟咏著有越騷四卷梅吟集六卷

傅日字午侯與王雨謙黃逵朱彬號四君子凡所游歷悉寓諸詩古文詞著有壯游漫筆壯游近草西征草西歸草齊謳草草草綱鑑評史記評四月前後等集年九十卒子廷鉞字寧遠行

謚文章克肖其父晚屏跡園居著有匡園襍錄襍考及文苑襍掇學律等書卒年八十七以上府志文苑

李光昭字少逸歷官東安玉田知縣立品敦行喜吟咏著有念莪堂詩潛巖集餘囈錄越諺詩諸集府志

倪宗賢字涵初邑諸生以醫名好理學盩厔李顒講學於武進徒步往從之宗賢每治病先貧而後富嘗蓄貴藥於籠中遇貧者襍和以進所得貲皆散盡一日舟行暮歸有惡少盜其鄰田禾宗賢大呼曰此某寡婦田汝輩不可刈刈之寡婦絕命矣左右爲倪涵初田涵初以醫得利雖稛載無傷也言畢鼓棹去惡少不知宗賢之自呼也竟盡穫之其爲人如此府志義行並見術藝卷

朱洪謐字甯珊諸生少孤遭鼎革鄰里皆驚遁洪謐堂中停高曾二祖柩獨與祖母若母闔門守之慟哭不離事平盡葬其先

人每月一至墓無閒寒暑康熙巳丑歲祲傾粟以賑邑郡因庠頹壞力補葺之時年七十餘凡程工授役皆身執其勞不諉左右一人每黎明至聖宫日沒而歸遇驟雨甚雪必扶杖往視好善勤身至老不倦卒祀鄉賢

盛文美字思椿倜儻好義至老不倦

吴秉權字楚材年十六病瘻日閲古今書數年疾愈而學以此富輯錄綱目九十二卷明史十二卷小學初箋二卷周秦以來迄前明文十二卷慷慨仗義病垂殁顧謂弟秉業曰吾宗黨貧乏者若而人母黨若而人朋友若而人他日能自拔必分潤若輩毋忘吾志秉業字子立年三十餘奔丞數千里所得館穀半以周宗戚嘗曰待我有餘而給之則轉溝壑者十八九矣年六十餘以疾歸既殁啟其篋見一紙書某某名皆秉權垂殁時所

屬者也以上府志義行

楊恢元字大文妹家赤貧妹壻客死遺母與兄恢元俱身任之堂叔早卒兼理其家教二弟成立族人有向學者給與膏火死復贍其孤寡中表陶氏無所歸爲留養焉府志

王鼎幼孤母滕苦節撫之及長每年積館穀之餘至年七十竟置義田百畝以贍族人府志義行

周鑲字汝屏康熙辛卯舉人山西巡撫蘇克濟延至官舍課諸子偶訪以政事鑲爲歷條其可否利弊甚悉驚曰吾始以文士目君不謂抱經濟乃爾會西陲用兵雲中爲要衝籌畫餉一倚辦於鑲嘗論運膮膮城倉米不如運大同倉米省費且徑便因爲克濟作奏報可又論塞外屯糧宜築城防守論駝運不如車運長運不如臺運官運不如商運用內地兵不如用邊兵用

邊兵不如用口外蒙古兵皆條析利害瞭若指掌戊戌投牒兵部請捐駝出塞効力遂以軍功授山西隰州知州時蘇克濟佝撫山西隰民患戶派引鹽之累力請除之每單騎行農畝間閭百姓疾苦以施政令吏不敢奸調永寧以河清未報拂上官意削職州民訴留不得乃遮道自留泣送數百里在官五年妻子未嘗隨任家居僅免饑寒兩充同考官得士十六人絕不言其姓名或問之答曰以校士爲美莊遺子孫計吾不爲也雍正初再入晉撫幕時方清理虧空坐貸帑金拘追者凡百餘家獄繫纍纍視其力量償貲牽連之戚屬言於撫軍恐上請豁免後卒於湖南年七十彷勤於學有文集十卷府志兼採家傳府志宦蹟

李求齡字又彭康熙癸巳舉人得姚江蕺山遺書欣然忘食從游者衆以朱子白鹿洞學規開示諸生俾先力行而後文藝揀

選知縣部檄到以母老辭雍正初
詔舉賢良方正總督李衛舉求齡亦以終養辭不赴母黄得疾求齡纔十歲晝夜執爨侍藥餌終月不懈母憐其幼令之睡乃屏息假寐母略展轉輒覺抑搔滌濯必躬親不假手侍婢七十餘年如一日友愛兩弟老而愈篤卒年八十一府志儒林

劉廷棟字霞文年十二母暴疾乃陰刲股肉和粥糜以進康熙甲午舉鄉試雍正初
特旨舉人分部學習期滿予挑廷棟分工部報滿後分發廣西以知縣試用承重歸服闋授岑溪縣知縣每遇歉歲以循例待賑往返需時先捐俸設粥廠全活甚衆邑有鼠竊者土人多以盜控前令讞成盜犯十二人計贓不過十餘金廷棟爲請命於臬使臬使卒置二盜於法及决因廷棟坐堂上爲淚下因泣曰

公非殺我者某見公之心矣每聽事立剖決民不賫宿糧案無留牘建蕺經書院親訓課之居民有失火者延燒數十戶風烈不能撲廷棟詣焚所跪禱火將及不避未幾風止有嫠婦子死於虎奔哭於庭廷棟爲禱於城隍親率鄉勇擒以歸俗輕生且產毒草縣民管鳳儀者患瘋與妻鍾反目服毒自殺廷棟勘實具詳屢申屢剝委員覆訊如廷棟讞臬使怒別飭健令提訊之卒論鍾凌遲廷棟慨然曰事無實據而罪至極刑吾爲縣令不能雪冤司牧之謂何遂乞休臬使以故出入罪具揭免其官泊岑溪十年去之日居民萬計號泣攀轅廷棟在部時遇疾幾不治夢黃冠者遺一桃曰汝孝子也以啖若甘入心脾病霍然而起卒年八十一

陳扶九康熙乙未年十三母患痢氣將絶矣扶九號泣籲天割

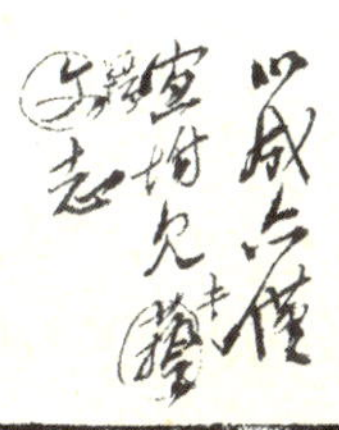

股和藥以進母病頓愈以上府志孝行

金以成字素存康熙戊戌二甲一名進士授編修出知兗州府以成未第時以百韻詩質新城王尚書王曰詩家上乘全在妙悟取所訂唐賢三昧集貽之以成曰新城一生只識王孟境界杜之北征韓之南山豈是一味妙悟者蓋敏妙出自靈府而沉酣資於學力其持論若此著有補山詩存府志文苑本傳以成會稽人今案府志據選舉卷

潘國枚字占吉康熙庚子年兄病刲臂療之府志孝行

何師儉字桐叔康熙六十年循例選授兵部職方司員外郎司多弊立清之尚書倚任如左右手雍正元年盧詢爲尚書令司員才者宿直辦事師儉嘗數月不得歸遷廣西右江道奏留部一年

特許以陞銜留任仍加一級兼
賜人葠貂皮期滿復請留一年又請加按察司副使銜並奉
俞旨三年冬遷江南按察司副使管理驛鹽道瀕行
聖訓奬勉
賜葠貂端硯食物許用密劄言事尋調補廣東糧驛道總督孔某兼理鹽法聞師儉才委署鹽法道事時巡撫楊某疑爲孔黨思所以困之不知師儉實中立無黨也明年楊
陛見
世宗出總督封事示楊皆劾楊者併劾師儉爲楊黨楊乃知師儉公正未幾楊歿孔以違禁開礦侵蝕銅價劾師儉酷訊之惠州有銅山民人私採以鑄向時買銅者多取資焉孔嘗檄師儉買以助不足師儉嫌其爲私採陽許之實未買明年署巡撫傳

其來會鞫得其情併於案牘中得孔檄事遂白奉
旨赴部引見師儉免冠謝罪得
溫旨慰諭
訓誨移晷次日
命往陝西辦理軍需以道府酌用至即委署凉莊道一日羽書飛馳過凉者數四師儉度必調取生兵峙餱以待已而果然肅州大軍將進剿飛檄至凉令截取官兵羸馬送肅載軍裝違者以軍法論師儉謂道上官與商無不赴肅者進剿尚未定日不如令其至肅釋所載而後役焉彼將焉往軍前得人與貨吾亦省芻茭解送之煩不兩利乎於是官商皆安事亦無誤補西安驛傳道秦旱
詔運楚米十萬石赴秦委師儉董其役運至四萬石值大雨時

行中途病涉馬贏又鮮少官民交困師儉遂檄止後運陝撫爲奏罷其役秦亦不饑軍前馬缺檄取驛馬師儉言置郵傳命不能一日廢事遂寢十一年冬陞按察使數平反疑獄人稱神明晝夜治官書不輟右目失明左目亦病

高宗純皇帝登極詔至師儉令吏誦案牘諦聽得邀赦者立出之事畢請歸二年卒年六十五府志

胡國楷字鏡舫康熙辛丑進士歷任安徽太湖廣東高明知縣並有聲擢禮部郎在官十九年容臺典故多其手定高麗民歲越邊上應役者或有逋逃其國殺無赦昭恭順也以其情可憫白諸大宗伯奏歸秋讞歲活無算屢推外任輒留部年七十告歸卒國楷好爲詩越中七子之一著有承家錄珠船二樓集尊德堂集鏡舫詩集浮家泛宅集春曹存稿歸田集府志文苑

高尚禮字子建好讀書學擊劒康熙辛丑武進士擢梧州府水師營游擊苗匪入寇尚禮隨方處置屢立奇功及滇黔猖獗盡力捍禦嘔血卒事聞

贈廣威將軍舊志義行

邵灌少孤從叔廷錫客山左叔得奇疾腰腹下脹如囊溲日數十下灌親爲浣滌兩旬疾少閒泣執其手曰有姪如此吾不憾無子矣家故貧與弟淡友愛白首無閒仕山西平定州吏目

陳光祚字繩武康熙辛亥游粤東爲友人袁某購珠直五百金甫歸鄰不戒於火光祚未及顧家急取珠歸袁袁視光祚家盡成焦土蹙然慰勞曰君資悉燼而珠獨存君誠長者也

傅汝翼字文如性高曠寄情詩畫嘗爲孫娶婦親朋滿坐而汝翼垂釣自如年八十一卒著有柳圃詩集

陳肅朱霖鍾之樞等皆宜于總傳類敘之

陳簫字景巖邑諸生積學力行邃於經術居母喪哀痛成目疾父老不能寐夜分侍立不退及歿書室懸影像供菽水如生著有四書考鏡諸子擷華春秋提綱多散失嘗貸貧士物值千金不返亦不責償且更賙之子鶴自有傳

朱霖字沛如家貧好周乏困祖產悉盡人服其德而笑其愚

鍾之樞字星環父卒年甫十四兩兄將以喪費之餘爲佛事之樞力請爲義田學田遂權子母銖積寸累歷三十年有田四十餘畝悉析以贍族人之貧無依及在庠者臨歿猶手訂義學二田條例至今房族皆賴之兼精醫術以上府志一行

羅廷儀字易門康熙庚子舉順天鄉試以寄籍除名雍正癸卯復以本籍成進士選授山東沂水知縣沂連被水災至即經理賑務有實惠題署莒州莒亦被災治之如沂權知青州府剖決

明敏不斁月塵案皆竣時新設將軍爲籌器備裕糧餉屬邑屢災民欠課無算救荒輯衆弁豁免災黎之未征者擢河南陝州江南滁泗廣德諸州皆有聲陝漕糧僱民車起解道險且遠爲力請折徵泗饑民嘯聚山谷遣人諭解之採購積穀定價卒不敷廷儀必準民價無絲毫累其下以疾乞歸二十餘年卒年八十六仲子震咢無私積竭蹷屛當備盡色養遇義舉必首倡告急者必應至稱貸以給府志宦蹟　案府志本傳延儀會稽人今據選舉卷

周長發字蘭坡雍正二年進士改庶吉士四年冬

諭選庶吉士八品端方者引見長發預焉

命往江西以州縣用補廣昌知縣盡心刑獄革陋規修廟學城堞建忠義節孝二祠邑久雨山水驟漲城垂沒以黃紙書銜鈐以印朝服登城稽首哀籲願以一令保闔城婦子雨霽水消城

內外無恙旋以迂謹改教職補樂清教諭總督李衛延主敷文書院及修浙江通志溫處道芮復傳復延主東山書院乾隆元年

召試博學鴻詞授翰林院檢討父憂服闋補原官陞侍講學士

侍直

南書房

命和

御製覺生寺大鐘歌玉甕歌以工敏見獎自是每

命屬和多稱

旨十二年

上書房轉侍讀學士母憂服闋補原官又改補侍講越二年卒年六十五葬譚家池長發在翰林時值修綱目

皇清文穎校刊遼史續文獻通考詞林典故諸書皆充纂修官乾隆丁卯爲江南副考官兩充順天同考官兩奉使祭告嶽瀆家有

賜書數十種並

特賜歲賜凡百餘種嘗乞假省母

恩賜內緞豐貂

諭令捧歸以爲母壽允爲儒臣榮遇著有賜書堂集府志儒林

周開捷字凱三父文俊伯父文英官松潘總兵開捷初以廕從戎討番有功授建昌游擊雍正初授奮威將軍進剿西海羅卜藏丹津充前部先鋒次卓子山關石門大將軍遣洪副將攻擣而番僧矢石如雨開捷曰事急矣番僧乘勝追擊不顧其後吾攻其不備不崇朝可殲也乃潛以十八騎渡溝襲之遂抵石門

帥兵交應軍聲大振大將軍奇其功題陞西安參將旋授江右袁臨副將擢西寧總兵賞賚甚厚〇父文傑嘗宰電白告休至是迎養

特賜知府銜加一品服後開捷以事發北路軍營効力乾隆初起爲榆林總兵調寧夏庚申擢固原提督越三年卒年六十先是開捷過南陽樂其風土洎遘疾遂寄籍焉府志

夏兆豐字大田雍正甲辰舉人淹通經史長於古文嘗聘修河南志著有雨笠集府志文苑據本傳　案府志選舉卷兆豐會稽人又案方思行字書紳雍正己酉副榜學有淵源著作多可傳者府志附夏兆豐傳

廸獻猷字爾勳事繼母周定省不少懈〇母周一日撻之流血衣盡赤周手亦顫掉獻猷泣曰兒不肖致傷母手周爲感動雍正甲辰舉於鄉授寧晉教諭

高啟燮母嚴患背疽不治啟燮泣吮之數日愈母患骨痛乃傳藥於手朝夕按摩數年得瘥啟燮雙目以藥氣熏炙而瞽更三載竟復明居親喪終制不近內斷葷酒父其亾墓在村畔金雞山日一往視風雨無間兩弟幼孤藉以成立終身合爨從兄子侯卒濟南倉大使任啟燮歸其櫬爲娶媳凡族子無配者皆賴以婚有胡某貸啟燮百金既選寶應主簿啟燮偶過之胡欲丐倍息金以償啟燮焚券去郡大饑啟燮盡出所儲粟以賑不給至變產繼之平居施棺藥以爲常年六十八卒乾隆四年旌以上府志

孝行

潘用槐字吉士性孝友兄用楫用楷皆諸生有文名兄弟友恭最篤用槐擇姪之才者栽培之成名甚衆雍正間歲荐饑屢捐貲助賑子廷煒字紫山父目失明扶持抑搔不離左右者十餘

年族中子弟無力讀書者延師訓導之家產不豐而好施與乾隆辛未乙亥歲頻饑捐米百餘石

潘景義字晉三監生少孤貧母苦節撫之教甚嚴景義敬謹受訓以至成立事母盡禮事繼祖母得其歡心生平好義遇空乏必盡力周之歲饑捐貲助賑嘗修葺橋梁道路人多德之以上府志

義行

沈嘉徵字懷清年十三母疾篤刲股和藥以進援例授廣西蒼梧巡檢調横州吏目獞民時出沒爲暴嘉徵招徠人民捐俸給佃屋耕牛令墾植河邊地共相防禦不數年人烟稠密盜蹤獲靖雍正三年

詔褒職亦准卓異廻授江西樂平縣知縣建義社各倉民好訟隨到隨判案無留牘明建文時有龍泉知縣張彥方者樹義捐

軀甚慘毋妻同時殉節邑民合葬縣治清白堂後三百餘年莫敢啟視嘉徵爲文以祭且修其封祀之名宦調知浮梁舊有陶規禁止之窯俗遇傭病輒棄不視乃創廣濟堂並設義冢立石紀其姓氏里居重建昌江書院邑多蛟患穿穴破田嘉徵率役闢榛莽平高田之土以實之盡成沃壤廣昌民宋文聚死其弟誣其嫂與人共毒之已三覆檢矣嘉徵讞得其情申雪之乾隆三年卓異

賞朝衣一襲陞知象州又陞百色同知漢土民爭田輒相賊殺嘉徵履丈無不允剖土司率豪侈無檢伺按部至夜謁餽金嘉徵却之曰爾自檢束我不爾苛金無爲也地烟瘴甚重民多疫癘創建城隍廟及厲壇設藥局延名醫司其事歷鎮安太平知府陞迤西道十七年擢雲南按察使有崔參將者年已七十雖

家誣爲黨逆府縣刑逼强承解至省嘉徵研鞫無實立釋之二十二年九月督撫購金事發嘉徵以不先奏劾落職歸至半途復授江南常鎮道越二年以年七十告歸又六年卒府志

吳一默字聘三邑諸生居父喪哀毀骨立同產女弟寡母哀之一默挈其子女與同居奉母歡母卒既葬朝夕烝甞哭一夕雪積數尺踰墓所侍立明旦視之旁墓丈餘雪不積人咸驚嘆之雍正丙午舉賢良方正力辭歲饑流民横行村落一默設法賑給元散其徒分給族黨全活甚衆天資英朗經史百家靡不覽究工古文辭長子兆甲會稽諸生年十六刲股療祖母疾瀕危復甦

施繩武字大宗生六月父歿於京稍長常向隅悲泣母偶怒輒跪呈鞭扑家故貧一身奉侍三世及祖母病危禱於神願殞嗣

子以延之既而子殤祖母病痿侍湯藥者復十餘年夙夜不離側祖母死廬墓者兩月繩武年十四時欲入京扶柩母以其幼且上有四老不許及是徒跣北行卒尋父柩奉以歸

錢師義字士路痛父早卒不及事每遇忌日輒嗚嗚作孺子啼母疾籲天祈代及卒蓋苫墓側嘗跪墓前悲號終制後猶縞衣疏食讀書不專治章句一以躬行實踐爲主云

劉光錦好學能詩父素懷五嶽之游子授室後飄然遠遯光錦棄家尋之三入燕秦五上楚粵凡父舊游之區無不繭足行求閱五十年僅得以衣冠歸葬抱恨而卒年六十七

韓彥字俊升父得瘋疾臥床第者數年至爲嘗糞刲股親歿後至數十年寢閒猶喃喃呼父母不置不娶撫兄子爲己子任廣東三水司巡檢以上府志孝行

孫公瑜字玉艮中吏員擢潮州揭陽知縣涖事嚴明人不敢干以私雍正四年攝海陽邑濱海城北有長堤亘數十里廬舍田園數千萬頃皆資捍蔽築而復毀者再公瑜下車卽以營築爲已任遂罄橐鳩工食宿於堤畔者凡八月有奇而堤成子昌鑑知灤州亦有惠政府志宦蹟

周中鋐字子振起家崇明丞鎮兵欲預取軍食於官不獲羣挺刃縣廨官吏咸駭匿中鋐挺身前諭以順逆咸投械去擢知華亭縣理寃獄擒盜魁海濤溢盪蹴數百里乃約吏毋追呼弔死恤疾具舍宇衣糗分給之又力請賑未幾以歲賦不及額罷邑人羣訴

特旨許復任旋擢松江知府案府志擢知府在乾隆四年今據通志多惠政雍正六年卒

旨特與江南水利上官廉其才凡興築渠塘壩閘一以任之是年三月督濬吳淞江築堤江口適暮夜合龍風急水湄溺死年四十九

諭旨褒䘏贈太僕卿廕一子入監

賜祭葬乾隆間奉

旨入祀名宦祠中鋐宰華亭時值母憂邑人願以百姓三日服請中鋐毋去官攝六合家人或道過六逆旅戒不取值以答其惠兄中鐸常州府通判有能聲通志兼採府志府志忠節

陳齊襄字述荷籍廣西雍正七年以諸生舉賢良方正授貴州銅仁知縣因火耗加重詳請豁免上官沮之遂揭部科坐革職留黔効力時都勻古州黎平苗亂齊襄隨經略轉餉乾隆三年議敍開復隨總督經理營務及安屯建城等事獲苗酋石錦元

諭散其黨補玉屏知縣有反風禱雨之異陞八寨同知擢元江知府江西糧道廣饒九南道所至辭羨餘絕苞苴陋規一切官價及供給諸弊皆禁除之歸三年卒年六十五府志傳子聖自有傳

何百鈞原名肇鈞字公權諸生家貧依其姑於諸暨少好學而性椎魯以鐵繩自縛鎖几上猝不得離久之警悟經史外氾濫諸家著字學八十一卷易經自得太極引蒙等十二種百三十餘卷醫學適性編五十卷散體詩賦襍著凡五十卷年四十六嘗得廣文百鈞曰先子宰河南掖縣以廉介不能苟合貴志卒於官鈞不忍復言仕也竟不仕府志儒林

徐廷槐字笠山雍正庚戌進士會開制科大吏以名上固辭不獲及試以排律雷同削籍歸杜門授徒足不入城市長洲周範蓮守紹興延主蕺山書院凡三載得其指授者咸自名家兄早

嘉瑚亦宜入三年一輯內戌從五一傳凡有著作而生平精力所著皆類敘之

卒撫三子四女如已出親族有緩急必身爲經理葬其無歸者卒年七十六所論著及手所删定凡七十餘種

何嘉瑚字玉羽天寵子諸生遍歷名山大川得句輒爲人傳誦歸與越中諸名士結詩巢於石帆宛委間著有玉笥山集已

任應烈字武承錢塘籍雍正庚戌進士改庶吉士授編修纂修一統志出爲河南懷慶守以振興人文爲已任孟縣爲韓退之故里應烈創議以韓之子孫襲五經博士大吏請於朝特給焉父憂歸再補南陽守未入境卽擒唐鄧奸民之爲刼魁者又獲大盜李會上官遂委以全省捕務雖隔屬亦聽節制宛被水單騎親勘先發賑而後上請藩司趙城奏請河南南陽懷慶等府開礦應烈力陳不可巡撫據以議覆事遂寢母憂歸築室鏡湖濱與同人爲娛老會卒年七十六以上府志文苑

葉徽祚（昭忠祠列傳作祚徽）任雲南潞州吏目，調會甸司巡檢。雍正八年烏蒙土司叛，徽祚隨勦遇害。贈主簿，給全葬並一次致祭。子學儒出邊滴血尋父骨以歸。（府志忠節）

章倫試用州同，署普寧州知州。雍正十年委辦攸樂城工，事竣回至漫蚌村，遇夷賊被執，不屈死。贈知州。（府志昭忠祠列傳　府志忠節）

王廷祐字槐臣，雍正十年爲吳江縣平望驛丞，廉惠強幹。舊夫馬船每不足額，餉銀恆尅減，廷祐悉除其弊。凡應付官及兵役皆依勘合火牌定額，或額外要勒，即力爭曰：吾不能壞法病民而媚大官也。遷巡檢，告歸。（吳江縣志　府志義行）

朱乾學、朱乾英俱監生。雍正癸丑重修縣學宮，乾學捐六百金

修建東西兩廡乾英捐四百金修建鄉賢祠督學帥念祖給匾
獎之府志義行

丁玨以吏員任雲南揚武壩巡檢丁憂留滇委用署青龍廠務
思普叛從勦陣亡雍正十一年
贈主簿給祭葬浙江通志府志忠節

何熠字謙之靖州籍雍正十三年以州同效力河工築浙江尖
山海塘題補杭州東防同知以迴避本籍仍發江南河工乾隆
十三年擢河庫道兩淮鹽運使
特敕兼管河務十九年革職二十二年仍發河南以同知用
命隨侍郎夢麟疏濬荆山橋河工又辦理支河超擢淮揚道丁
父憂總督尹繼善等奏留在任守制
許之二十六年調回以郎中用八月河溢中牟楊橋大學士劉

統勳協辦大學士兆惠赴豫堵築奏熠隨往旣合龍留熠駐工防護授開歸陳許道調山東運河道河南河北道四月擢按察使

上以熠久任河工熟習修防令兼管河南南北兩岸河工擢布政使仍兼理河工護理巡撫奏截取舉人衰弱請改教職著爲令又疏言河北護嘉等縣借給耔種口糧請以錢代銀借放公私兩便三十六年擢巡撫兼理河務如故

命兼管山東河道三十七年淅川內鄉被水正陽確山風災疏請撫卹緩徵

詔可

賜孔雀翎黃馬褂兩

賜詩褒之尋

命查勘永定河上游煟奏言永定河挾沙而行散漫無定
聖祖仁皇帝神功修治閱今七十餘年
皇上籌度經營大加疏濬就下者水之性無不同而地有高卑
沙有通塞水之情或因時而異察其情之所在導其性之所同
先宣後防千古極則雖起神禹無以易之永定河下口蒙
皇上指示疏導旣不阻下連之勢更可免侵運之虞所將
聖諭幷議言勒碑垂遠又疏言河南常平倉通省溢額至四十
四萬餘石倉廒不敷請每州縣以四千石爲限餘變價解司又
言河南漕穀七十九萬餘石蘇米二十九萬餘石每年出借收
息請於鄰省安陽等五州縣各存二萬石附近水次之祥符等
三十五州縣各存一萬石爲定額幷如議行三十九年加授總
督仍管河南巡撫事尋晉兵部尚書銜九月山東逆匪王倫亂

命煟督兵會勦事平回至內黃病卒奉
上諭曰何煟老成練達誠篤恪勤於河道機宜素尤諳熟自簡
任巡撫兼管河道以來體國愛民實心經理一切修防捍禦董
率有方實爲封疆得力大臣今秋因壽張逆匪滋事督兵在東
境協勦事竣回豫胙聞於內黃途次復感風寒念其年逾七旬
尤宜慎重調理因諭令卽在內黃暫爲頓息特派乾清門侍衛
帶同太醫堂官前往診視以冀速痊遽聞溘逝深爲悼惜著加
贈太子太保入祀賢良祠應行䘏典察例具奏
賜祭葬謚恭惠國史館列傳　大清一統志　子裕城自有傳

胡天游字稚威一字雲持雍正十三年
詔舉博學鴻詞科禮部尚書任蘭枝以天游薦入京師時大學
士謚文端鄂爾泰欲見之不可強聘焉既往見因問爾戒形變

九乾躔度八十一家文墨口汩汩如傾海大驚曰是眞才也未幾試殿上諸人捧黄紙加墨而天游鼻衄噴血污其卷試報罷文端延爲三禮館纂修文端薨天游無所依賃半椽而居四方求詩文者輦金幣接踵而天游性豪歌呼宴客所獲立盡諸公卿爭欲致門下每試爲梯媒者屬至天游意氣岸然不屑一顧策文至二千言論或數十字與常格不合登甲科屢敗乙科凡三中乙科乾隆十六年再薦經學尋游太原病死著有詩文集若干卷府志據袁枚文集入文苑

潘乙震字筠軒父爲淮安鹽場大使遇河決官鹽漂沒虧餉銀四千兩下獄乙震奔詣淮安府署痛哭求代父入獄聽比下獄數十日書聲晝夜不絶太守憐之出俸銀一千兩又勸商人助銀二千令出獄措其餘適有拔貢王某與乙震同舟唱和相得

自王元愷至王冠雲皆宜于董釪傳附敘之

詢得其詳助銀一千官帑始清乙震歸里事親旋以家貧出游入籍廣西東蘭州雍正十三年舉廣西鄉試第一乾隆元年會試下第

特賜進士改庶吉士散館授編修歷陞侍講學士充日講起居注官纂修三禮在館數年左遷編修致仕回籍

南巡賜原銜又

特召見爲嘗與孫人龍任應烈等爲耆年會卒年七十五著有意田詩集二十卷又有潘星字宿野康熙間布衣博學工詩古文詞善書法無子集失傳

王元愷字舜舉天資穎悟讀書一覽不忘爲諸生困場屋幾五十年性坦易無城府戚黨間有勃谿者得一言即涣釋需次應貢成均憐同庠某老病讓之晚年矍鑠猶好登涉年七十餘卒

著史論及在茲堂集孫本字慕防晩嘗壙植梅亦有詩集

劉正誼字戒謀少負詩名先達交口推許生平多隱德子文蔚字豹君性穎悟髫年即能韻語父母持其丱角令口占爲樂及長結吟社知名士多出其門與人交有終始至典裘鬻書不少悔著石帆集八卷以優貢終

劉鳴玉字鳳岡邑諸生工詩善書年四十餘卒著有嚶鳴集梅芝館稿

沈冰壺字清玉歲貢生性孤峭喜博覽家貧無書恒借書披閱有所著述以一缸貯之往往爲人取去最熟勝國諸老軼事著有古調自彈集

王冠雲字鳳岡邑諸生性好義嗜讀書雍正十三年舉博學鴻詞病未及試著有鳳岡詩文集

童鈺字二樹工詩與劉鳴玉陳芝圖號越中三子常往西巫月中行吟得一詩綰一結記之比曉得二十四結矣後客河南修一省三十六州縣志條例謹嚴喜臨秦權漢布法書名畫工畫梅有高氏九梅未竟揮十紙助之宛然立辦幼時嘗病夢有道士相招郤之去及歿疾揚州夢其人又來各有贈詩醒猶記錄疾亟畫梅題詩求袁枚序其集未盡一句而絕

金士芳字介人性耽吟咏築菊園以自娛著有詩鈔詩餘共五刻以上府志文苑

案府志彙載

國初以來越中能詩者凡四十餘人其山陰布衣則魏方炳有傳周璇瑩姚騰虯諸生則周退祚姜梗吳棠楨周炯曾有傳俞樵何嘉延有傳金璧盛唐王霖有傳金又坡劉世貴又有金鎮官知府金

虞廷康熙乙丑進士官知縣董相官知縣周大樞官教諭有傳其武人能詩者有邵斌明末讀書山中三十年從平耿逆授游擊不就性愛篇什雖戎馬之閒吟咏弗輟有憩樓遺稿四卷杜壁勳字功王官都司有閑古齋詩見文苑卷除現據呈報補立新傳者數人餘仍府志彙記於此

邵煥麟貴州清平縣典史雍正十三年四月解運軍裝赴凱里値苗賊陷城煥麟被害其子光祖於馬王廟側拾骸骨歸

贈主簿

賜祭葬時同邑布衣陳憲爲黃平知州羅鳴序幕友與鳴序同殉苗難

贈國子監學錄

賜祭葬府志忠節

張天如字萬里雍正乙卯拔貢授河南靈寶丞陞湖南麻陽知縣調湘鄉二邑多訟天如平心剖決積弊一清民有嫌壻貧以他辭請停婚者叩所需曰二十金天如立予之又有婦翁逼壻停婚者訊之曰女不欲嫁故也問其女俯首不答卽令其夫婦拜於前予以花紅銀使乘轎鼓樂導之同歸見者稱快自是無請停婚者矣復教民冬日養牛及殺草糞田諸法歷陞永順長沙永綏同知永順知府兼署辰州所至興利除弊一皆有裨於民陞山東濟東道未赴請養歸卒年七十府志　案府志本傳天如會稽人今據選舉卷

張麟錫字素書幼慧日誦數萬言及長博涉經史所著詩騷賦頌之屬甚工乾隆元年成進士

廷試詩古文第一入詞館授編修充

世宗憲皇帝實錄纂修官越三年卒麟錫性敦厚務實行在詞館時寅入酉退積三四年如一日府志文苑案府志本傳麟錫會稽人今據選舉卷

周應宿字宋爲乾隆元年進士授庶常出知句容縣下車逢水災畢力撫循明年大旱竭誠步禱捐俸倡糶旣成災請於上官奏加賑䘏幷立煮賑法貸社倉穀三千石活民無算旋以盜案去官民爲償前借社穀兩月而畢著有學易快編闡五十生成之義而一歸於卦神其所爲文胡天游稱其窮搜百家冥入幽往理造意會滿志以出有古文詞稿藏於家據呈報家傳府志儒林

周鉞字汝盤歲貢生母疾刲股肉以和藥嘗糞以驗生枯居憂三年不食肉飲酒祭輒號痛絕去後至昆陵感舍旁白雀作白雀賦以寄哀哲之思薄游粵東著嶺南襍記他詩文數百篇研精經學擬著三禮會通不果類纂左事成二十二卷香巖詩草

文集若干卷卒年六十五府志竝據家傳府志儒林

聞人棠字南懷乾隆巳未進士授廣西富川知縣有猺人奉光選命案四年不結又有甲死而株及乙乙又死者棠至一訊得眞兇有婦姑共擷茶姑與夫食之竝死人告婦毒之幾成獄矣棠疑之親往採茶處周視見有斷腸草在茶中更至其家索姑所採則草尚存寃得釋居半載調凌雲隸署永安知州及百色同知皆極邊俗獷悍凡謀殺人者至死不承棠以誠心導之俗漸革會連旱邑有三龍潭禱雨者率至二潭其三從未經人蹟棠躬率胥役披荆棘崎嶇步至其處每禱輒雨親老告歸居家清約如寒士見貧乏之無不周邱足不登當路之門卒年八十五著慈教編文集自怡詩草府志宦蹟

徐垣字紫庭乾隆巳未進士選庶吉士改戶部主事遷郎中出

知廣信府僞稿案廼江右官民繫逮纍纍屬垣審定不枉一八擢吉南贛道遷安徽按察使歲饑鄉民數萬噪於安慶府署太守懼求發兵捕治垣急止之單騎往諭立散去因詳請即日賑貸錄其魁寘之法陞四川布政使未幾調貴州前後屢有奏請如勸輸社穀以息穀之羨建倉公貯各社收貯田糧丈冊於官著遇有爭訟按冊勘斷又如籌代耕荒土以收地利常平倉穀每年借糶兼行添開鉛廠借給工本油米以佐貧民而資鼓鑄上皆嘉納之調湖北布政使行至常德卒年五十一生平倜儻無畦畛自奉甚約鉤稽案牘夜分不息歷官俸入但資以辦公無一椽尺土之蓄府志 參會稽人今據選舉卷府志本傳垣

沈彩字宗彝援例授雲南黑鹽井大使巡撫張允隨巡邊奇其才調至省垣薦授永善知縣下車問民疾苦知無不爲縣有金

沙港金廠利頗厚彩曰非邑宰事也力請委員其地苗民襍處聚黨械鬬官不得其情至有剖心自明者彩諄諄告誡多年民皆畏法不忍欺邑處萬山中無田可耕副官村頗平衍彩墾田數頃給民耕種至今名沈公田制府尹繼善知其賢將調署昆明首邑丞民涕泣攀留者數千人隨至省籲轅告留彩亦願還丞遂止會修金江檄委辦理金江志所載皆其成法也年七十以老乞歸丞之人立廟祀之府志宦蹟

曾懋本姓虞順天宛平籍陝西環縣典史歷陞廣西下雷州吏目乾隆五年五月二十六日奉派進撫桑江逆苗逼降不屈遂被害

賞䘏如例府志引昭忠祠列傳 府志忠節

孫大夏字咸三乾隆甲子舉人司訓龍游發尊經閣書以課諸

生秩滿將歸諸生詣府留之卒於官著有紅草軒稿小如丹詩鈔

此亦宜于書籍門存其所著書目而删其畧

金傳世字汝臣乾隆戊辰進士授湖北通山及山西孟縣知縣恬靜愛民未一載上官飭辦積穀以民力不支辭改衢州教授歸孟民醵千金爲贐婉却之及歸授徒於明徐渭之青籐書屋及門多知名士

宋祖昱號西洲父俊諸生博學工詞章著述載

皇朝文獻通考祖昱與弟西樵有二珠之稱乾隆丙辰以博學

鴻詞徵不赴定制地糧與丁糧並征往往家無立錐而丁有常額因此逃竄株累者比比祖昱言於當道謂歸丁於地有田者較所入以輸官不及什之一而民困可紓大吏請於朝著爲令生平著述最富有詩文集若干卷案丁隨田辦乃　國家政典之鉅者而志謂祖昱言於當

四人皆宜附見志稿行

道因請於朝來詳砥據姑仍之

朱霞字士彩邑諸生博通經史尤邃於左氏著有左氏註解

王瀛字睿昭郡諸生家貧好學與弟友愛無閒著有韻學編貝

以上府志文苑

吳起鳳字丹山精易及宋儒理學諸書有詩文若干卷禖著若干卷府志兼採家傳

王武彬字元震邑諸生能詩詞善書嘗考定詩家音義手鈔以尺計府志文苑

史義遵字拙圃祖任鎣死兄難父繼遷候選知縣義遵嘗夜行閭巷中聞哭聲極哀排闥叩之則婦方與夫持訣蓋已鬻以完父逋義遵蹙然曰孝子毋苦遲明吾乞汝了之不以貸書也遂爲夫婦如初姚江邵徵士坡久居師席知其乏嗣爲聘淑姬邵

遂舉子乾隆辛未越大祲義遵首倡捐約同志散賑并設平糶法諸坊鎮皆仿行之全活甚衆郡守鄭兆奎表其閭後遇歉歲輒令其子照倡捐焉嘗他出父柩在堂火忽作妻沈擲芮衣號於衆曰能徙柩者且日予百金此所以志也衆爭奮柩遂免義遵與沈年俱九十餘子孫官達曾元二百餘人 府志孝行

丁有尚幼有至性善讀書一日晨起意色慘沮其族母問之以父病夢不祥爲對已而走社廟哭禱於神願以其年償父疾數日父愈有尚竟卒 陶及申丁童子傳 府志孝行

張德淋父病衣不解帶刲股爲羹進之而愈

兪昌祚襁褓時父卒於東阿母朱撫孤矢志攜依外家昌祚年十四哀父客喪欲尋骸骨歸葬母以尚幼沮之乃日夜痛哭母不能止遂往至東阿有長老引至寄塲柩不可辨昌祚連日號

泣一夕夢父碎其顱驚哭至且視一棺有稍損者曰此是矣開而齧血驗之果然官吏縉紳奇而憫之厚賻以歸以上府志孝行

沈士鳳字羽皇父客塞外二十年無耗士鳳獨襆被萬里尋之窮山惡水足蹟幾徧越三載見之涼州驛舍并攜其庶母弟妹以歸生平恂恂無忤物色耄年友愛尤至工書法年九十三卒據府志並呈報事實

府志孝行

章奕銓字星彩乾隆年間刲臂療母病府志孝行

王濬字哲八歲貢生工詩父疾亟親滌溷穢籲天請代追歿糜飲不入口後貧益甚昆季相繼歿於楚粵竭蹶奉親每膳必有酒肉寡姊無依素爲母氏哀憐濬敬養之其稚子幼女恆嗷嗷不得食卒不令母姊知也母寢疾數年經營藥食心力俱瘁歿無以殮一慟幾絶私告所知曰吾靈均以孤憤而沈汨羅青蓮

以放逵而投我石吾將從母氏於地下獨親殯在堂是乃遺恨耳九月三日於羅墳橋下遽赴水死友人哀之爲舉四喪著有紅鵝館詩鈔鳳山集（府志孝行）

王煜字錦雯宋紹孫生煒字鉞雯炯字甸雯煜八歲而孤煒炯甫三歲母陶苦節撫之兄弟自相師友煜占南陽籍爲諸生同縣趙夏文爲南召知縣居之甥館旋以咯血死炯往迎柩途次嫂復沒資用乏絕乃徒步抱週歲女姪舁二棺以歸洎兄弟授室家益落炯曰伯兄無祿兄卽家督願奉母晨昏弟當往遂出游歲得脩悉寄兄養母煒亦不以一物私其妻後爲諸子謀析箸煒子二長琪爲煜後炯三子欲三分其產煒曰弟辛苦成此家吾子豈安享其二炯曰吾忍死吾伯兄哉持不可未幾炯卒煒乃五分之煒受職布政司理問

自田福茂至徐衛皆見府叙下傳中

田福茂字廷耀乾隆十六年歲饑福茂減家食作粥計口施升斗費累千金上官旌之

鍾夢熊武舉鍾級貢生俱於乾隆十七年間各捐米一千餘石設廠賑饑上官給匾獎之

陳學敬字德輿候選州倅好施與族黨中多藉以舉火嘗置義田學田乾隆丙子歲捐米助賑學宮圮獨葺之年七十五卒子義貢生嘗刲股以療親疾

朱雷字士聲母暑月病痢穢流袵席身自浣濯父歿事伯兄甚恭謹衣食必先奉於兄有傭某以負欠將鬻其女雷爲代償李某流落河南雷邂逅遇之即資以路費使歸

徐燮均字南溪邑諸生有族嬸周氏年二十八而寡子幼翁姑勸之嫁周晝夜慟哭燮均聞之往問其故翁云負急逋二十餘

金得身價始可償耳爕均力任之事遂止至其子成立復爲之娶婦爕均家產僅四百畝捐其半以濟宗族之貧乏者又捐五十畝爲延師費勒碑紀之

徐衜號檈園邑諸生乾隆二十一年出米遍給親族鄉鄰每年八十母茹素三載哀毀成疾卒（以上府志義行）

朱奎揚字南湖由江南新陽縣佐歷官淮安府知府淮郡北溪河日就淤塞奎揚力請開濬石田數千頃變爲膏腴緣事降調任直隸州縣者十五年兩江總督奏請發江南補江寧知府陞蘇松道擢長蘆運使奎揚以母老不能行請終養溫旨留之旋擢蘇松臬司以審擬失實被譴久之得釋仍授蘇松糧道漕丁力疲奎揚請借帑給丁贖回屯田又以夏潦傷禾建議昭文白茆河爲蘇常諸水歸海之尾閭旁有徐六涇犄角

按茹敦和集中有鳳翥篇傳載其著述甚多宜采入

宜增見吳璜門

相依請發帑濬之

詔可委奎揚總其事一時集萬餘人四旬工畢乾隆乙未內擢光祿寺少卿尋以老乞歸年七十五卒府志宦蹟

吳鳳翥字青于乾隆己卯舉人文多恢奇於諸經皆博涉尤好三禮謂戴記詳於喪而略於祭儀禮少牢特牲兩篇於大夫士略具而天子諸侯闕焉因即祭禮之散見於他經并漢晉唐儒之說可據依者皆手錄之得十餘萬言凡兩巨冊與所爲古文皆藏於家府志并採家傳 府志文苑

俞廷㦸字容宣乾隆庚辰進士著經濟要言八卷府志文苑

吳璜字芳甸幼即能詩爲舅氏商盤所器舉乾隆庚辰進士授戶部主事出知澧州道丁父憂服闋赴補

王師征金川揀往軍前署重慶府通判解餉赴美諾旋調赴登

春隨總督退保美諾遇賊於崇德山梁被害
贈分巡道祭葬如例子安祖廕授福清知縣璜胸次浩落喜談
詩文同輩交推之從祀昭忠祠府志並引昭忠祠列傳府志忠節案府志選舉卷璜會稽人今據本傳

何裕城字福天熠次子少有文譽隨父任講求經世之務援例
捐道員丁母憂旋遭父喪服除引
見即授山東督糧道未浹歲調河南河北道又調江南河庫道
辛丑調淮徐道會河南青龍岡漫河注微山湖衝運道沛沉於
水
上以治河亟宜擇人
諭曰何裕城前隨父熠熟悉河防著署河東河道總督時壬寅
八月也先是裕城嘗著江南全河指要論治河宜並用節宣不

當執河不兩行之說偏於節束欲治上游必先清下游之去路及由河北道移任江南臨行上當事書指陳南北岸受險情形而北岸關運道患尤大不豫謀增培猝難防護未幾言驗是時

蘭陽儀封方改繕河隄

命重臣董其事裕城往來相度築格隄以護大隄加排水壩以逼南溜濬伊家河以洩湖水引渠合壩遂成新河之功

賜戴花翎授河南巡撫協理河務河南爲恭惠舊治遵守前法民習而安之又量滿槽築土格傍壩岸加防風又濬五龍口等六渠並著成績調撫陝西又調江西獲姦盜之積爲商旅害者四十餘人寘於法會臺海用兵集師轉粟裕城奏取道新城之五福鎮近千里董率中綮閭里宴如庚戌夏調補安徽巡撫去江西日老幼渡江拜送數十里不絕祝

二人宜附入下陳聖傳傳末 (handwritten)

鑾北行至合肥病卒

上稱其小心謹慎甚悼惜焉年六十五性廉靜每治文書片紙必過目與人交無忤色篤於親故析祖產以贍族姓著有江南全河指要一卷庭訓錄二卷奏疏六十卷詩文五卷府志

馮啟宗任臺灣府彰化縣鹿仔港巡檢兼署彰化典史乾隆五十一年逆匪糾眾刼獄啟宗守監獄被害奉

旨賞給雲騎尉世職

史謙字昭和寄籍宛平由供事議敘授福建永安典史調任鳳山乾隆五十一年逆匪林爽文滋事殉難奉

旨賞給雲騎尉世職

陳聖傳字授一占籍廣西平樂父齊襄雍正七年舉賢良方正聖傳舉乾隆十五年廣西鄉試選四川雲陽場大使父憂服闋

補福建詔安場以抗直失上官意調丞順昌者十二年捷戶讀書如寒士五十一年調臺灣縣丞分駐羅漢門未數月林逆難作奉檄守臺灣北路斗六門十一月賊衆來攻率壯士擊殺數百人賊驚卻然附近村落多被焚燬隆冬風雪大作大半逃亡聖傳獨集村民堅守不動明年正月逆賊數千復至聖傳汰老弱及病者得百餘人分左右翼以待俄而賊至集麾左右翼夾攻之不利從者半沒於陣或勸姑引退叱曰今日之事有進無縮然不欲死於亂兵也即上馬直趨賊營僕顧景一人從大呼曰我縣丞陳某也今以大義曉汝不革面無子遺矣賊怒持白刃向之聖傳罵愈厲遂見害年五十九顧景亦不屈死

賜祭葬及雲騎尉世職子早殤以弟之子廣寧襲有張啟者瘞其首道旁事平得返葬以上府志忠節

孫毓敏字聖求建家塾以訓族黨子弟幷遠近就學者月爲會課授粲繼燭焉又建試寓於試院前置田二百餘畝爲經費捐增青院膏火立義冢修官道邑人多之府志義行

右鄉賢三

山陰縣志卷十五

山陰縣志卷十六

人民志第二之八

案以前各傳有補無删凡舊志所登今皆仍舊仍之者或之也夫志爲官牘非私書也文有定體非小説也事必斷制非類林也賢乃鴻稱非諛具也然而知者希矣知而能行者抑尤寡矣至此次修志凡種種事實亦復概予登載據衆人之呈報而不徇一二人之采訪質鬼神於一室俟定論以百年猶恐徧見咫聞不諧於俗特采浙東方志例案三則冠於新編各傳之前一欲遠鄉僻壤共讀異書一願後來學士文人勿忘師古也

鄭志凡例一則　主修知縣錢惟喬

一古人事蹟當以正史爲憑胡制使袁學士之書所述遷除次第奏議建白皆灼然可信雖於鄉先達之短或諱而不言亦見

古人恭敬桑梓之義讀者可於言外得之後人不信舊志而好采家傳伐閱之風節矯然徐攷之了無實據假冒官資造作故事以子虛亡是之言欲令千秋尸祝人心風俗之媮莫此爲甚成化嘉靖志所補宋人傳多坐此病今稍汰其太甚者而於辨證中詳言之若舊闕而今增則必引據史傳及名人選述文集信而可徵者不敢徇一家之私乘以滋後世之惑也

餘姚志明列傳後案　主修知縣唐若瀛

案康志成書之後議者譏其遺漏賢子孫紛紛續刻事出倉卒痕跡顯然甚至有自刻生傳如胡纘曾者在續傳諸公砥行立名斷不得因子孫之亟於表揚而疑其祖父然既有自刻生傳之人亦不能遽信其子孫所表揚者爲確據也余於志局初開卽分列續傳姓名并指明其稱謂之舛誤行列之參差揭示學

官令其子孫別求可據之書彙送志局以俟覈實補傳而一年未有應者間或懇切來告亦惟以舊志已載爲辭蓋習久事忘遂誤以增刻者爲舊志原本豈知攙入之痕跡至今尚不可掩哉夫人物必憑公論若子孫自爲增刻而後來修志者不敢删移將從此效尤何所底止且作傳必有底本既別無可據之書而子孫自作之家傳又不應重爲刊刻與其冒濫毋寧闕疑閱者宜鑒余衷勿謂其擅删舊志也

又

國朝列傳後案

案新增之傳除省志府志外祇載翁公運標孫公維龍二傳蓋翁孝子傳多見於諸家文集湖廣通志已載入名宦而金川殉節之事有部案可稽也姚江風氣醇樸士大夫多崇實而不取

時名以余所聞循良孝友與夫豐才碩學之士近時不下數十人余初欲齋宿城隍廟與賢士大夫擇其尤見推許者編排立傳會余奉量移之檄急於成書未及與士大夫從容商榷矣夫人物必百年而有定論則康熙以後諸人留俟後定亦修志之舊例但既載二傳而餘尚闕載恐無以副賢子孫之望然一統志尚未告成省志府志當以時增輯其書較縣志易於行遠賢子孫自可次第闡揚又如浦陽人物志新安文獻志皆於邑乘外自爲一書而後來修志者轉得以取資姚江多好古之士倘於志書所闕軼者補輯舊聞别成新著俾將來有所攷余尤有厚望焉

謝中行宋　沈靜菴　董錦　董大倫

胡鳳岐　芋國器　董祚允　包明初

陸璘　張際辰　王時柏　王相以上明

王朝宗　孫礽　何嘉延　毛大鵬

周琦瑩　周燦文　劉濯　潘江

周炳曾　劉簫　劉棄　周賓雅

○陳允恭　趙寧　○孫紹曾　劉啟楨

傅王雩　○傅王露　傅彩　傅仲辰

王㮚　凌鵬瀚　金振豫　錢榮先

邵華　邵金鐀　潘斌　潘亮

謝仁俊　周銑　鍾商三　余維

周中鏞　吳爚文　金昌世　陸天來

馮均　劉遵調　邵功立　周中鑑

朱士任　余汝鼎　周如琯　鍾修

此下人物並蕪穢雜廁刪不勝刪大率以鄉学究为博学不娶妾俻为盛德不銅臭鄉紳为名宦不長平之鄉为殉節而已

汪淳　陳鶴　張嗣益　○周大樞

周大榜　沈懷屺　金紳　○吳壽昌

張鎮南　孫連玉以上國朝

宋

謝中行字思賢績學博古際宋室板蕩隱居昌安門外石瀆東偏性嗜菖蒲宅左右遍植焉弋陽謝忠節枋得過訪作菖蒲歌贈之因名其居曰菖蒲漊呈報

明

沈靜菴曾拾遺金二百兩候三日還之子誠齋家殷富而善益力置宗祠義田義學孫縉明萬歷丁酉舉人呈報

董錦字清泉爲人渾厚嘗以農事艱難謂子孫曰田家終歲勤動租收宜少寬所入在我無大損而彼實驚喜過望爾輩念之

呈報家傳

董大倫字敬椿兄早卒撫諸孤成立以私產平析子與侄均呈報家傳

胡鳳岐字瑞周嘗施義冢明萬歷間造三江閘會捐造一洞呈報有會稽層昌亦獨建張宿一洞云費萬金以籍非本邑姑據呈報附識於此

茅國器字用之明萬歷己丑武進士督江右漕尋召入宿衛加佐擊將軍領神機事時方加意東南遂命總理浙省等處軍務晉游擊將軍值關酋猖獗國器奉命前討甫至即加參將時倭營蔚山順天等寨而望津最險國器設奇計擊破之倭遂宵遁上命國器仍留善後越三載而歸辛丑倭復訌應督撫劉某辟署台州參將倭平署嘉興參將一日坐堂皇忽語眾曰善護庫冊吾從此逝矣亟治裝歸遂不起臨卒猶喃喃作督戰語國器

性至孝好讀書雖戎馬間未嘗釋卷子明山功襲臨山百戶孫宗憲臨山副千戶呈報家狀

董祚允府推官吏也夜歸理牘愼重儼與神明伍嘗建宗祠捐地瘞骸給粟贍貧多義舉云呈報家傳

包明初六十無子入京過東河縣渡見溺者爲建一梁往來稱便連生二子呈報

陸瑾字完玉笛里人父近泉明萬歷末游學川省十載無耗時流賊已熾瑾年十五六哀輟寢食繪父容謹藏誓必尋得父母朱氏欲爲之婚娶瑾固請遲之遂囑弟瑾善事堂上襆被竟行問關烽刃中凡五載杳不可得一夕恍惚中若聞神指示者及遇賊乃如神示號踴呼父賊渠驚詢釋其縛檢諸俘屬得近泉瑾悲泣感謝奉父脫歸呈報

張際辰字德操謚忠節焜芳之孫明曾王司餉刑部主事名翰子際辰少受業於劉世純世純者忠介猶子又其高弟也際辰習聞證人之學敦尚節義明崇禎庚辰入庠遭家多難克自樹立旣嘗受入譜於師後復悟譜學主修不主驗乃盟諸神祇力行所謂太微功過格者意主於修省無邀福想且謂格中義例以不養親爲不孝之尤云平日尤多義舉理家政井然又因母病潛心醫學亦頗著奇效家傳云於丙戌以大理廕襲錦衣千戶而事亦不詳未云明年五十二文止於此無可攷見

弟璣辰亦負志節嘗以龐御史條鞭法行外此皆爲疣贅拆封餘羨載於呂新吾集不必濫收銖黍縣官於驛遞夫馬額銀外另派兜夫短遞夫驢夫又封印後成尋鎖打頭徵來歲之粻又於封羨外派水解銀其他曰派坊值月曰私餽曰沿途館次曰程筵曰顏料茶蠟加徵塒直凡此皆病民不軌於法

戢兵臚時弊剴切十餘上官允其請刊木榜列於通衢宿弊頓清民得休息則有起而仇之者幾不免而產亦旋破年四十卒孫伯仲皆孝友能躬行實踐僉謂忠節宜有後矣其曾孫煌曾耀曾等皆占籍山陰呈報家傳案原文題曰小傳有筆而無法共計三十餘番中多諱辭復襍錄贈言家政葬法祠規米鹽凌襍之餘濟以晦澁家傳猶可志體宜有取裁姑錄其什一以俟公論餘可例推

王時柏字太乙明末官總兵會王監國進右府都督兼後府都督事乙酉五月棄官去以隱遁終

王七相字廷武都督時柏從子諸生會王監國徵爲前軍參軍罄家財以資兵餉已而江防不支某年月閉戶絕粒十五日卒有詩稿一卷

國朝

王朝宗字海觀天樂鄉珊里人順治戊子拔貢授廣西臨桂知

縣遭李廷國之變執之脅降刃摩於頸朝宗怒詈無屈辱狀廷國義而釋之乃懷印歪保衡州事平復任陞陝西臨洮府監督河州糧餉同知護理巡按巡道印務兼攝理刑府縣事釐剔胥奸勾稽案牘人皆憚其嚴明尋丁外艱回籍著有澗埜堂詩集年八十一卒

孫礽字仁孟順治甲午順天舉人游幕見知於滿公會康熙某年兵變滿公殉難礽將印信

王命收貯率官民拒守城得不陷擢錦州知府陞兩淮鹽運使未至卒

何嘉延字奕美峽山村人父宏仁明末御史有傳嘉延遭時喪亂親沒不克舉葬有嫠嫂弱侄是依不得已游於四方而內顧自傷輒嗚咽涕洟聞者悲之詩文典則清麗著有五園集存事

編綠水集爾耳集歷佐幕府代著章奏條議讞文別爲七卷子懋沅早卒次銓沅又名晫字念修以貲授郡判績學能文著有讀古紀源十四卷

毛大鵬字繼範家貧事父母孝養無缺嘗刲股以療母病里黨稱之以上呈報

案毛奇齡集謂嘗讀典例無有以刲臂割肝旌孝子者宋眞文忠亦已言之謂非聖經所尚其孝心誠切可嘉也向來方志恐愚民多因此戕生例有專駁如明嘉靖丙寅修徽州府志則凡刲股廬墓槩例不載山陰舊志鄉賢列女各傳原載此條今續增事實亦仍不削蓋貞孝固士女大節初非奇行虧體傷生則功令所不許而其一片血誠亦未可没世之爲子若女若婦者亦惟盡瘁於平時竭誠於庸行可也

周琦瑩字奇玉後馬村人郡庠生與妻姜氏竭力事親母病篤脈絕夫婦並刲股投藥以進越日遂瘥

周燦文字爾達後馬村人稟生十一歲刲股以療母病獲愈季弟喪偶析產後復合爨爲之續婚族人待以舉火者數家課徒蜀阜寺族子謝琦爲執爨役察其好學因罷其役給膳課讀成名諸生宗黨以孝義稱

劉濯字孺歌工詩文尤喜臨池母病刲股以進與弟鴻友愛長而彌篤鴻字式羽例授南漳知縣攝篆東陽有拯東要略如開南門以啟文運免造紅船以寬民力邑人誦之擢守寧羌皆以賢能著

潘江字藻如家貧篤學不售著有懷古軒詩集

周炳曾字子固後馬村人讀書工吟咏有南塘集清峭奇恣兼

善繪事工行草時稱三絕嘗註王梅溪會稽三賦子鑲隰州知州以上呈報家傳

劉蕭字功人明季庠生邃於經學中康熙戊午副榜授山東莘縣知縣在任九載興利除弊行取士事以老告歸子積仁拔貢生官縣丞孫三善舉人任廣東知縣以清廉聞揚善歲貢生皆有詩文集呈報

劉燾字禹蘇監生除知陽曲省會旗民襍處請於上官設代徵撥補之法民便之歲歉民多鬻妻子爲捐俸代贖完人妻女六十八家設育嬰堂全活千計飢則設粥廠康熙癸酉西北有寇警就大同採買草豆民不知役擢知許州丁内艱歸卒於家呈報

周賓雅字友聲後馬村人康熙間以安民功議敘任廣東恩平知縣邑獷悍故難治爲立禁約宣條教抑豪强俾士庶知尊

親之義有不率者法無赦邑大治因復撫以慈和訟獄減息杖無過十五有周十五之謠再攝印陽春未幾去官子中鐸中鋐皆入仕有聲呈報家傳

陳允恭字無逸號南麓占籍粵西之平樂康熙甲戌進士授編修歷官給事中晉太常寺少卿轉左右通政陞都察院左僉都御史先後服官俱以勤慎著由編修時典試江西行省官例奉三千金爲磨勘資堅拒之謂秉公衡文即有誤當坐不宜以賄免在言路時有廣東鹽道陸會以虧帑褫職將謀復官力疏爭之各省土官有但化害民者疏請裂地分其子弟秋決重囚有可矜者剖其事得減死所保舉自若給事中馬之鵬兩淮鹽政段志熙廣東鹽運使副使孔興璉皆有聲在

聖祖朝登蒙

恩賚

御書

御製詩及書籍八篋綵緞無算

世宗登極

賜御墨

御硯朝衣及諸珍物廕一子入監讀書方其里居時值孫延齡之亂舉家奔避深山箐路中掖母背負以趨既乃練鄉兵却賊生平儉於自奉然宗族親交有匱乏者輒傾囊濟之著有什一拾遺祥琴春明蟲魚擷芳北園諸集及南北史約若干卷呈報神道碑

趙寧字管亭巢縣知縣遷至松江知府民愛之如召父杜母然不肯迎合上官遂解任歸丙子春

聖祖以噶爾丹拒
命
親統六師征之寧請從戎轉餉出塞直抵二十二臺凱旋敘功
第一復原官旣而退老不復出子東字麗青由選拔官中書科
中書
孫紹曾字象乾早孤兄使從已業賤紹曾不從奮志讀書中康
熙丙子舉人補開縣知縣卓異擢戸部主事旋改兵部僉四川
道監察御史辛丑以建儲奏降額外章京赴軍前效力雍正元
年遇
赦迫欲入覲遇險墮馬卒未遇時曾插桂以卜休咎桂果生至
今呼爲御史桂
劉啟楨以歲貢生任戸部員外郎歲甲申山左大飢

傳王雲宦蹟　其弟王露傳

案王露居家後嘗薦舉博學宏詞科被格後高宗南巡王露迎鑾以年逾八十加官中允

上合滿漢廷臣隨力往賑乃悉捐己貲益以稱貸多所全活弟曰輝歲貢生任兩淮分司候補僉事道以精白聞

傳王雲康熙戊戌進士雍正朝召見授編修督江西學政博學洽聞剛方廉介任學政疏食布衣不改寒素士風文風日漸興起以沽名釣譽被劾罷官

傳王露字晴溪道明敘賞登瀛至頂闔折身墮竟無恙中年與兄雲編修王雲進士王雯相切磋詩學白傅格律清新爲越中七子之一康熙乙未成進士一甲第三名授編修充武英殿纂修官三校鄉會文闈兼總纂浙江通志比歸老屋數椽僅蔽風雨每月夜泛舟賢莊橋如神仙中人著有晴溪詩鈔以上呈報家傳　案府志王露會稽人晉秩中允著有玉笥山房集

傳彩字紫芳力學不倦有理學類編證道堂詠花詩鈔呈報

先心孺公以累試不第寄籍順天改名維屏歷官浙江王家閘場鹽大使山東蒲臺批驗所大使志中均漏載 六世孫以禮誌

傅仲展字蒼野諸生詩寄托遥深新安吴蓉村某稱其東池曉塘北游曹江諸什如春林霞艷而觸目皆花如滄海珠飛而縱觀皆月如清風發而衆竅怒號如鸝入泣而獨絃哀響爲人樸誠修謹母歿年已五十言及輒哭更字曰心孺謂心猶孺子也有心孺詩集二十四卷呈報家狀

王霖字清暉霖弟力學工詩古文著有芝亭詩草一卷

凌鵬瀚字羽超有靜遠堂詩鈔以上呈報

金振豫字飲和早歲工詩文爲名諸生著有嵩峯詩將五卷呈報詩選序

錢榮先字湘崖諸生弱冠能詩有紅乙草堂集靑門集幻題諸詠呈報詩選序

邵華字叶聞諸生畫法學大米書亦如之詩豪健入古有沃焦

詩鈔呈報

邵金鑌字書山諸生折節讀書爲王公大人司牋奏者數十年才思甚敏尤能賙䘏貧苦每歸邸以千金散之戚族不吝著有苔園詩選呈報家傳及詩話

潘斌字文侯兄亮早卒遺四姪皆幼斌撫以成家遇歲饑贍給鄉鄰當事以惠行桑梓表其閭

潘亮字武侯前庄村人家貧嗜學著有一得吟入濮川詩鈔子家望字周呂性孝友以闤闠起家捐置祠產義田力行善事

謝仁俊字子秀力行善事於親族中貧寡者月給米養之曾孫雲卿乾隆己酉舉人

周銑字季章後馬村人康熙時有中表繆元兆挈眷宦滇南二十餘年托家業於銑悉爲經理置產迨元兆罷歸出歷年券簿

交還分毫無染元兆贈以金帛堅却不受鄉黨義之
鍾商三字雙山諸生嘗設義館不計脩脯子克明監生每日清
晨必整衣冠向北九叩首謂安享太平已經五世食毛踐土不
可一日忘也以上呈報

余維字爾章事親以孝聞少讀書治毛詩有聲里中嘗鬻產以
贍舅氏家世單傳而再從兄國新國紀輩皆中落咸仰給於維
自奉常節縮茹蔬布衣有委巷中人所難者會歲荒則傾囷以
哺飢人有人負不能償者焚其券修橋道建梵宇率捐資爲倡
里中少年忿爭詬誶望見閭門輒愧悔去論者比之陳太邱王
彥方云子二長泰徵癸卯拔貢生次泰來官奉天府府丞以維
孝義
上聞

字柟其子璜傳

賜祀鄉賢湯文正斌銘其墓呈報家傳內無泰徵選拔名殘選舉

周中鏞字子呂後馬村人貢生伯兄中鐸仲弟中鏜季弟中鋐皆宦游母余多病中鏞絕意仕進篤志奉親享年近八十人謂孝養所致云呈報家傳

吳熻文字樸存世居州山藏書十餘萬卷建一樓儲之著有樸廷詩集子璜進士

金昌世字守谷雍正甲辰進士知鹽山縣有聲早歲以詩名有桂林冷時松序其稿以爲神似少陵著有八瓊樓詩鈔以上呈報

陸天來改名溶字隹水嘗學詩於王霖體工晚唐有春波吟草

馮均字秉臣有柳村詩鈔以上呈報詩話

劉遵調字梅中監生善屬文與族兄文蔚齊名有再游西粵草呈報

邵功立字𪓟三居龍尾山善鼓琴精繪事工詩有氷玉居吟草呈報詩話

周中鑑字子審後馬村人邑庠生敦行力學博涉羣書有勺葊文集十二卷語錄若干卷梅雪吟集句一卷呈報家傳

朱士任字昭遠入籍順天歷官咸寧進賢平陸典史幼孤貧事母孝後嘗捐田百畝入祠以贍族人子近曾乾隆己丑進士河南息縣知縣呈報

余汝鼎字孟調奉天府丞泰來子由廩貢入成均謁選授貴州鎮遠縣知縣覺傜役招流亡決疑獄以軍功擢黎平府同知母老力辭乞養歸呈報

周如琯字雨笠後馬村人邑庠生七齡爲母任爨事母病齋蔬夜不寐父客死於粵訃至徒步即行僅攜錢二百至乞食以達

於粵粵中士民感其孝各出貲助竟獲扶柩歸未幾卒呈報家傳

鍾修字以敬家貧奉親必酒肉二親歿始宦游官廣東巡檢有廉介風

汪淳字維樸孝友性成親族中有貧病者周卹之生平尤多義舉

陳鶴字聲聞乾隆辛未壬申等歲嘗傾廩賑飢觀察羅表其閭子鼐字調元亦多義行以上呈報

張嗣諲字百斯歲貢生幼敏悟工文淳安方婺如天台齊召南同邑徐廷槐先後主蕺山講席皆稱譽之以友禮待不以師自居也陳太常兆崙尤重嗣諲游揚公卿間卒斤斤自守無所干進十年閉戶授徒後生經其指畫多成佳士年八十四卒著有張百斯文前續兩集漁村課藝

大榜宜附大樞傳

周大樞字元木後馬村人聰穎絶人博極墳典會舉博學鴻詞再薦經術以壬申科舉人選平湖教諭卒於官著有存吾春軒集

弟大榜字虎木優貢生亦有名嘗入兩湖總督幕

周大榜字虎木後馬村人優貢生博聞強記乾隆間兩湖制府重其名延爲上賓嘗卽席成晴川閣黃鶴樓快哉亭三賦一時傳誦有半半稿文集

沈懷屺字孝瞻更名爗燔乾隆己未進士嘗聚徒講學推爲周易專門師銓授江西德興知縣勸學興文敎治以息訟寧民爲本至今士民誦之壬申夏旱大疫爲文禱於神痛自引咎雨立沛疫亦旋息年六十弋二卒於官著有寒玉軒詩鈔並文集四卷

金紳字爾佩號澹齋居縣千金里寄籍大興乾隆辛酉舉人壬戌乙丑兩中明通榜授任縣敎諭擢廣東陽山知縣讞食斷腸

草獄民頌神明捐俸築培風書院調任海陽邑有三利溪由城西導江歷潮陽揭陽入海三縣資以灌溉歲久而淤乃倡捐浚治瘠壤復腴城南有滴洞蓄洩江水秏而不實霪雨驟漲石圍潰裂紳衣短後立濘淖中督民役搶修復盡發故址仿閘制築石增錮固之糜費出自廉俸潮人勒碑紀德陞崖州知州釐田稅蘇積困民黎皆悅地產藤香奸人潛通商賈中煽誘爲害繩以法得不擾東西一境林密水深中多蛇涎孔雀矢民病之爲刊除榛莽造橋梁二十餘處修珠崖書院申請撥電白縣穀五千石實常平倉備賑攝高要縣一年縣隄工向多按村庄計口派修偏枯滋累紳爲計糧畫一修築民便之有安定縣黎匪王天成於崖州仇殺滋事案已審決而餘孽滋擾人情洶洶紳因攝撫黎同知經理其事乃爲以黎治黎之法擇置黎首逐村招

撫民大安業積勞致疾卒年五十有四紳屢鞫疑獄成信讞曾
奉檄之香山澳門海口訊外夷行兇案夷民懾服又訊積年洋
盜百餘人悉得其情卒後無力歸葬行省稽舊例給途資始歸
先改回原籍遂葬於山陰裘謝墅山麓以上呈報家狀
吳壽昌字泰交州山人乾隆巳卯舉人乙酉應
南巡召試
欽取第二授中書巳丑成進士選庶常授職編修陞侍講侍直
尚書房預修
玉牒方畧屢分校鄉會試闈癸卯典試廣西丙午督學黔中俱
以廉明稱差竣假歸年七十五卒著述甚富有虛白齋稿行世
張鎮南字東白郡廩生精於鑑別藏書甚富生平尤慷慨樂施
嘉慶元年

詔舉孝廉方正郡之紳士上其名以格於例不果奏當事給品重儒林匾額以獎之以上呈報家傳

孫連玉陽嘉龍人父毓敏嘗捐田百餘畝以贍孤寡連玉續捐百餘畝又捐增戢山龍山兩書院膏火田若干畝復捐金重修本邑猰㺄湖避風塘及助婚助嫁施藥施棺諸義舉乾隆五十七年當事交旌其門嘉慶元年恭逢

恩詔公舉連玉孝廉方正辭不赴呈報

右鄉賢四

附

梅福　吳莞　桓煜　蔡邕漢以上

王羲之　江虨晉以上　辛普明齊　何允梁

賀知章　張志和　方干唐以上　沈煥子琰孫繼祿等

韓肖胄　尹焞　曾忠　曾幾

張遠猷　言通　林景曦　鄭樸翁以上宋

斡勒海壽　王冕　王澤以上元　祝淵

楊定國　沈大聲以上明　潘平格　孫人龍以上國朝

漢

梅福字子眞九江壽春人少明尚書穀梁春秋爲郡文學補南昌尉去官歸以讀書養性爲事元始中王莽顓政一朝棄妻子去九江至今傳以爲仙後有人見於會稽變姓名爲吳市門卒漢書今山陰有梅山梅市梅里即此也嘉泰志案梅里下有吳市門三字其子眞泉條又辨吳市門不應在今會稽故削之

吳羌平帝時隱居耕作王莽居攝攜妻子隨梅福隱吳門徙烏程餘不鄉後人名其所居曰吳羌山府志

桓煜一名嚴東觀記作儼字文林龍亢人鸞之子榮之五世孫也修志介仕爲郡功曹舉孝廉有道方正三公並辟皆不應初平中避地會稽止山陰縣故魯相鍾離意舍太守王朗餉給糧食布帛牛羊一無所當臨去屋中尺寸物悉疏付主人越人化其節閭里不爭訟後漢書東觀記

蔡邕字伯喈陳留人靈帝時爲議郎上封事忤中常侍髡鉗徙朔方會赦還王甫弟智誣以怨謗邕乃亡命江海遠跡吳會嘗經會稽高遷亭見屋椽竹東間第十六可爲笛取用果有異聲篆隸絕世尤得八分之精微嘗見役人以堊帚成字感而爲飛白飛白書自邕始又作筆論又曰書有二法曰疾曰澀得疾澀二法書法盡矣妙操音律居吳有燒桐以爨者聞火烈聲知其良木裁爲琴尾猶焦所精曲世傳蔡氏五弄後漢書文士傳張騭舊志

晉

王羲之字逸少臨沂人司徒導之從子也少知名及長辯贍以骨鯁稱尤善隸書爲古今之冠起家祕書郎遷寧遠將軍江州刺史又爲會稽內史雅好服食性不樂在京師初渡浙江便有終焉之志嘗與同志宴集於蘭亭自爲之序性愛鵞有孤居姥養一鵞善鳴命駕就觀姥烹之以待歎惜彌日又有道士養好鵞羲之往觀道士云爲寫道德經當舉羣相贈欣然寫畢籠鵞而歸又嘗在蕺山見一姥持六角竹扇賣之爲書其扇各五字人競買之他日姥又持扇來羲之笑而不答稱病去郡於父母墓前自誓與東土人士盡山水之游弋釣爲娛年五十九卒晉書

畫復精絕妻郗氏亦工書有七子獻之最知名元之凝之徽之操之並工草舊志方伎

江彪考城人護軍將軍卜居山陰都賜里宋元嘉二十四年其孫僕射舍宅爲龍華寺江總修心賦序案都賜龍華寺今隸會稽

齊

辛普明字文達河南人僑居山陰少就闞康之受業至性過人居貧與兄共處一帳兄亡以帳施靈蚊甚多通夕不得寢不道侵螫鄉人送金爲賻後至者不復受曰本以兄墓不周故不逆親友之意今實已足豈可利餘賻邪齊豫章王嶷領揚州徵爲議曹從事不就南史

梁

何允字子季廬江灊人仕齊至中書令拜表解職不待報去以會稽山多靈異往游焉居若耶山雲門寺初允二兄求點並棲遁求先卒世號點爲大山允爲小山稱何氏二高梁武帝詔爲

特進不起勑給白衣尚書祿固辭又勑山陰庫錢月給五萬不受乃勑何子朗孔壽等六人於東山受學允以若耶迫隘遷秦望山山有飛泉乃起學舍別爲小閣寢處其中允初遷見二人容貌甚偉指一處云此殊吉依言卜焉尋山發洪水樹石皆拔允居室獨存太守衡陽王元簡命鍾嶸作瑞室頌刻石旌之及元簡去郡允送至都賜埭去郡三里因曰此埭之游於今絕矣年七十二還吳大通三年卒南史

唐

賀知章字季眞越之永興人性曠夷善談說嗣聖初擢進士累遷太常博士禮部侍郎兼集賢院學士元宗自爲贊賜之遷太子右庶子充侍讀徙工部蕭宗爲太子知章遷賓客授祕書監晚節尤誕放自號四明狂客天寶初夢游帝居數日始寤乃請

爲道士還鄉里以宅爲千秋觀詔賜鑑湖剡川一曲遂老於鑑湖（新唐書並據舊志）

張志和字子同金華人始名龜齡十六擢明經以策干肅宗待詔翰林授左金吾衛錄事參軍因賜名後坐事貶以親旣喪不復仕自稱煙波釣徒著元眞子亦以自號又著大易十五篇兄鶴齡爲築室越州東郭觀察使陳少游表其居曰元眞坊又爲買地大其閎號回軒巷志和善圖山水垂釣不設餌志不在魚也李德裕稱其不窮不達嚴子陵之比（新唐書）

方干字雄飛新安人工詩賦有司奏干缺唇不可與科名干遂遁跡鑑湖蕭然山水間以詩自放咸通中太守王龜薦爲諫官召不就將歿謂其子曰誌吾墓者誰與吾之詩人自知之誌其日月姓名而已門人私謚曰元英先生唐末宰臣奏名儒不遇

者十五人追賜進士出身于與焉府志案新安一作新定

宋

沈煥字天明錢塘人熙寧進士爲開封府推官清愼聞於時遷授右正言寶文閣待制元豐二年奉詔賀遼不辱命遼使至復使煥館客西北之釁遂解章惇奏言給事中三省之屬凡所封駁宜先稟後上詔從之煥復奏從丁亥詔又論青苗之害拜樞密副使辭歸屢詔不起隱鑑湖之濱卒於大保里年七十有一謚忠肅河南程頤爲之傳所著文集二十四卷奏議十六卷行事家傳各一卷立祠法雲寺右春秋祀焉煥子玹字公執學於楊龜山登崇寧進士拜國子監直講高宗卽位擢御史上六事正本任人守令理財養民賑救屢奏非秦檜和議帝爲改容升翰林博士因檜相諫不用致仕而歸濮錢塘廬父墓側卒年八

十有一蔡沈著其行狀葬青田鄉玹子繼祿字承寵號棲霞道者七歲舉神童以賢良試禮部拜將作監丞丁父憂十年不出孝宗召拜著作郎遷右正言光宗即位遷右司諫歸寧宗又召爲侍御史嘉定中充翰林博士歲旱繼祿除公田租一萬二千石請弛鹽禁民得易食救飢京師有以飛語中韓王者繼祿謂謬妄之說不足窮治且無以慰韓王心疏一夕三上上可其奏富民女有色寧宗選入宮欲立之繼祿獨爭上悟還其家有洞蠻八百自荆襄來歸乃請納之不聽遂托疾不兩月蠻果爲亂屢詔不起端平間卒其兄繼先淳熙進士知江寧府亦有聲四子存仁存義存禮存智因史彌遠賈似道柄國誓弗仕後葬於苦竹山魏了翁誌其墓御製誄詞勅安隱寺收拾子孫遂居城西之霞頭世爲山陰人舊志

韓肖胄字似夫河内安陽人曾祖琦祖忠彥肖胄除資政殿學士知紹興府尋奉祠與其弟膺胄寓越幾十年事母以孝聞謚元穆宋史

尹焞字彥明洛人師事程頤嘗應舉發策有誅元祐諸臣議焞曰噫尚可以干祿乎哉不對而出頤曰子有母在歸告其母母曰吾知汝以善養不知汝以祿養於是終身不就舉靖康初用种師道薦召至京師不欲留賜號和靖處士及金人陷洛闔門被害焞死復甦劉豫以兵劫焞抗罵不屈夜徒步渡渭潛去紹興間除祕書少監兼崇政殿說書高宗嘗語劉大中曰焞學問淵源足爲後進矜式乃命直徽猷閣留侍講筵復除權禮部侍郎兼侍講極論和議之非又以書切責秦檜尋乞致仕其壻邢純迎養於越居二年卒因葬焉著有文集十卷宋史並據府志

曾悳字仲常鞏之孫補太學內舍生累官司農丞通判溫州須次於越建炎三年金人陷越逮捕見悳悳不屈盡驅其家屬四十口同日殺之南門外越人作窖瘞其屍其弟餘杭令愚收葬於天柱山悳死國與衛士唐琦時事相同琦先有祠至嘉靖壬寅知府張明道始創大節祠並琦祀之宋史並據舊志

曾幾字吉甫贛州人以兄弼恩起將仕郎累官敷文閣待制立朝敢諫嘗三仕嶺表家無南物晚節尤重於人早從舅氏孔文仲弟兄講學時諫官劉安世以黨禁人無敢窺其門幾獨從之游又與胡安國游故其學益邃爲文雅正尤工於詩有經說二十卷文集三十卷幾初徙居河南紹興末官浙東因寄居於越禹蹟寺其子浙西提刑迎養於官卒平江歸葬山陰之鳳凰山贈左光祿大夫謚文清府志　案鳳凰山隸山陰者有二詳山卷

張遠猷字辰卿四川緜竹人魏公浚五世孫景定改元錄張栻後以蔭補官仕至貴州朝列大夫知紹興府事時賈似道秉政遠猷秉直不阿似道造私第於山陰治西官吏過者皆出車下馬知王府例遠猷於左右造二橋迂道避之遠猷精於治屬吏俱不敢舞文法留心溝洫築堰修閘又於退食之所作堂名思明以志警加大中大夫賜緋魚袋致仕而蒙古兵入嘉定諸路四川道梗遂卜居於山陰卒葬雲門石人山今子孫繁衍爲一邑望族舊志

言通字宗文吳人子游子之裔咸淳二年以敷文閣學士知紹興悅其山水之秀遂居北鄉世爲山陰人府志

林景曦字德暘溫之平陽人咸淳進士歷泉州教授禮部架閣宋亡不復仕嘗寓越適楊髡發宋諸陵棄遺骸草莽中乃與同

含生鄭樸翁等數人相率爲採藥行陵上以草囊拾之盛以二函託言佛經瘞越山植冬青樹以誌之而哭以詩既而歸平陽尋爲會稽王監簿所延致往來吳越者二十餘年著有白石囊白石樵唱府志　案景曦亦作景熙事互詳藝文卷

鄭樸翁字宗仁平陽人咸熙中入太學歷福州教授除國子正宋諸陵被發與友人林景曦等謀間行拾之既而歸隱鄉山瀑下會稽王英孫延致賓館教授子弟二十餘年歸卒於家林景曦誌其墓著有四書要指二十卷禮記正義一卷襍著二卷曰續古有詩一卷曰厚倫皆精實並傳於世府志

元

斡勒海壽字允常河南人後家山陰剛正有志節拜監察御史劾奏合麻及其弟雪雪罪惡直聲震中外官至浙東廉訪使府志

王冕字元章諸暨人幼時父命牧牛竊入學舍聽諸生誦讀暮歸忘其牛父撻之復如初尋居僧寺夜潛出執策就長明燈讀之琅琅達旦安陽韓性命之學遂爲通儒性卒門人事冕如性時冕父歿即迎母入越城就養久之還故里著作郎李孝光欲薦爲府吏冕駡之部使者行郡坐馬上求見拒之去不百武冕倚樓長嘯使者聞之慚冕屢應進士舉不中竟棄去渡大江入淮楚歷覽名山川慷慨悲吟北游燕都祕書卿泰不花薦以館職冕曰不滿十年此中狐兔游矣何以祿仕爲會其友盧生死灤陽唯兩幼女一童留燕冕走灤陽取生遺骨且挈二女還生家冕既還越攜妻孥隱於九里山結茅廬三間自題爲梅花屋當風日佳時賦詩千百言不休工畫梅求者肩背相望未幾汝穎兵起明太祖將攻越物色得冕寘幕府授諮議參軍一夕病

卒冤狀貌魁偉美鬚髯磊落有大志惜不得少試以死舊志

王澤字叔潤天台人制行端謹善歌詩喜游覽晚寓居山陰江北里時方國珍據有台溫澤欲歸不得寄友詩曰洪濤如山老蛟怒白日江干塞煙霧仙山咫尺不得歸目送冥冥鳥飛去人識其微意矣府志

明

祝淵字開美海寧人崇禎十五年會試入都適劉宗周削籍淵抗疏言宗周清剛乞收還成命復其故官帝不懌停淵會試下禮官議淵故不識宗周既得命往謁宗周願爲弟子明年從宗周山陰禮官議上逮下詔獄進士共疏出淵宗周罷官家居淵數往問學嘗有過入曲室長跪流涕自撾杭州失守淵方葬母旣葬還家投繯卒明史

楊定國山東濟寧人崇禎間奉使過越聞變自縊從者星散邑人范會憐之爲之營葬於賀家湖南府志

梅念殷湖廣麻城人崇禎舉人避流寇寓居稱心寺善詩文體近離騷府志

沈大聲字元夏陝西人歲貢生工詩文尚氣節隨父任寓居龍山之後卒後毛奇齡作詩輓之府志

國朝

潘平格字用微慈谿人少負至性孤介獨立孜孜講學不爲貧窶困寓居山陰十載每勸人首先立志云舊志

孫人龍字端人歸安人雍正庚戌進士授編修遷中允兩任雲南學政又任廣東學政以廉謹稱乾隆丁丑主蕺山講席培植後進恩誼備至越六年卒貧不能歸葬稽山麓士人醵金撫其

山陰縣志　卷十六　三

家子元栖入籍補諸生府志

右寓賢

邑志出歙縣朱蒼崖比部之手較有條理列傳太多所裁節較乾隆季年紹興府志倍為過之但其中失攷濫收俱多不免因由邑人牽掣不能無所瞻徇而蒼崖史學本疏於古文義瀎太未能深解惟諸傳不歷列儒林文苑忠節孝義等目自為有識耳　暇日偶取筆訂正或塗乙之亂後家中無一書太襍可備略就見聞所及以誌一二將來修志者或有所取也列傳不分門類固善而事之宜類敘人之宜附見者須總為一傳以括之方免支雜斷爛之病此志往往有片語數字亦自為一傳撇綴若帳簿者蓋未知總括之瀎同治六年丁卯正月李慈銘附記

山陰縣志卷十六